会计"大爆炸"
Big Bang of Accounting

程小可 郑立东 著

中国财经出版传媒集团

经济科学出版社
Economic Science Press

图书在版编目（CIP）数据

会计"大爆炸"/程小可，郑立东著.—北京：经济科学出版社，2020.7
ISBN 978-7-5218-1696-9

Ⅰ.①会… Ⅱ.①程…②郑… Ⅲ.①会计学 Ⅳ.①F230

中国版本图书馆CIP数据核字（2020）第121309号

责任编辑：黄双蓉
责任校对：刘　昕
责任印制：邱　天

会计"大爆炸"

程小可　郑立东　著
经济科学出版社出版、发行　新华书店经销
社址：北京市海淀区阜成路甲28号　邮编：100142
总编部电话：010-88191217　发行部电话：010-88191522
网址：www.esp.com.cn
电子邮件：esp@esp.com.cn
天猫网店：经济科学出版社旗舰店
网址：http://jjkxcbs.tmall.com
北京时捷印刷有限公司印装
787×1092　16开　28.75印张　224000字
2020年10月第1版　2020年10月第1次印刷
ISBN 978-7-5218-1696-9　定价：128.00元
（图书出现印装问题，本社负责调换。电话：010-88191510）
（版权所有　侵权必究　打击盗版　举报热线：010-88191661
QQ：2242791300　营销中心电话：010-88191537
电子邮箱：dbts@esp.com.cn）

作者简介

程小可，男，1975年出生，中国人民大学会计学博士，清华大学工商管理博士后，北京交通大学经济管理学院教授、博士生导师，入选财政部"会计名家培养工程"，中国注册会计师非执业会员，研究领域为会计准则、公司财务与资本市场等。

学术研究方面：在《会计研究》《管理世界》《南开管理评论》《中国软科学》《科学学研究》《中国会计评论》《审计研究》《管理科学》《财贸经济》《财经研究》《经济学动态》以及International Review of Economics & Finance等CSSCI以及SSCI刊物上发表学术论文共计80余篇（其中，国家自然科学基金委管理学部A类重要期刊20余篇）；出版独立著作3部，合作著作1部，译著3部，国家级规划教材1部；主持国家自然科学基金5项，教育部人文社会科学规划项目1项；主持国家电网公司等中央企业委托咨询项目10余项。曾获杨纪琬优秀学位论文奖、中国人民大学优秀博士论文、中国会计学会优秀论文一等奖和二等奖等学术奖项。

人才培养方面：坚持"以学生为本"的培养理念，指导博士研究生13名、硕士研究生120余名，为广大企事业单位培养了大量高素质会计人才。其中，已毕业博士生受聘于对外经济贸易大学国际商学院、西南财经大学会计学院、北京科技大学经济管理学院等高等学府，已毕业硕士研究生受聘于全国人大机关服务中心、中国人寿、五矿集团、航天科工、国家电网公司、中国出口信用保险公司、"四大"会计师事务所等知名企事业单位。

教学效果显著，深受学生好评，曾获"北京市高等教育教学成果奖一等奖""北京交通大学教学成果特等奖""北京交通大学教学名师""北京交通大学我最敬爱的老师""北京交通大学课堂教学教风标兵"等教学奖项。

社会服务方面：注重理论与实践相结合以及科研成果的转化工作，在企业会计准则等方面具有较深的理论研究与实务经验。培训知名企事业单位百余家，服务对象涵盖国务院机关事务管理局、国家电网公司、中国石油、中国移动、五矿集团、中国远洋、中铝国际等知名企事业单位。累计开展会计准则专题的公开课堂和内部培训数百场，授课风格轻松幽默，学员满意度极高，为中央企业及上市公司等单位培训了财务骨干万余人次。担任国家电网公司外部财务咨询专家逾10年，并以总教练身份指导国家电网公司代表队夺得"第三届全国会计知识大赛"二等奖、国资委"中央企业职工财会职业技能大赛"一等奖等奖项，产生了积极的社会影响。

郑立东，男，1989年出生，九三学社社员，北京交通大学会计学博士，中国注册会计师非执业会员，研究兴趣为会计准则与公司财务等。

攻读博士学位期间，在《中国软科学》《中国科技论坛》《科学决策》《经济与管理研究》《财贸研究》《中央财经大学学报》《广东财经大学学报》《金融评论》《中大管理研究》等国内核心期刊发表论文多篇。同时作为核心人员之一，参与完成国家自然科学基金、中央高校基本科研业务费、国家电网公司及国家开发银行等多项学术及实务研究课题。

目前供职于中国银行间市场交易商协会，主要从事银行间债券市场运行分析、信用风险研究、债市杠杆监测、IFRS9实施效果及债券投资者行为、银行理财估值、商业银行资本计量及财务报表分析、新金融工具准则、金融衍生品会计处理实务、债券投资税收处理及银行间债券二级市场制度等相关研究工作。

出版说明

一、本书由来

2008年全球金融危机后,世界各国监管者深刻意识到建立高质量财务报告体系的重要性与紧迫性,并于后金融危机的十余年内重点对公允价值计量、收入、金融工具、保险合同、财务报表列报、合并财务报表、租赁等会计准则进行重大变革。为实现与国际财务报告准则的持续趋同,我国财政部自2014年以来加快企业会计准则的改革步伐,先后修订完善了公允价值计量、财务报表列报、合并财务报表、长期股权投资、金融工具确认和计量、金融资产转移、套期会计、金融工具列报、收入、租赁等多项会计准则。与此同时,财政部发布了《关于修订印发2019年度一般企业财务报表格式的通知》,分别对已执行修订后金融工具、收入、租赁准则的企业,以及未执行上述三项新准则的一般企业财务报表列报提供了指引。相关制度的完善给广大财务会计从业人员带来新的机遇与挑战。

为帮助广大财务会计从业人员及非会计专业人员快速理解掌握新准则核心内容及新财务报表格式要求,轻松应对准则改革产生的影响,2019年8月19日编者开通"准则注"微信公众号,取材大量资本市场热门事件,以轻松幽默的对话形式对新会计准则核心内容进行详细解析,每一篇推文均经公众号运营团队2~3人、3~4天辛勤付出,"精雕细琢"而成。公众号一经推出,便受到市场广泛好评。截至2019年11月19日,在短短三个月内公众号关注量突破2.1万人,阅读总量超过15.3万次。在"准则注"第一季收官之际,以公众号已有推文为基础,通过进一步对每篇推文进行必要拓展深化及更通俗化解析,编者正式推出《会计"大爆炸"》图书。

二、本书的体例安排

本书采用"一对一"对话形式的撰写体例,设置"小Z"和"小白"两个虚拟人物,其中"小Z"人设为北京某高校会计科研工作者,"小白"为刚刚毕业不久,在某国企从事财务会计工作的硕士研究生。立足近年来最新修订的相关会计准则,结合大量资本市场热门实务案例,通过"小Z"

和"小白"一问一答的对话安排,并在对话中融入大量"包袱"及生活元素,对相关会计准则进行详细解析,使读者在轻松阅读对话及"包袱"的同时,快速掌握会计准则最新动态及核心内容。此外,在每章对话中,本书还设置了"准则原文""简单实例""Tips"等栏目,对相关篇章会计准则核心知识点进行必要的拓展深化及细致解析,帮助读者更容易地理解掌握准则知识点。

三、本书的主要内容

本书主要内容如下:一是围绕发生重大变革且市场影响深远的收入及金融工具等准则,阐明相关准则修订背景、改革逻辑、核心变化、市场影响及具体实务应用;二是对近年来财政部修订发布的租赁、债务重组、非货币性资产交换、职工薪酬、政府补助等准则进行解析,为广大财务会计从业人员及时了解准则前沿动态、建立完善的准则知识体系提供参考;三是透过资本市场热门事件,揭秘中国A股市场"高存高贷""商誉爆雷"、"并购失败""股权激励"以及"借壳上市"等系列会计实务问题。穿透迷雾,发现资本市场背后的财务会计真相;四是解密上市公司利用"资产减值""营业外收入""存货""生物资产""无形资产""长期股权投资"等常见会计科目进行业绩操控的手段,为投资者成功"排雷"提供有益参考;五是系统梳理会计准则最新改革动态与2019年财政部新企业财务报表格式要求的对应关系,汇总形成财务报表新格式应用指南。同时结合当前会计行业发展现状,对会计改革未来趋势与方向提出展望。

序

作为一名会计领域学术科研人员，我时刻关注会计准则改革的前沿动态，并乐于分析准则改革产生的实务及学术影响。在刚刚过去的2019年，在全面总结梳理多年来会计准则实务培训、咨询相关经验及研究成果的基础上，启动了《企业会计准则注释》丛书的编撰工作，并几易其稿完成《企业会计准则注释第1辑——金融工具》图书的出版。该丛书旨在切实解决会计从业人员在理解和运用金融工具准则过程中面临的实际问题，为相关人员从事财务会计工作提供有益参考。后续，编者拟就收入等准则进行注释并陆续付诸出版。

线下图书出版的同时，我于2019年8月19日正式上线运营"准则注"公众号。公众号立足会计准则改革制度前沿，结合市场热门事件，以通俗易懂的对话形式，解析市场关切的财务会计热点问题，力争每一篇推文做到"有趣、有料、有情怀"，使晦涩的财务会计专业知识变得简单、易懂。截至2019年11月29日，"准则注"共推送25篇推文，旨在消除收入、金融工具确认和计量、套期会计、租赁、合并财务报表、长期股权投资、非货币性资产交换、债务重组、资产减值、生物资产、无形资产、职工薪酬、股份支付、或有事项、政府补助、在其他主体中权益的披露等新企业会计准则的知识难点与盲点。

为更大范围地科普会计准则知识，使更多的会计爱好者迅速了解会计准则最新改革动态，切实掌握新会计准则核心知识点，轻松应对准则变革产生的影响，依托《企业会计准则注释》总体内容框架，通过对已有线上推文内容进行必要拓展及深化，正式推出《会计"大爆炸"》图书。

本书的付诸出版希望能够：一是通过融入大量生活元素及"包袱"，以通俗易懂的一问一答对话形式，使非财务会计人员轻松了解掌握前沿性、基础性的会计准则框架体系，以及会计改革最新动态及核心内容，降低财务会计入门门槛。二是通过细致解析会计准则改革与财报编制最新要求的内在联系，帮助财务会计实务工作者真正了解会计准则改革的内在逻

辑与核心变化，迅速掌握报表最新编制方法，轻松应对准则改革对会计实际工作产生的影响。三是通过引入大量资本市场热门事件，揭秘相关事件背后涉及的财务会计问题，为财务报表分析者利用财报信息进行投资分析等提供较为实用的"应用指南"、为财务会计研究人员撰写科研论文提供"学术灵感"、为准则制定部门继续完善相关制度规范提供"政策良方"。

协助我完成本书编撰的成员有：孙乾、武迪、宛晴、沈昊旻、韩琳、纪阳、李静婷、武永丽、刘叶茜、于海鹏、周子晨、郭庆、高升好、钟凯、李昊洋、杨鸣京、孙阳、李浩举、张亚、孔雪婷、张腾、孙文琦。此外，在本书编撰过程中，张子溪、杨玉晶等在制图和排版方面作出了重要贡献。

受我们的能力所限，本书定存在纰漏之处，敬请批评指正，文责由编者自负。

是为序。

程小可

于北京远洋万和城

2020年2月15日

目　　录

第一篇　会计准则改革：新收入准则 / 1

第一章　巨额"预收账款"消失之谜：新收入准则 / 5
第二章　哪Z电影50亿元天价票房背后的会计谜题 / 21
第三章　九月，"浴霸"不能：京D销售iPhone11会计之谜 / 39
第四章　双十一"剁手"秘笈：奥数与会计的邂逅 / 59

第二篇　会计准则改革：新金融工具准则 / 83

第五章　快速Get金融资产的正确姿势 / 87
第六章　你真的了解业务模式和合同现金流量特征吗 / 99
第七章　轻松练就金融三分类"三板斧" / 111
第八章　"预期信用损失"模型，了解一下 / 125
第九章　并非完美的风险对冲：套期会计 / 139
第十章　跟你聊一个价值46亿元的准则 / 151

第三篇　会计"麻辣烫"：其他新会计准则 / 159

第十一章　突然进表的"不速之客"：经营租赁 / 163
第十二章　完璧未能归赵，赵王如何记账 / 175
第十三章　一个打了21年的"补丁"：新债务重组准则 / 193
第十四章　时间都去哪儿了：国庆长假背后的会计问题 / 201
第十五章　财报的秘密：华W创新之谜 / 219
第十六章　补贴之惑vs补贴之锅：政府补助那些事儿 / 235

第四篇 中国A股会计谜题 / 253

第十七章 谁是下一个康M：中国A股"高存高贷"之谜 / 257
第十八章 说好不哭：那些坚守在商誉减值"重灾区"
　　　　 的兄弟们 / 269
第十九章 欲为镰刀，反成韭菜：暴F集团52亿元海外并购
　　　　 "滑铁卢"财务迷局 / 287
第二十章 股权的诱惑：拨开伊L股份21年高管激励迷雾 / 303
第二十一章 Q虎公司"借壳上市"回归A股之路 / 333

第五篇 A股上市公司"会计魔术" / 349

第二十二章 减肥太难？还是聊聊减值吧 / 353
第二十三章 舌尖上的"五花肉自由"：涉农类上市公司业绩
　　　　 操控的套路及对策 / 365
第二十四章 你"忽悠"世界，我调侃你：那些年我们见证过的
　　　　 股权投资会计魔法 / 377
第二十五章 卖衣不如炒股：一位资本市场"老裁缝"的
　　　　 会计戏法 / 403

第六篇 回顾与展望 / 415

第二十六章 再看新报表，却似旧恋人 / 419

主要参考文献 / 447

第一篇

会计准则改革：新收入准则

会计"大爆炸"

2017年7月，财政部修订发布《企业会计准则第14号——收入》（以下简称"新收入准则"）。新收入准则较2006年版旧准则发生了重大变革，给会计实务工作及学术研究带来新的机遇与挑战。整体而言，新收入准则涉及的核心知识点包括：（1）新设"合同资产"与"合同负债"科目；（2）"五步法"收入确认原理及流程；（3）时点法与时段法确认收入规则；（4）八大特定交易收入确认问题。那么，新收入准则各核心知识点的概念及内涵是什么？准则变革会带来哪些会计处理变化？企业应如何应对新收入准则带来的机遇与挑战？

本篇对新收入准则的核心变化进行详细解析，以帮助读者快速掌握该准则核心知识点，做到学以致用。其中：第一章《巨额"预收账款"消失之谜：新收入准则》中，详细阐述了新收入准则修订历程及核心变化，并通过简单实例重点对新收入准则新设会计科目"合同资产"和"合同负债"的概念及会计处理进行深入解析。第二章《哪Z电影50亿天价票房背后的会计谜题》中，从影院播放哪Z电影以及电影制作方授权影院播放电影两个维度出发，重点对"五步法"收入确认原理及流程、收入确认时点法与时段法原理及应用、授予知识产权许可会计处理等新收入准则相关核心内容进行解析。第三章《九月，"浴霸"不能：京D销售iPhone11会计之谜》及第四章《双十一剁手秘笈：奥数与会计的邂逅》中，进一步对销售交易身份识别（主要责任人与代理人）、附有质量保证条款的销售、销售退回、优惠返现、分期销售等特定交易会计处理进行详细解析。

第一章 巨额"预收账款"消失之谜：新收入准则

2017年7月5日，财政部修订发布《企业会计准则第14号——收入》，新收入准则较2006年版旧准则发生了显著变化。本章首先阐述了该准则由来及相关核心变化，而后重点对报表新设科目"合同资产"及"合同负债"的概念及会计处理进行详细解析。同时结合财政部《关于修订印发2019年度一般企业财务报表格式的通知》，就新收入准则对企业财务报表编制的影响展开讨论。

第一篇 会计准则改革：新收入准则

周末两天很快就过去了，准则学习得怎么样了？

不好意思，小Z老师。周末在家中看了2019年错过的一部热门电影《哪Z之魔童降世》，目前还深陷剧情，无法自拔。懒癌又发作了，不想学习，深深自责中！

劳逸结合是应该的，无须懊恼。休息过后，收拾心情，做到"课前预习、课中学习、课后复习"。努力克服惰性"魔丸"。

原来小Z老师入戏也很深呐。

呵呵。优秀的国产动画电影自然要大力支持。

必须的。小Z老师，我最近重仓了一只房地产股，但在阅读2019年中报时发现这家公司预收账款突然消失了100多亿元。我是不是"踩到大雷"了？

先不要担心。我来帮你分析分析。这家公司2019年是不是提前使用了新收入准则？

让我查询一下年报，确认其是否提前使用了新收入准则。

好的。

会计"大爆炸"

- **2014年5月**：国际会计准则理事会发布《国际财务报告准则第15号——与客户之间的合同产生的收入》，自2018年1月1日起生效
- **起草阶段（2015年3月至2015年12月）**：就新收入准则初稿分阶段、有步骤、分层次地采取多种方式听取会计师事务所和企业意见
- **测试阶段（2016年3月至2016年11月）**：征求意见稿发布之后，为了解其对实务的影响，财政部于2016年3月选择了3家央企和4家上市公司开展新收入准则的测试工作
- **2017年7月5日**：新收入准则正式发布
- **前期准备阶段（2014年5月至2015年3月）**：财政部成立收入准则项目组，对国际财务报告准则第15号进行深入的学习和研究，并启动了我国新收入准则的修订项目
- **公开征求意见阶段（2015年12月至2016年6月）**：财政部印发《企业会计准则第14号——收入（修订）（征求意见稿）》，向社会公开征求意见
- **修改完善阶段（2016年11月至2017年7月）**：对新收入准则进行了全面系统的修改和完善

新收入准则修订历程

小白：财政部要求仅在境内上市的企业自2020年1月1日起施行新收入准则，并允许提前执行。这家公司迫不及待，早在2019年年初就提前执行了新收入准则。

具体施行时间	施行范围
2018年1月1日	• 境内外同时上市的企业 • 在境外上市并采用国际财务报告准则或企业会计准则编制财务报告的企业
2020年1月1日	• 其他境内上市企业
2021年1月1日	• 执行企业会计准则的非上市企业

新收入准则实施要求

第一篇　会计准则改革：新收入准则

那就不足为奇了。根据新收入准则，你说的"预收账款"换了个新的"身份"，名字叫"合同负债"。

"合同负债"？怎么从来没听说过啊？

"合同负债"是新收入准则新设科目，主要是指**企业已收或应收客户对价而应向客户转让商品的义务**。比如房地产企业在与客户签订房屋买卖合同后、交付房屋前向客户收取的购房款。

那其与"预收账款"有何区别？

"合同负债"与"预收账款"设置逻辑相似，但也存在一些差别。

具体有什么差别呢？

"合同负债"是基于合同的概念，在合同订立前**已收到的对价不能称为"合同负债"**，但仍可作为"预收账款"。合同一旦正式成立，需将"预收账款"转入"合同负债"。

原来这样啊。由于房地产企业预收的房屋销售款是基于房屋销售合同的，因此，在实行新收入准则后，原先计入"预收账款"的金额需全部转入"合同负债"。

—9—

是的。

我明白了,原来我持股的那家上市公司之所以巨额"预收账款"突然消失,主要是因为在实施新收入准则后,"预收账款"都乾坤大挪移到了"合同负债"科目里了!

恭喜你都学会抢答了。

关于合同负债会计处理的简单实例

某知名国酒企业与客户签订合同。合同约定,由该国酒企业向客户提供一批总价款为20万元的白酒。此外,合同约定客户需提前付款。以下处理均不考虑相关税费。

客户提前付款时,由于该国酒企业没有完成履约义务。相应的账务处理如下:

借:银行存款　　　　　　　20万
　　贷:合同负债　　　　　　　20万

在发货后,该国酒企业已经完成履约义务,需确认收入。相应的账务处理如下:

借:合同负债　　　　　　　20万
　　贷:主营业务收入　　　　　20万

嗯嗯,那除了"预收账款"需全部或部分转入"合同负债"之外,新收入准则还有哪些核心变化呢?

第一篇　会计准则改革：新收入准则

新准则还新增了"**合同资产**"科目。受此影响，旧准则"**应收账款**"的确认和计量也发生了明显变化。

具体有哪些变化呢？

首先需厘清"**合同资产**"与"**应收账款**"的概念。

那具体该如何理解呢？

首先来看准则原文。

准则原文：《企业会计准则第14号——收入》

第四十一条　企业应当根据本企业履行履约义务与客户付款之间的关系在资产负债表中列示合同资产或合同负债。企业拥有的、无条件（即，仅取决于时间流逝）向客户收取对价的权利应当作为应收款项单独列示。

合同资产，是指企业已向客户转让商品而有权收取对价的权利，且该权利取决于时间流逝之外的其他因素。如企业向客户销售两项可明确区分的商品，企业因已交付其中一项商品而有权收取款项，但收取该款项还取决于企业交付另一项商品的，企业应当将该收款权利作为合同资产。

准则写的好晦涩，您可否举个简单的例子呢？

会计"大爆炸"

以下就以金拱M公司销售汉堡快餐为例进行简单说明。

关于合同资产&应收账款会计处理的简单实例

金拱M公司与客户签订一项合同，由金拱M公司在本月及下个月分别向客户提供两批快餐，合同约定客户在收到第二批快餐后才付清所有款项。两批快餐交易价格总计4万元，每批各2万元。以下处理均不考虑相关税费。

根据新收入准则，该合同存在两项单独的履约义务。当客户收到第一批快餐时，金拱M公司完成了第一项履约义务，需要确认收入2万元。但由于此时金拱门M公司仅拥有<u>有条件的收款权</u>，所以应当首先<u>确认"合同资产"</u>。

借：合同资产　　　　　　　2万
　　贷：主营业务收入　　　　2万

下个月，客户收到第二批快餐，但由于其资金紧张，估计延迟一周付款给金拱M公司。此时，<u>金拱M公司所有履约义务均已完成，取得了无条件的收款权，应将所有应收客户款项确认为"应收账款"</u>。

借：应收账款　　　　　　　4万
　　贷：合同资产　　　　　　2万
　　　　主营业务收入　　　　2万

一个星期后，金拱M公司收到货款。
借：银行存款　　　　　　　4万
　　贷：应收账款　　　　　　4万

原来如此。既然"合同资产"或"应收账款"作为一项资产，想必也需要计提减值准备咯？

第一篇 会计准则改革：新收入准则

是的。"合同资产"和"应收账款"的减值由《企业会计准则第22号——金融工具确认和计量》规范，对于"合同资产"或"应收账款"，企业应使用"**预期信用损失**"模型计提减值准备。

"预期信用损失"模型是什么呢？

"**预期信用损失**"**模型**下，减值准备的计提不以减值的实际发生为前提，而是以未来可能发生违约事件造成的损失期望值计提，是对资产减值进行的**前瞻性计量**。关于"预期信用损失"模型的具体应用，为师会在后续新金融工具准则相关章节中为你详细讲解。

好啊好啊。那对于已计提的减值准备，如果相关资产以后会计年度满足转回条件时，是否可予以转回呢？

可以，且计入转回当年的当期损益。

太棒了小Z老师。

这里还有一点需特别注意：根据新收入准则，对于企业为合同履约和取得合同可能发生的各种成本，需按照实际情况，**确认一项资产或当期损益**。

嗯嗯。

-13-

会计"大爆炸"

合同履约成本

企业为履行合同可能会发生的各种成本
- 房地产企业为建成住宅所产生的建筑成本(水暖安装、外墙保温及粉刷等支出)——确认一项资产
- 非正常消耗的直接材料、直接人工和制造费用——计入当期损益

VS

合同取得成本

企业为取得合同而发生的增量成本,且预期能够通过履行履约义务收回的
- 支付给销售人员的佣金等——确认一项资产
- 为取得合同发生的广告费、业务招待费、通信费等——计入当期损益

合同履约成本 vs 合同取得成本

小白:合同履约和取得合同是需要分作两项活动来区别处理吗?

小Z:是的。

小白:那合同履约成本如何理解呢?

小Z:可以简单理解为**企业为履行合同可能会发生的各种成本,即产品的生产成本或劳务的投入成本**。比如房地产企业为建成住宅所产生的建筑成本(水暖安装、外墙保温及粉刷等支出)、项目建筑人员工资等。

小白:那应如何判断相关合同履约成本应计入资产还是当期损益呢?

小Z:对于合同履约成本,须同时满足以下三个条件,方能将相关成本确认为资产,否则直接计入当期损益。

第一篇　会计准则改革：新收入准则

准则原文：《企业会计准则第14号——收入》

第二十六条　企业为履行合同发生的成本，不属于其他企业会计准则规范范围且同时满足下列条件的，应当作为合同履约成本确认为一项资产：

（一）该成本与一份当前或预期取得的合同直接相关，包括直接人工、直接材料、制造费用(或类似费用)、明确由客户承担的成本以及仅因该合同而发生的其他成本；

（二）该成本增加了企业未来用于履行履约义务的资源；

（三）该成本预期能够收回。

还是拿房地产企业合同履约成本举例，比如为建造房屋而发生的基础主体结构建造等成本：一是相关成本与已取得的房屋买卖合同直接相关。二是相关成本增加了企业未来用于履行履约义务（即建造房屋）的资源。三是房地产企业预期相关成本能够通过销售房屋收取对价收回。同时满足上述三个条件时，对于房屋建筑成本，应确认为一项资产。

小Z

相关成本与已取得的房屋买卖合同直接相关，满足条件（一）

确认条件

相关成本增加了企业未来用于履行履约义务（即建造房屋）的资源，满足条件（二）

企业预期相关成本能够通过销售房屋收取对价收回，满足条件（三）

小白

很奇怪！小Z老师，既然作为一项资产，为什么2019年新财务报表中没见到"合同履约成本"这个科目呢？

-15-

 会计"大爆炸"

根据新收入准则,确认为资产的"合同履约成本",在列报时应根据摊销期限计入相应的资产负债表项目。

"合同履约成本"报表填列要求

项目	摊销期限小于一年或一个正常营业周期	摊销期限在一年或一个正常营业周期以上
合同履约成本	存货	其他非流动资产

 那确认一项资产后,后续应如何处理呢?

一般而言,在成本发生时应通过"合同履约成本"下的"生产成本""制造费用""劳务成本""开发成本"等科目核算。待完工时转入"**存货**"等科目。销售完成时再转入"**主营业务成本**"科目。

 那房地产企业发生的非正常消耗的经营管理费、建筑人员工资等成本呢?是否也应确认为一项资产?

虽然上述相关成本也与建造房屋有关,但由于其并未增加房地产企业未来用于建造并销售房屋的资源,因此应直接将相关成本计入当期损益,如"营业外支出"等。

 茅塞顿开啊。那合同取得成本呢?应如何理解?

企业因取得合同而发生的**增量成本**,且预期能够通过履行履约义务收回的,应当作为合同取得成本确认为**一项资产**。

第一篇　会计准则改革：新收入准则

还是不太明白……增量成本是什么意思呢？

增量成本就是企业**不取得合同就不会发生的成本**。比如房地产企业为成功与客户签订房屋买卖合同而支付给销售人员的佣金即为合同取得成本，应确认为一项资产。与"合同履约成本"类似，确认为资产的"合同取得成本"，在列报时应根据摊销期限记入相应的资产负债表项目。

"合同取得成本"报表填列要求

项目	摊销期限小于一年或一个正常营业周期	摊销期限在一年或一个正常营业周期以上
合同取得成本	其他流动资产	其他非流动资产

那确认一项资产后，后续应如何处理呢？

根据新收入准则，在生产产品时将销售佣金记入"合同取得成本"下的"**生产成本**"等明细科目。后续计量时应当采用与该资产相关的商品收入确认相同的基础（即，在履约义务履行的时点或按照履约义务的履约进度）进行摊销，计入当期损益（销售费用等）。

那比如房地产企业为取得合同而发生的广告费、业务招待费、通信费等是否也应确认为一项资产呢？

由于无论能否成功与客户签订房屋买卖合同，这些成本都是**必须要花费的**，不满足增量成本的要求，因此上述相关费用在实际发生时应直接计入**当期损益**，例如"**销售费用**"科目。

—17—

会计"大爆炸"

> **准则原文：《企业会计准则第14号——收入》**
>
> 第二十八条 企业为取得合同发生的增量成本预期能够收回的，应当作为合同取得成本确认为一项资产；但是，该资产摊销期限不超过一年的，可以在发生时计入当期损益。
>
> 增量成本，指企业不取得合同就不会发生的成本（如销售佣金等）。企业为取得合同发生的、除预期能够收回的增量成本之外的其他支出（如无论是否取得合同均会发生的差旅费等），应当在发生时计入当期损益，但是，明确由客户承担的除外。

小白

那对于确认为资产的"合同履约成本"和"合同取得成本"，其应如何进行后续计量呢？

应当采用与该资产相关商品收入确认相同的基础（即，按照履约义务履行的时点或履约的进度）进行摊销。同时进行减值测试，并视测试情况决定是否确认减值损失。

小Z

小白

太棒了小Z老师，经过您的讲解，我不仅找回了重仓上市公司神秘消失的"预收账款"，而且对新收入准则的部分核心变化有了更深刻的理解。

不错。不过为师今天讲的只是新收入准则的"冰山一角"。后续我会陆续跟你讲解其他核心变化的要点。具体包括：（1）"五步法"收入确认模型；（2）收入确认时点法vs时段法；（3）八大特定交易的收入确认问题。

小Z

小白

嗯嗯。我一定会认真预习和复习。争取通过准则学习"逆天改命"。

第一篇 会计准则改革：新收入准则

很好。最后，为师简单为你回顾一下今天所学的重要知识点吧。

小Z

重要知识点回顾

	概念	核心变化	举例
合同资产	企业已向客户转让商品而有权收取对价的权利，且该权利取决于时间流逝之外的其他因素	如有条件收取对价，则记入"合同资产"。需使用"预期信用损失模型"计提减值	金拱M向客户提供两批快餐，一共4万元。合同约定客户收到第二批快餐时支付款项。在客户收到第一批快餐时，金拱M应确认收入： 借：合同资产　2万 　贷：主营业务收入　2万
	概念	核心变化	举例
应收账款	企业拥有的、无条件向客户收取对价的权利，且该权利仅取决于时间流逝因素	无条件收取对价，确认"应收账款"	接上例，客户收到第二批快餐时由于资金紧张，估计延迟一周付款，相关会计处理如下： 借：应收账款　4万 　贷：合同资产　2万 　　　主营业务收入　2万
	概念	核心变化	举例
合同负债	企业已收或应收客户对价而应向客户转让商品的义务	对应"预收账款"。新收入准则下将全部或大部分过渡到"合同负债"	某国酒企业与客户签订合同，客户需提前支付20万元货款，会计处理如下： 借：银行存款　20万 　贷：合同负债　20万
	概念	确认为资产的处理原则	举例
合同履约成本	企业为履行合同可能会发生的各种成本	在成本发生时通过"合同履约成本"下的"生产成本""制造费用""劳务成本""开发成本"等科目核算，待完工时转入"存货"等，销售时再转入"主营业务成本"	1. 为建造房屋而发生的基础主体结构建造等建筑成本，应确认为一项资产； 2. 非正常消耗的直接材料、直接人工和制造费用等直接计入当期损益
	概念	确认为资产的处理原则	举例
合同取得成本	企业为取得合同而发生的增量成本	销售佣金记入"合同取得成本"下的"生产成本"等明细科目。后续计量时应当采用与该资产相关商品收入确认相同的基础进行摊销，计入当期损益（销售费用等）	1. 房地产企业为成功与客户签订房屋买卖合同而支付给销售人员的佣金即为合同取得成本，应确认为一项资产； 2. 房地产企业为取得合同而发生的广告费、投标费、通信费等直接计入当期损益

第二章　哪Z电影50亿元天价票房背后的会计谜题

2019年，哪Z电影取得近50亿元天价票房，成为我国国产动漫电影的新里程碑。本章以哪Z电影为主线，详细解析电影50亿元天价票房背后有关收入分配、销售身份识别、"五步法"收入确认、时段法及时点法原理及应用、向客户授予知识产权许可等一系列新收入准则核心会计处理实务问题。

第一篇　会计准则改革：新收入准则

小Z老师，我上周末看的国产动漫哪Z电影的票房最终逼近50亿元大关，其已成为全球影史单一市场票房最高的动画电影。

这确实是我国国产动漫影视史的奇迹。

想必电影发行方这会儿肯定数钱都数到手抽筋了吧。

哪Z电影大卖确实是继大S归来后，国产动画电影又一座新的里程碑。

突然很好奇，讲到天价票房，必然会涉及财务会计问题。电影票房大卖背后有哪些会计问题呢？

会涉及一系列的会计问题。为便于理解，主要从大家都熟悉的发行方授权影院播放电影这一模式的会计处理进行讲解吧。

好啊好啊。赶快拿出小本本儿记重点。

对于50亿元票房收入，首先需要缴纳相关税费（增值税及附加）及电影发展专项资金。

哦哦。

-23-

会计"大爆炸"

电影发行企业税费及电影发展专项基金

- 2018年12月25日,国务院印发《进一步支持文化企业发展的规定》,明确对电影制片企业销售电影拷贝(含数字拷贝)、转让版权取得的收入,电影发行企业取得的电影发行收入,<u>免征增值税</u>。
- 2016年3月23日,财政部、国税总局印发《营业税改征增值税试点有关事项的规定》。其中第一条(六):"一般纳税人发生电影放映服务可以选择适用简易计税办法,<u>适用3%征收率</u>"。
- 根据《国家电影事业发展专项资金征收使用管理办法》,电影事业发展专项资金按<u>电影院电影票房收入的5%提取</u>。
- 为方便计算,相关税费及电影发展专项资金按10%估计。

按照上述规定,扣除相关税费及电影发展专项资金后剩余45亿元(50-50×10%)即为最终票房收入。

那这45亿元票房收入怎么分配呢?

按照惯例,一般会按照六四比例分成,影院分得60%(27亿元)、发行人分得40%(18亿元)。

按照新收入准则,这27亿元和18亿元收入应如何确认?

对于影院播放电影收入,首先应明确**销售交易身份**的概念。

销售交易身份?什么意思?

第一篇　会计准则改革：新收入准则

按照惯例，先看准则。

准则原文：《企业会计准则第14号——收入》

第三十四条　企业应当根据其在向客户转让商品前<u>是否拥有对该商品的控制权</u>，来判断其从事交易时的身份是主要责任人还是代理人。

<u>企业在向客户转让商品前能够控制该商品的，该企业为主要责任人，应当按照已收或应收对价总额确认收入。</u>

<u>企业在向客户转让商品前无法控制该商品的，该企业为代理人</u>，应当按照预期有权收取的佣金或手续费的金额确认收入。该金额应当按照已收或应收对价总额扣除应支付给其他相关方的价款后的净额，或者按照既定的佣金金额或比例等确定。

由于影院通常并未获得影片的所有权，我猜其应作为代理人，按照净额法确认收入吧？

非也。从目前实务中电影放映方与发行方签订协议条款和业务模式来看，影院虽未买断播映权，未承担对电影全部的后果和责任，但考虑到影院的履约义务包括负责安排电影放映，并最终为消费者提供观影服务，因此认为其在放映服务中承担**主要责任人**的角色，通常采用**总额法确认收入**。

嗯嗯。那影院播放电影应如何确认收入呢？

根据新收入准则，应采用"五步法"确认收入。

—25—

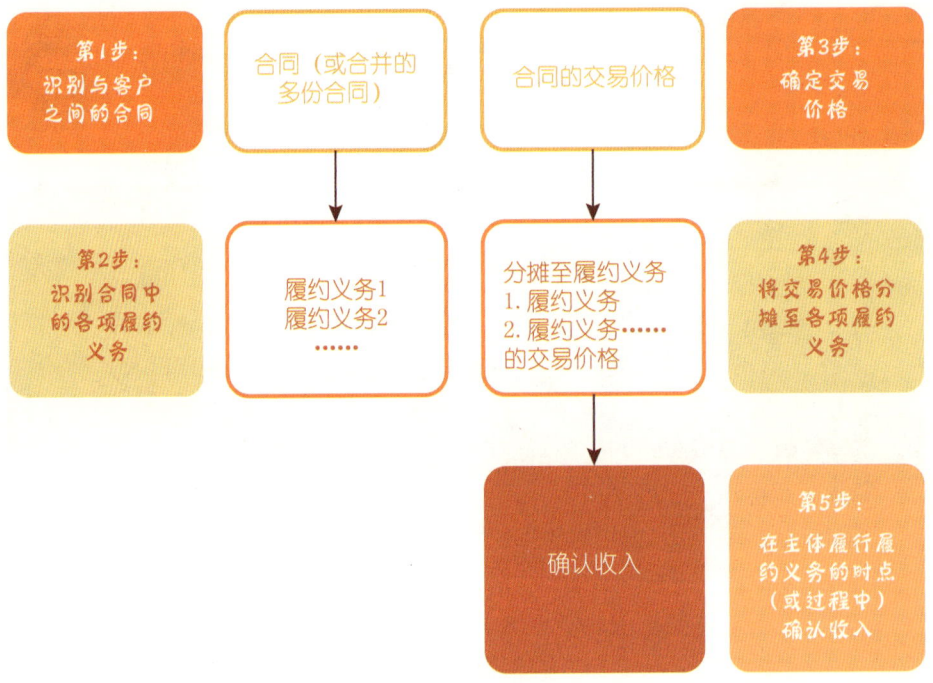

"五步法"收入确认模型

小白：那具体应如何通过"五步法"确认收入呢？

第一步：**识别与客户订立的合同**。根据准则，合同是指双方或多方之间订立有法律约束力的权利义务的协议。

小Z

合同存在的条件

- 该合同有明确的与所转让商品或提供劳务相关的支付条款
- 企业因向客户转让商品或提供劳务而有权取得的对价很可能收回
- 具有商业实质
- 合同各方已批准，并承诺将履行各自义务。明确合同各方转让商品或提供劳务相关权利与义务

第一篇　会计准则改革：新收入准则

影院向观众出售影票，由影院为观众提供影片播放服务。同时影票标有明确的价格，电影播放具有商业实质，且影院通过出售影票收回了提供播放服务的对价。

好棒啊。"五步法"确认收入第一步完全Get。

很好。再来看第二步：**识别履约义务**。主要需理解和识别**单项履约义务**。

什么是履约义务呢？

履约义务简单理解就是企业按照合同约定销售商品或提供服务的承诺，比如企业根据合同约定向客户销售手机，或提供房屋装修服务等，每单一销售或服务行为即为单项履约义务。

那如何识别单项履约义务呢？

根据新收入准则，有两个标准。

哦哦，具体是什么标准呢？

请看下图。

嗯嗯。

-27-

会计"大爆炸"

```
        ┌─────────────────────────┐
        │ 不是可明确区分的履约义务——与其他 │
        │   产品或服务结合考虑        │
        └─────────────────────────┘
                    ▲
                    │ 否
        ┌───────────┴───────────┐
┌───────────────┐        ┌───────────────┐
│    标准1：     │        │    标准2：     │
│ 企业向客户转让  │        │ 向客户转让一系列│
│ 可明确区分商品  │        │ 实质且转让模式相│
│（或商品组合）   │        │ 同的、可明确区分│
│ 的承诺，比如销售│        │ 商品的承诺，如与│
│ 电脑的同时提供  │        │ 客户签订一年的家│
│ 收费维修服务，  │        │ 政服务合同，每天│
│ 此时销售电脑与提│        │ 提供家政服务。 │
│ 供维修服务明确可│        │               │
│ 区分。         │        │               │
└───────────────┘        └───────────────┘
       是 ↘   同时满足    ↙ 是
           ┌──────────────┐
           │ 可明确区分的履约义务 │
           └──────────────┘
```

单项履约义务识别标准

小白

影院播放电影只收取票房收入，那该项活动自然就是单项履约义务咯？

是的，你理解的很正确。小乙

小白

那影院在播放电影的同时向观众出售爆米花、饮品等，应视为两项单项履约义务了吧？

不错。都学会举一反三了。小乙

小白

嘿嘿。主要是小乙老师讲得好。

第一篇　会计准则改革：新收入准则

再来看第三步：**确定交易价格**。交易价格，主要是指企业因向客户转让商品而有权收取的对价金额。

确定交易价格主要需注意什么呢？

在确定交易价格时，企业应考虑可变对价、合同中存在的重大融资成分、非现金对价及应付客户对价等因素的影响。

可变对价
应当按照期望值或最可能发生金额确定可变对价的最佳估计数，比如销售商品发生折扣、返利、退款、奖励积分等

应付客户对价
企业应付客户（或向客户购买企业商品或服务的第三方）对价的，应当将该应付对价冲减交易价格

交易价格确定

非交易对价
客户支付非现金对价的（如实物资产、无形资产、股票等），企业应当按照非现金对价的公允价值确定交易价格

重大融资成分
企业应当按照假定客户在取得商品或服务控制权时即以现金支付的应付金额确定交易价格

影院出售的影票通常价格已经确定，所以直接可以票价作为交易价格吧？

是的。下面来看第四步：**将交易价格分摊至合同中各项履约义务**。对于合同中存在两项或以上履约义务的，在确定交易价格后，应将价格分摊至每一项履约义务。

-29-

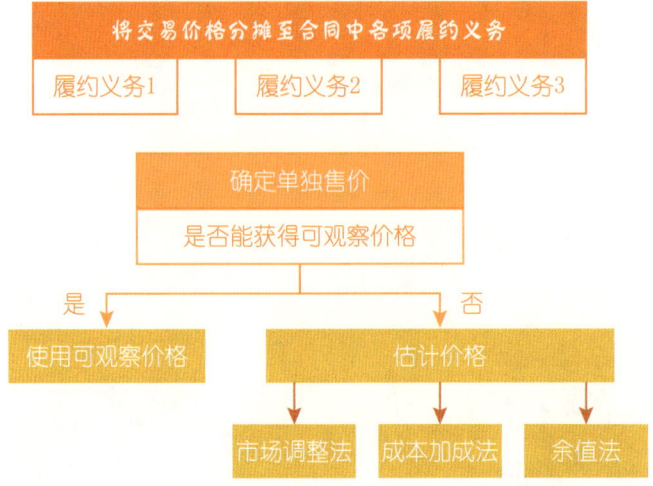

企业应首先确定每项履约义务是否有明确的单独售价。若无，则可考虑使用**市场调整法、成本加成法，以及余值法**分摊交易价格。

准则原文：《企业会计准则第14号——收入》

第二十一条　企业在类似环境下向类似客户单独销售商品的价格，应作为确定该商品单独售价的最佳证据。单独售价无法直接观察的，企业应当综合考虑其能够合理取得的全部相关信息，采用市场调整法、成本加成法、余值法等方法合理估计单独售价。在估计单独售价时，企业应当最大限度地采用可观察的输入值，并对类似的情况采用一致的估计方法。

市场调整法，是指企业根据某商品或类似商品的市场售价考虑本企业的成本和毛利等进行适当调整后，确定其单独售价的方法。

成本加成法，是指企业根据某商品的预计成本加上其合理毛利后的价格，确定其单独售价的方法。

余值法，是指企业根据合同交易价格减去合同中其他商品可观察的单独售价后的余值，确定某商品单独售价的方法。

第一篇　会计准则改革：新收入准则

小白：影院对于出售的影票和爆米花套餐，需根据票价及爆米花售价分别确定交易价格咯？

小乙：可以这么理解。

小白：好棒啊。

小乙：最后来看第五步：**在企业履行履约义务时确认收入**。主要分为**时段法**和**时点法**确认。

小白：具体应如何理解呢？

小乙：一般地，需首先识别相关活动是否满足时段法收入确认条件，对于满足条件（下图标准之一）的采用时段法，按照**履约进度确认收入**，反之在**企业履约义务完成时点确认收入**。

标准	举例
（一）客户在企业履约的同时即取得并消耗企业履约所带来的经济利益	家政公司每天为客户提供保姆服务，合同期限一年
（二）客户能够控制企业履约过程中在建的商品	在客户场地上建造厂房，客户在建造工程中可控制在建的厂房
（三）企业履约过程中所产出的商品具有不可替代用途，且该企业在整个合同期间内有权就累计至今已完成的履约部分收取款项（成本和合理利润）	企业向客户提供定制化产品，产品需发生重大改造成本才可出售给其他客户。同时，企业可在整个合同期间有权就累计至今已完成的产品部分收取对价，以补偿已发生成本和合理的利润

时段法确认收入标准

 会计"大爆炸"

小白：影院出售影票属于一次性行为，不具备持续性，不满足条件（一）。影票不属于定制化产品，不具有不可替代用途，不满足条件（三）。此外，观众购买影票通常不涉及控制在建商品的问题，也即不满足条件（二）。所以我猜影院应采用**时点法**确认收入吧？

小Z：没错。影院应在**销售影票行为发生时**确认收入。

小白：嗯嗯。那小Z老师，对于电影发行方，应如何确认收入呢？

小Z：关于发行方如何确认收入，主要参照以下准则规定。

准则原文：《企业会计准则第14号——收入》

第三十七条：企业向客户授予知识产权许可，并约定按客户实际销售或使用情况收取特许权使用费的，应当在下列**两项孰晚的时点**确认收入：
（一）客户后续销售或使用行为实际发生；
（二）企业履行相关履约义务。

小Z：此时，假设电影发行方授权影院播映哪Z一共6周，电影发行方版权授予行为发生在影院实际产生票房收入前。根据《企业会计准则第14号——收入》第三十七条有关企业向客户授予知识产权许可"孰晚法"收入确认的具体规定，电影发行方票房提成所取得的相关收入应在影院销售影票行为发生时确认。

第一篇　会计准则改革：新收入准则

完全Get！小Z老师，我出差时经常会观看飞机上播放的电影。那对于发行人授予航空公司电影播放权，其应如何确认收入？

以哪Z电影为例，假设发行方与某航空公司签订合同，约定由发行方授权航空公司在飞机上播放哪Z电影，同时授权航空公司在飞机舱、毛绒吉祥物上使用电影卡通形象。合同金额300万元，期限两年。

那还是应该使用"五步法"确认收入咯？

是的，具体会计处理流程见下图。

第一步，识别与客户订立的合同
电影发行方与航空公司签订授权航空公司播放影片及使用哪Z卡通形象的合同

第二步，识别合同中的单项履约义务
电影播映权和卡通形象特许使用权可明确区分，故分别构成单项履约义务

第三步，确定交易价格
整个合同金额为300万元

第四步，将交易价格分摊至各单项履约义务
将300万元分摊至各单项履约义务，使用方法包括市场调整法、成本加成法和余值法。此处，假设发行方授予航空公司电影播映权收入90万元，由于哪Z卡通形象定价未定且未曾单独出售，其售价无法可靠确定，因此应使用余值法确定分摊价格为210万元（300-90）

第五步，履行每一单项履约义务时确认收入
具体见后文

PS 市场调整法要求商品有相应的市场价格。
成本加成法是根据商品的预计成本加上合理毛利确定价格

"五步法"确认收入流程

会计"大爆炸"

明白啦小Z老师。那发行人授权航空公司播放影片和卡通形象特许权使用取得的收入应如何确认?

这里涉及时段法和时点法。与一般销售商品或提供劳务时段法确认收入原则不同,**如企业向客户授予知识产权许可采用时段法确认收入的,须同时满足三个条件。**

准则原文:《企业会计准则第14号——收入》

第三十六条 企业向客户授予知识产权许可的,应当按照本准则第九条和第十条规定评估该知识产权许可是否构成单项履约义务,构成单项履约义务的,应当进一步确定其是在某一时段内履行还是在某一时点履行。

企业向客户授予知识产权许可,同时满足下列条件时,应当作为在某一时段内履行的履约义务确认相关收入;否则,应当作为在某一时点履行的履约义务确认相关收入:

(一)合同要求或客户能够合理预期企业将从事对该项知识产权有重大影响的活动;

(二)该活动对客户将产生有利或不利影响;

(三)该活动不会导致向客户转让某项商品。

准则写得好晦涩,您能不能结合例子详细讲解一下?

对于发行方授予航空公司使用其卡通形象许可,电影继续在其他国家播放,或者相关电影第二部初步定档于2020年上映等均会对卡通形象特许使用权价值产生重大影响,且航空公司也能够合理预期到发行方会从事相关商业活动,即满足条件(一)。

那条件（二）和条件（三）呢？

哪Z电影在国外的票房表现，会影响其卡通形象特许使用权价值。如果电影在全球继续取得一致好评，那其卡通形象特许使用权价值自然水涨船高，航空公司品牌吸引力也会提升，即满足条件（二）。

那如果电影在国外票房不尽如人意呢？或者说观众不喜欢第二部电影风格呢？是否意味着不满足条件（二）了？

不是的。这仅仅会降低电影卡通形象特许使用权价值，但仍满足条件（二）。

哦哦。看来使用卡通形象特许使用权是把"双刃剑"呐。运气好的话可迅速提升品牌价值，运气不好的话可能就"赔了夫人又折兵"。

是的。最后看条件（三）：电影发行方授予航空公司卡通形象特许使用权，通常并不涉及相关权利的转让，因此条件（三）也满足。三个条件同时满足时，应采用时段法确认收入。

原来如此哦。

是的。

 会计"大爆炸"

① 发行方授予航空公司使用其卡通形象许可，电影继续在其他国家播放且航空公司也能够合理预期到发行方会从事相关商业活动，满足条件（一）

② 哪Z电影在国外的票房表现，会影响其卡通形象特许使用权价值，满足条件（二）

③ 电影发行方授予航空公司卡通形象特许使用权，通常并不涉及相关权利的转让，满足条件（三）

向客户授予知识产权许可时段法确认过程

小白

那发行方授权航空公司播放电影2年，我猜也要使用时段法确认收入吧？

小Z

此言差矣。由于电影是具有重大独立功能的知识产权（即可直接用于播放）。发行方后续相关活动（国外电影播放等）并不会对国内电影播放产生重大影响。航空公司获利水平并不受发行方后续商业活动的影响。

小白

那这种情况就不满足时段法确认收入的三个条件咯？

小Z

聪明。不管合同期限多久，对于发行方授予航空公司播放电影，均应采用时点法确认收入。

小白

嘿嘿。

—36—

第一篇　会计准则改革：新收入准则

> **Tips**
>
> 具有重大独立功能的知识产权主要包括软件、生物合成物或药物配方以及已完成的媒体内容（例如电影、电视节目以及音乐录音）版权等。

综上，对于发行方授予航空公司卡通形象特许使用权收入210万元，**应采用时段法确认**。对于发行方授予航空公司电影播映权收入90万元，**应采用时点法确认**。

完全Get！小Z老师您太厉害了。哪Z电影50亿元天价票房的会计谜题就这样逐一被您破解了啊。

对生活充满爱，多一些对生活的思考，是学好会计的关键。生活中处处是会计。最后，为师简单为你回顾一下今天所学的重要知识点吧。

好啊好啊，想必今天的知识点一定很丰富。

呵呵，可以说是干货满满。

您就别卖关子了啊。

请看下图。

嗯嗯。

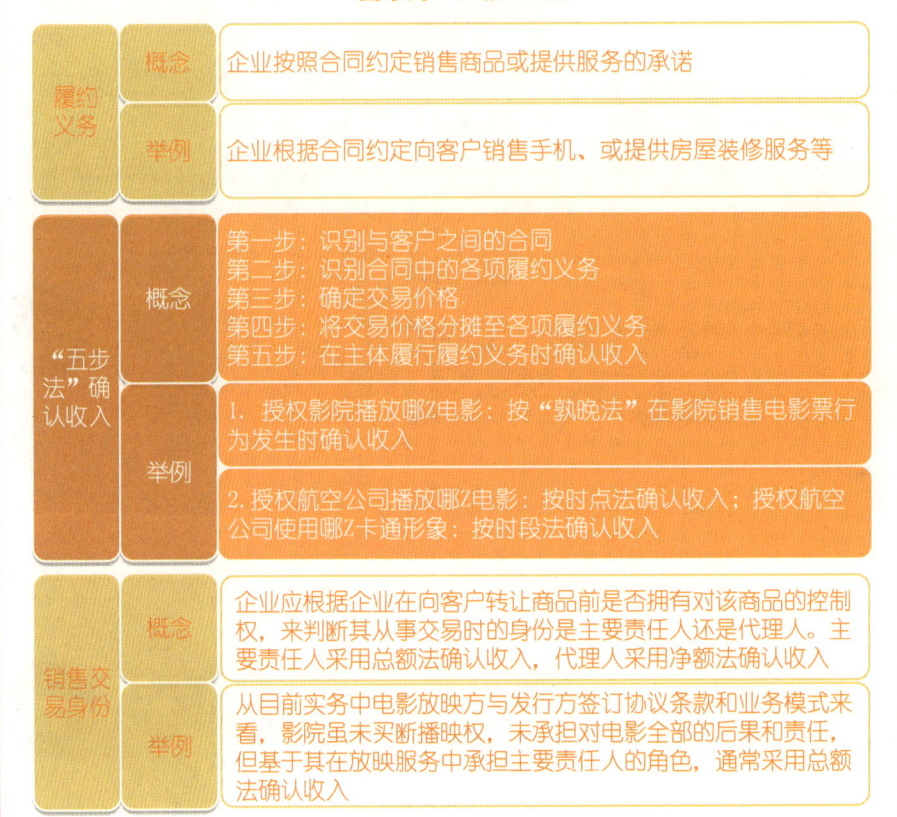

重要知识点回顾

	概念	企业按照合同约定销售商品或提供服务的承诺
履约义务	举例	企业根据合同约定向客户销售手机、或提供房屋装修服务等
"五步法"确认收入	概念	第一步：识别与客户之间的合同 第二步：识别合同中的各项履约义务 第三步：确定交易价格 第四步：将交易价格分摊至各项履约义务 第五步：在主体履行履约义务时确认收入
	举例	1. 授权影院播放哪Z电影：按"孰晚法"在影院销售电影票行为发生时确认收入 2. 授权航空公司播放哪Z电影：按时点法确认收入；授权航空公司使用哪Z卡通形象：按时段法确认收入
销售交易身份	概念	企业应根据企业在向客户转让商品前是否拥有对该商品的控制权，来判断其从事交易时的身份是主要责任人还是代理人。主要责任人采用总额法确认收入，代理人采用净额法确认收入
	举例	从目前实务中电影放映方与发行方签订协议条款和业务模式来看，影院虽未买断播映权，未承担对电影全部的后果和责任，但基于其在放映服务中承担主要责任人的角色，通常采用总额法确认收入

第三章 九月,"浴霸"不能:京D销售 iPhone11 会计之谜

2019年9月,苹果推出新一代手机iPhone 11,坊间称之为"浴霸手机"。本章以京D销售苹果手机为主线,对销售交易身份识别(主要责任人与代理人)、附有质量保证条款的销售、销售退回、优惠返现、分期销售等新收入准则相关特定交易会计处理进行详细解析。

第一篇 会计准则改革：新收入准则

小Z老师，偷偷告诉您一个好消息，我之前买的科技概念股大赚啦，这可是我进入股市以来赚的"第一桶金"。

确实不容易，买点好东西犒劳一下自己吧。

知我者小Z老师。苹果今年推出了iPhone11手机，好想在京D电商平台优惠大促时入手一部，体验"浴霸"摄像头，把自己拍得美美哒。

呵呵。那建议还是落袋为安吧，用波段收益买一部手机好好犒劳一下自己。

嗯嗯。小Z老师，我突然有一个问题：电商平台销售"浴霸"手机收入确认规则是否与您之前讲的电影发行方授权影院播放电影一样呢？

整体逻辑是一致的，但在具体细节方面还存有较大差异。

具体有哪些差异呢？

发行方授权电影播映主要为其对**授予知识产权取得的收入**进行确认。销售手机可参照销售一般商品取得的收入进行确认。

这两种活动性质迥异，收入确认自然有所不同吧？

—41—

 会计"大爆炸"

> 是的。有明显的不同。

 这样啊,那电商平台销售"浴霸"手机应如何确认收入呢?

> 这里涉及一系列的收入确认问题。

 "一系列"?!感觉很复杂的样子,赶快拿出小本本儿记重点。

> 首先来看一看**销售交易身份识别**的概念。先问你个问题:你觉得京D和淘B两大电商巨头销售手机在收入确认规则方面是否相同?

 他们都是电商巨头,想必收入确认规则也是一致的。

> 非也。他们虽然都是电商巨头,但在收入确认方面却有本质区别。这主要源于两巨头在**销售交易身份方面的差异**。

 销售交易身份?什么意思呢?

> 按照惯例,先看准则。

 嗯嗯。

第一篇　会计准则改革：新收入准则

准则原文：《企业会计准则第14号——收入》

第三十四条　企业应当根据其在向客户转让商品前是否拥有对该商品的控制权，来判断其从事交易时的身份是主要责任人还是代理人。

企业在向客户转让商品前能够控制该商品的，该企业为主要责任人。

企业在向客户转让商品前无法控制该商品的，该企业为代理人。

根据上述准则，京D为"企业对顾客"（B2C）模式，其拥有手机控制权，应为主要责任人，按总额法确认收入。

那淘B呢？

淘B为"顾客对顾客"（C2C）模式，其并不拥有对手机的控制权，而只是销售手机的第三方交易平台，应视为代理人，按净额法确认收入。

主要责任人vs代理人

企业应当根据其在客户转让商品前是否拥有对该商品的控制权，来判断其从事交易时的身份是主要责任人还是代理人。

主要责任人	代理人
企业在向客户转让商品前能够控制该商品，该企业为主要责任人	企业在向客户转让商品前无法控制该商品，该企业为代理人

-43-

会计"大爆炸"

通常而言，总额法下确认更多的收入金额，但因消耗更多资本可能会导致毛利率的降低，净额法则相反。

> **Tips**
> - 总额法下，企业应按照已收或应收对价总额确认收入
> - 净额法下，企业应按照预期有权收取的佣金或手续费的金额确认收入

 嘿嘿。小Z老师，除了这两大网上电商巨头，我还发现有一个国外线下实体店异常火爆。

这家实体店通过"成熟的会员模式"实现了针对客户需求的"精准投放"，以价低质高"吸粉"无数。

 嗯嗯。那问题来了，对于这种会员模式的线下实体店，其如果收取会员费，并向会员销售手机，应如何确认收入呢？

实体店向顾客收取会员费，虽与履行合同有关，但并没有向客户转让已承诺的手机，不构成单项履约义务。

 那这应该如何处理呢？

且听我慢慢讲来。

第一篇　会计准则改革：新收入准则

实务中，应将该初始会员费作为一项**预收款**，在未来实际**转让手机时确认收入**。

完全Get。这样一来无论是线上还是线下，销售手机收入确认总体原则一目了然了。

是的，虽然销售交易身份及渠道不同，但万变不离其宗，只要掌握收入确认的核心逻辑与基本原理，就能轻松应对各种情形的手机销售收入确认问题。

您说得太对了，不过我觉得还是在京D上买手机更方便、更放心呢。我看到其网站销售"浴霸"手机提供了贴心的"三包"服务，质保期足足有1年呢。

完善的售后服务确实是品牌竞争力的重要体现。

那对于京D提供为期一年的"三包"服务，应如何进行会计处理？

这里涉及八大特定交易之一：**附有质量保证条款的销售**，主要包括**保证类质量保证和服务类质量保证**。

"三包"服务属于哪种呢？

"三包"服务属于质量保证两种情形之一：**保证类质量保证**，指企业向客户保证所销售的商品符合既定标准。

会计"大爆炸"

小白

保证类质量保证应如何进行会计处理呢?

该类质量保证服务"果粉"不能单独购买,不构成单项履约义务。京D应按或有事项准则,在出售手机时确认**质量保证负债(预计负债)**。

小Z

准则原文:《企业会计准则第14号——收入》

第三十三条 对于附有质量保证条款的销售,企业应当评估该质量保证是否在向客户保证所销售商品符合既定标准之外提供了一项单独的服务。

企业提供额外服务的,应当作为单项履约义务,按照本准则规定进行会计处理。

企业未提供额外服务的,质量保证责任应当按照《企业会计准则第13号——或有事项》规定进行会计处理。

在评估质量保证是否在向客户保证所销售商品符合既定标准之外提供了一项单独的服务时,企业应当考虑该质量保证是否为法定要求、质量保证期限以及企业承诺履行任务的性质等因素。客户能够选择单独购买质量保证的,该质量保证构成单项履约义务。

小白

Get!那服务类质量保证呢?

服务类质量保证,指向客户保证所销售的商品符合既定标准之外提供了一项单独的服务。

小Z

小白

还是有些不太明白。

—46—

第一篇　会计准则改革：新收入准则

比如京D在向"果粉"保证所销售手机符合既定标准之外提供的**延保服务**就属于服务类质量保证。

那对于销售手机同时提供延保服务（假设客户选择接受延保服务，且服务期限为2年），应如何确认收入？

这里需要区分两项活动是否分别构成单项履约义务，还是作为一个整体构成一项单项履约义务。判断的标准是两项活动转让的商品**是否可明确区分**。

识别单项履约义务简单实例

某手机生产企业自主研发的操作系统或将用于新款手机。因该系统主要用于保证手机的完整使用，其无法与手机明确区分，销售手机和系统应作为一个整体构成一项单项履约义务。

有些商场在销售手机的同时推出付费的导航系统APP。销售手机和APP软件可明确区分，应分别构成单项履约义务。

我明白啦，由于销售手机和提供延保服务可明确区分，所以应分别构成单项履约义务？

是的。还有一点需要注意的是，有的时候企业可能会为由于客户使用不当而导致的手机故障提供免费维修服务。虽然该项服务没有单独销售，但也应作为**单项履约义务**。

-47-

太棒了小Z老师。那如果企业同时提供两类质量保证服务应如何处理呢?

如果两类质量保证服务可合理区分,则应分别进行会计处理。无法合理区分的,**应将两类质量保证一起作为单项履约义务**进行处理。

保证类质量保证

概念:企业为向客户保证所销售的商品符合既定标准
举例:"三包"服务
会计处理:按或有事项准则,在销售商品时确认质量保证负债(预计负债)

服务类质量保证

概念:向客户保证所销售的商品符合既定标准之外提供了一项单独的服务
举例:延保服务
会计处理:构成单项履约义务,按照"五步法"确认收入

Tips

- 如果两类质量保证服务可合理区分,应分别进行会计处理
- 无法合理区分的,应将两类质量保证一起作为单项履约义务进行处理

那销售手机和提供延保服务具体应该怎样确认收入呢?

应遵循"五步法"收入确认原则。

第一篇　会计准则改革：新收入准则

第一步，识别与客户订立的合同
与客户签订手机销售合同，合同中同时约定手机销售和提供延保服务

第二步，识别合同中的单项履约义务
销售手机和提供延保服务可明确区分，分别构成单项履约义务

第三步，确定交易价格
假设购买iPhone11价款为5,499元，客户自行选择购买延保服务的另外付款800元。由此确定该项合同的交易价格为6,299元

第四步，将交易价格分摊至各单项履约义务
从第三步可知，iPhone11销售总价款为6,299元，其中分摊5,499元为销售手机价款，剩余800元为延保服务价款

第五步，履行每一单项履约义务时确认收入
具体见后文

"五步法"确认收入流程

小白

根据"五步法"模型，对于销售手机和提供延保服务，电商在履行每一单项履约义务时应分别如何确认收入呢？

"果粉"购买手机后，已取得"浴霸"手机的控制权。此时，电商应在"果粉"取得手机控制权时确认收入。

小Z

控制权转移标志

客户
- 就商品负有现时付款义务
- 已拥有商品法定所有权
- 已占有商品实物
- 已取得商品所有权上的主要风险和报酬
- 已接受商品，如通过验收

-49-

 会计"大爆炸"

小白：那提供延保服务呢？因为延保服务为两年，我猜应该采用"时段法"确认收入吧？

小Z：答案正确，但理由错误。对于提供延保服务的收入确认，首先看准则。

准则原文：《企业会计准则第14号——收入》

第十一条 满足下列条件之一的，属于在某一时段内履行履约义务；否则，属于在某一时点履行履约义务：

（一）客户在企业履约的同时即取得并消耗企业履约所带来的经济利益。

（二）客户能够控制企业履约过程中在建的商品。

（三）企业履约过程中所产出的商品具有不可替代用途，且该企业在整个合同期间内有权就累计至今已完成的履约部分收取款项。

具有不可替代用途，是指因合同限制或实际可行性限制，企业不能轻易地将商品用于其他用途。

有权就累计至今已完成的履约部分收取款项，是指在由于客户或其他方原因终止合同的情况下，企业有权就累计至今已完成的履约部分收取能够补偿其已发生成本和合理利润的款项，并且该权利具有法律约束力。

小Z：对于购买了延保服务的"果粉"，其可在两年内随时要求并获得电商提供的保修服务，即满足条件（一），所以应按"时段法"在两年内按照履约进度确认收入。

小白：完全明白啦。小Z老师，我从京D官网上还看到，在购买手机后如出现质量问题，可享受7日内退货。那么对于售后退回，应如何进行会计处理呢？

第一篇　会计准则改革：新收入准则

且听我慢慢讲解。

这里涉及新收入准则八大特定交易之一：**附有销售退回条款的销售**。根据准则，对于附有销售退回条款的交易，应按**向客户销售手机而预期有权收取的对价金额**，（不包含预期因销售退回将退还的金额）确认收入。

那对于预计可能退货的情况应如何处理呢？

应按照**或有事项**相关规定，在售出手机收到货款后根据历史退货情况估计退货可能性，计算应退回金额，并确认**预计负债**。

那假设电商要求客户无理由退货需缴纳退货费的话，应如何处理呢？

如果电商向客户收取一定金额的退货费，在估计销售手机**预期有权收取的对价金额**时，应将退货费考虑在内。

那对于已（未）发生退货的情况，应如何进行会计处理呢？

如果发生了退货的情况，应向客户支付退货款，并同时冲减**预计负债**。如未发生退货的情况，应将**预计负债**金额全部转为主营业务收入。

小白：好棒啊，竟然都听明白了。

对于附有销售退回条款的交易
应按向客户销售而预期有权收取的对价金额确认收入

对于预计可能退货
根据或有事项相关规定，在售出手机收到货款后根据历史退货情况估计退货可能性，计算应退回金额，并确认预计负债

对于已（未）发生退货
- 如发生退货，应支付退货款，并冲减预计负债
- 如未发生退货，应将预计负债转为主营业务收入

附有销售退回条款的销售会计处理

小白：好想赶到京D优惠大促节时疯抢优惠券入手一部"浴霸"手机呢。

小Z：这里，对于电商促销活动推出的优惠券购机活动，通常涉及另一重要知识点：附有客户额外购买选择权的销售。

小白：感觉好高深的样子……什么是附有客户额外购买选择权的销售？

小Z：比如电商在优惠促销活动中向"果粉"赠送购物满1,000元返100元的优惠券。"果粉"可选择用优惠券购买苹果手机。电商的这种行为即为附有客户额外购买选择权的销售。

第一篇 会计准则改革：新收入准则

> **Tips**
>
> 在某些情况下，企业销售产品的同时，会向客户授予选择权，允许客户据此免费或以折扣价格购买额外的商品。
>
> 向客户授予的额外购买选择权包括 销售激励、客户奖励积分、未来购买商品的折扣券以及合同续约选择权 等。

对于客户购物满1,000元返100元的优惠券，可视为电商为了促销手机向客户提供了一项重大权利。该选择权向客户提供了重大权利的，应当作为**单项履约义务**。

那对于京D赠送购物满1,000元返100元的优惠券，具体应如何处理呢？

其应将交易价格在出售1,000元商品和返100元优惠券之间进行分摊。具体计算过程如下：收到1,000元后，假定不考虑增值税等税收因素影响，应确认**主营业务收入**909.09元[1,000×1,000/（1,000+100）]；优惠券应确认**合同负债**90.91元[100×1,000/（1,000+100）]。

嗯嗯。接下来应如何进行会计处理呢？

在"果粉"使用优惠券时应**冲减合同负债**，并确认**主营业务收入**。如截至优惠券到期"果粉"未使用，应将合同负债转入主营业务收入。

-53-

# 会计"大爆炸"

附有客户额外购买选择权的销售的会计处理

- 概念：
  企业销售产品的同时，会向客户授予选择权，允许客户据此免费或以折扣价格购买额外的商品
- 举例：
  客户购物满 1,000 元返 100 元的优惠券
- 会计处理：
  ◎ 在客户使用优惠券时应冲减合同负债，并确认主营业务收入
  ◎ 如截至优惠券到期客户未使用，应将合同负债转入主营业务收入

苹果手机这么贵，除非脑子进水，不然肯定会使用优惠券哦。

是的。不过在促销活动中电商如不控制优惠券数量，其利润肯定会被打薄很多。

这就要看商家的智慧咯。

是的，电商在促销活动中的营销策略和手段确实值得关注与期待。

小Z老师，虽然"浴霸"手机价格明显降低了，但5,499元对我来说仍是一笔不小的支出。我想使用京D白条，分24期购买。

第一篇 会计准则改革：新收入准则

京D白条确实是个不错的选择。

那对于京D提供白条服务，分期销售手机，应如何确认收入呢？

对于分期销售超过一年以上的，通常具有**重大融资成分**。此时，其应分别确定**分期销售模式下合同应收金额**以及**现货价格（合同应收金额现值）**。由于存在货币时间价值因素，合同应收金额通常大于现货价格。

因为是分期销售，我猜应按照合同应收金额确认收入吧？

非也。应按照**现货价格**确认收入，现货价格与合同应收金额差额按实际利率法分期进行摊销，并在利润表中单独**确认为利息收入**。

具有重大融资成分销售的会计处理

- 概念：

  对于分期销售超过一年以上的，通常具有重大融资成分，应分别确定分期销售模式下合同**应收金额**以及**现货价格**（合同应收金额现值）

- 会计处理：

  应按照**现货价格**确认收入，现货价格与合同应收金额差额按实际利率法分期进行摊销，并在利润表中单独**确认为利息收入**

会计"大爆炸"

太棒了小Z老师,京D销售"浴霸"手机收入确认之谜就这样被您一一解密了。买手机的同时收获了满满的干货啊。

看似复杂的新收入准则,在融入生活元素后,其实完全可以变得简单易懂。

您说的极是。小Z老师,目前全球已进入降息周期,负利率时代渐行渐近。全球资本市场"大放水"下,是否可以漂洋过海买一些苹果手机股票呢?

建议还是三思而行。要谨慎乐观地看待全球降息。降息不仅"放水"这么简单,其传递出的信号可能是全球经济出现潜在衰退。

小Z老师您说的极是。

最后,再简单回顾一下今天所讲的重要知识点吧。

嗯嗯,好想赶快入手一部苹果手机呢。

呵呵。还是先回顾一下关于销售苹果手机的相关会计准则知识点吧。

听您的哈。

第一篇　会计准则改革：新收入准则

重要知识点回顾

主要责任人VS代理人	举例	京D平台VS淘B平台
	相关会计处理	主要责任人：对商品有控制权（京D），总额法确认收入
		代理人：仅作为交易平台（淘B），净额法确认收入
附有质量保证条款的销售	举例	京D为"浴霸"手机提供"三包"或延保服务
	相关会计处理	保证类质保（"三包"服务）：在售出手机时确认预计负债
		服务类质量保证（延保服务）：如与商品可明确区分，则按时段法根据履约进度确认收入
附有销售退回条款的销售	举例	产品出现质量问题在京D可享受7日内退货
	相关会计处理	在售出手机收到货款后根据历史退货情况估计退货可能性，计算应退回金额，并确认预计负债： · 如果发生退货，应向客户支付退货款，并冲减预计负债 · 如未发生退货，应将预计负债金额转为主营业务收入
附有客户额外购买选择权的销售	举例	京D向"果粉"赠送购物满1,000元返100元的优惠券
	相关会计处理	收到1,000元后分别确认主营业务收入和合同负债，在"果粉"使用优惠券时冲减合同负债，确认主营业务收入 如截至优惠券到期"果粉"未使用，应将合同负债转入主营业务收入
分期销售	举例	京D白条
	相关会计处理	对于销售超过一年以上的，通常具有重大融资成分。京D应分别确定手机现货价格和分期销售下合同应收金额 应按现货价格确认收入，现货价格与合同应收金额差额按实际利率法分期摊销，并在利润表中单独确认为利息收入

第四章 双十一"剁手"秘笈：奥数与会计的邂逅

2019年双十一"剁手狂欢节"交易额再创新高，但每年双十一商家推出的各种优惠活动让人眼花缭乱，一众网友普遍表示没有奥数功底根本无法享受最优优惠，引发坊间热议。本章通过数学推演揭秘双十一商家花式优惠活动背后的促销问题，同时对促销活动中涉及的预收定金、销售退回、可变对价及后续变动额计量、满减返券、分期销售等会计实务问题展开讨论，回顾并深化前述章节新收入准则核心内容。

第一篇　会计准则改革：新收入准则

小Z老师，听说您数学特别好，您能帮我计算一下诸如遇到双十一活动的时候如何构建购物组合才能获得最大优惠吗？

呵呵。你自己有计算得出过最优购物组合吗？

难于上青天。现在想"剁手"没点奥数功底真是招架不住，各种优惠活动一年比一年烧脑，常常是"一顿操作猛如虎，一共优惠两毛五"……

呵呵。为师今天通过数学为你揭开各种优惠活动的神秘面纱吧，让你对双十一有个清晰的认识。

嗯嗯。

首先来看最常见的满返（减）活动。这里以小Z老师编著的《企业会计准则注释第1辑：金融工具》优惠活动为例。

我看到这本书在京D、淘B、当D三大电商平台均有出售，但各平台的优惠活动却大不相同。

是的。三家电商平台的优惠促销活动大同小异。为更加便于理解，为师就以京D和淘B的优惠促销活动为例为你进行详细的讲解吧。

会计"大爆炸"

我看到这本书双十一京D自营的价格为83.6元,同时参与满100减50活动。而淘B经济科学出版社旗舰店的销售价格为70元,同时参与满400减50活动。

小白算算看,在两大电商平台上,如果每人购买1本,分别至少需要多少名同学团购,才能以最低单价获得这本书?

这不就是求解最小公倍数吗?我试着用小学老师教我的"短除法"求解。

最后结论呢?

在京D上至少需找到250名同学一起购买,折后最优价为41.8元/本。

京D计算过程详解

原价83.6元,满100减50,最少买多少本(N)使得单价(p)最低?

$$\begin{array}{c|cc} 0.1 & 83.6 & 100 \\ \hline 4 & 836 & 1000 \\ \hline & 209 & 250 \end{array}$$

最小公倍数 $= 0.1 \times 4 \times 209 \times 250 = 20900$

$N = \dfrac{20900}{83.6} = 250$ (本)

$P = 41.8$ (元)

第一篇　会计准则改革：新收入准则

京D计算过程详解

这本书单价为83.6元，但只有满100元才能享受半价优惠，因此需求出一个总价，使得总价既是 83.6 的倍数，又是整百数字。这里需求出83.6和100的最小公倍数A，即求得A1=20,900，对应购买量N1=250。也就是说在京D上购买250本时，总价20,900元，满减后实付价为20,900/2=10,450元。此时，可达到最低单价，即每本书为 10,450/250=41.8 元。

那在淘B上购买呢？

小Z

小白

在淘B上至少需找到40名同学一起购买，折后最优价为61.25元/本。

淘B计算过程详解

原价70元，满400减50，最少买多少本(N)使得单价(p)最低？

```
    10 | 70   400
       ──────────
         7    40
```

最小公倍数 = 10×7×40 = 2800

$N = \dfrac{2800}{70} = 40$ （本）

$p = 61.25$ （元）

这本书淘B上原价70元，满400元减50元，同样可求得70与400的最小公倍数A2=2,800，对应购买量N2=40，满减后实付价为2,450元。此时，可以达到最低单价，即每本书为2,450/40=61.25元。

 会计"大爆炸"

不错,今天为师根据"数学分支——数论",再教你一种更标准的解法(以京D为例)。

以京D为例分解质因数计算过程详解

第一步　转换为分数　$83.6 = \dfrac{418}{5}$

第二步　分解质因数　$\dfrac{418}{5} = 2^1 \times 11^1 \times 19^1 \times 5^{-1}$

第三步　将100分解质因数　$100 = 2^2 \times 5^2$

第四步　求解数学问题:
求最小正整数 N,使得 $\dfrac{418}{5} \times N$ 能被100整除。

第五步　显然　最小正整数 $N = 2 \times 5^3 = 250$

 虽然没看明白,但隐约觉得很厉害。

以上就是分解质因数的简单应用。

 好棒啊小Z老师。

再问你一个更复杂的问题:如果销售价格是83.59789元这样奇怪的数字,促销政策是满99.731元返50元。此时最优价格是多少?

第一篇　会计准则改革：新收入准则

完全晕菜了……

呵呵。若要得到最优价格，需分别分解 8359789 和 99731 的质因数。这可是数论上的一个千古之谜。在数学上判断这两个数是不是质数都是一个极其棘手的问题，更不用说分解质因数了。

质数分布涉及的数学猜想

关于质数分布的数学猜想有黎曼猜想、哥德巴赫猜想、孪生质数猜想。一众数学家，如华罗庚、陈景润、杨武之、张益唐、陶哲轩、阿蒂亚等为破解上述质数猜想前赴后继，至今均未获得最终定论。

简单的双十一优惠活动，背后竟隐藏这么深奥的数学问题啊！

先别讨论数学了，还是看看你想买的书吧。

按照以上分析，我是不是应该找 250 个同学到京 D 团购啊？

冲动是魔鬼。数学毕竟不是生活，在生活中购买商品应结合实际情况进行近似或次优选择。

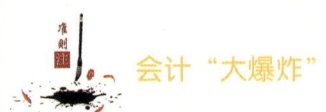

会计"大爆炸"

确实是。动员250名同学团购压力山大啊……

是的。其实这很能说明所谓的满减(返)活动其实就是商家销售的套路。

不能这样盖棺定论吧?即使我买不了250本获得最便宜价格,但也能通过凑单以5折价格买到这本书。我只需再买一本也参加相同活动的儿童故事书(16.4元),就可符合满减条件了。

呵呵,你这又掉入商家的另一个"圈套"中了。为了买一本准则注释的书,又买了一本基本上10年后才可能用得到的儿童书,虽然感觉捡了便宜,但为了凑单把家变成了"小商品仓库"(可能有M双袜子、N袋卷纸等等)。

您总结得真是精辟。这让我想起来去年双十一凑单买的洗发水现在还没用完。

呵呵。

除了数学问题之外,商家这个满减(返)活动涉及哪些会计问题呢?

主要涉及**附有客户额外购买选择权**的销售问题,其处理原则与方法与之前给你讲的京D销售苹果手机满1,000元返100元优惠券相似。

—66—

第一篇 会计准则改革：新收入准则

感觉还是会计容易理解。数学嘛…呵呵。

其实数学和会计有很深的历史渊源。

权责发生制起源

现代财务会计中的权责发生制出自1494年的意大利数学家卢卡·巴乔利撰写的数学专著《算术、几何、比及比例概要》。现代财务管理中期权定价理论的雏形源自1900年法国数学家庞加莱的博士生巴施里耶撰写的数学博士论文。

会计起源于数学？！

是的。会计可以算作数学的一个分支，但大家大都对此一无所知。从今天开始，小Z老师要为会计和数学正名！

满满的正能量。大妈以后教育宝宝不要再说："孩子，数学不好以后就跟妈妈一样学会计吧"。

有空的话你也要好好学数学，这样有助于你会计的学习。

必须的。

会计"大爆炸"

小Z老师,今年为了买到物美价廉的衣服,我预付了好多定金呢。预付定金优惠活动中包含哪些数学和会计奥秘呢?

数学主要涉及退货概率的问题。

那会计方面呢?

在商家收到顾客的定金后应首先确认一项**负债**,待商家完成履约义务时再转为**收入**。

准则原文:《企业会计准则第14号——收入》

第三十九条 企业向客户预收销售商品款项的,应当首先将该款项**确认为负债**,待**履行了相关履约义务时再转为收入**。当企业预收款项无需退回,且客户可能会放弃其全部或部分合同权利时,企业预期将有权获得与客户所放弃的合同权利相关的金额的,应当按照客户行使合同权利的模式按比例将上述金额确认为收入;否则,企业只有在客户要求其履行剩余履约义务的可能性极低时,才能将上述负债的相关余额转为收入。

好棒啊。我看好多商家都推出了付款排名靠前可参与抽大奖的活动,这里面又涉及哪些数学与会计问题呢?

且听我慢慢讲来。

数学上主要涉及"数学分支——概率论"。谈到概率论，不得不提到伯努利家族，"伯努利分布"即出自该家族之手。

伯努利家族的传奇故事

当丹尼尔·伯努利带着巴黎科学院的大奖回到家乡，父亲约翰只做了一个决定：把儿子赶出家门。这一年，父子俩各自提交论文，最终共享殊荣，但约翰料定这是儿子刻意为他设下的圈套，想与他平起平坐。如此奇耻大辱，他一生都不会释怀。

这是 1734 年，牛顿已长眠地下。在失去所有对手后，约翰·伯努利终于成为这个时代最举足轻重的数学家。他在日记中傲然写道："我的对手们都死在我前面，而且都比我年轻，这是一种命运。"他一人站在高峰，纵然孤独，却不允许任何人夺去他的光芒，哪怕是他的后代。

没人能解释，是什么造就了伯努利家族。从十七、十八世纪以来，伯努利家族三代人中出现了八位卓越的数学家，在概率论等分支的发展和应用方面发挥了举足轻重的作用。

但与科学光辉相对的，是家族内部从未平息的纷争。当智慧与激情代代相传，流动在伯努利家族血液中的，还有名垂青史的野心和独揽荣耀的欲望。

 好精彩啊。那会计方面呢？

这里涉及**可变对价及后续变动额计量**等问题。商家应将可变对价分摊至与其相关的一项或者多项履约义务，或者分摊至构成单项履约义务的一系列可明确区分的商品中。

—69—

会计"大爆炸"

准则原文：《企业会计准则第14号——收入》

第二十四条 对于**可变对价及可变对价**的后续变动额，企业应当按照本准则第二十条至第二十三条规定，将其分摊至与之相关的一项或多项履约义务，或者分摊至构成单项履约义务的一系列可明确区分商品中的一项或多项商品。

对于已履行的履约义务，其分摊的可变对价后续变动额应当调整变动当期的收入。

小白

Get！小Z老师，今年双十一不仅仅想买衣服、图书、日常用品，我还在网上帮爸妈预订了澳门的酒店，酒店还特别提供免费早餐和接送机服务呢。

Tips

小白预定的是万豪澳门瑞J酒店，预付定金99元，1,288元入住两晚。适合时段是2019年11月15日到2020年3月31日。可以一次兑换两晚，也可以分拆成两次。有效期内完全未使用可全额退款，部分已使用则不再退款。

小白

这个活动中涉及哪些会计与数学问题呢？

且听我慢慢讲解。

小Z

第一篇　会计准则改革：新收入准则

对于酒店，等到顾客兑换住宿，一晚确认收入644元，两晚确认收入1,288元。对于提供免费早餐和接送机服务，应视为多项履约义务，并根据实际情况采用市场调整法、成本加成法或余值法将交易价格分摊至每一项履约义务。

 一顿操作猛如虎后，我已囊中羞涩，计划2020年买车，现在也只能付之东流了。那我要不要考虑一下分期买个车呢？我看上了一款时尚轿车，商家提供了分24期、月供1,998元、首付仅3,000元的优惠购车活动呢。

建议最好还是一次性支付购买。你说的这辆车首付3,000元、月供1,998元、分24期。隐约感觉这个分期方案可能充满着套路。

 何以见得呢？

商家表面宣传的各种免息优惠噱头，实质上在考虑手续费和其他强制消费后，可能存在较大的内含资金成本。

 内含资金成本？

这就需要买车族学会计算**内含收益率**（IRR）。如果IRR远高于5%（年化），则存在套路贷的可能。

 想想都恐怖。

-71-

会计"大爆炸"

一元五次方程的趣事

分N期付款情形下求解内含收益率，本质上是求解一元N次方程，属于"数学分支：代数"发展历史上的重要问题。数学家已证明：N大于5时，一元N次方程无精确解，所以才有会计上的"插值法"。

一元五次方程精确解由法国数学天才伽罗华和挪威数学天才阿贝尔解出，他们由此创造了著名的"数学分支：群论"（现代量子物理的基础）。伽罗华，1811年10月25日生，法国数学家，现代数学分支学科群论的创立者。他利用群论彻底解决了根式求解代数方程的问题，并由此创立了一整套关于群和域的理论，人们称之为伽罗华理论。他创造的"群"也被称作伽罗华群。

有意思的是，伽罗华生前在数学领域的研究成果并未被人们熟知，他曾呈送法国科学院3篇学术论文，但均被退回或遗失（据说收稿人为著名数学家泊松、傅里叶、柯西）。心灰意冷的他后转向政治，支持共和党，曾两次被捕。

1832年5月31日，21岁的伽罗华死于一场为争夺女人的决斗。据传伽罗华在去世前夜奋笔狂书，将他的数学成果写在了32页的草稿纸上。就是这32页的草稿纸，让整个数学界忙了100年以上。所以，有人说伽罗华去世，数学界整整延缓发展了100年。

一元五次方程居然还有这个梗？？？原来数学史如此精彩！

呵呵，别扯太远了，还是谈谈会计吧。对于分期超过1年以上的销售，通常具有**重大融资成分**。

我记得您之前也讲过，但是如何处理我又忘了……

第一篇　会计准则改革：新收入准则

商家应分别确定**汽车的现货价格**，以及分期销售模式下**合同应收金额**。由于存在货币时间价值因素，**合同应收金额通常大于现货价格**。

那因为是分期销售，我猜应按照合同应收金额确认收入吧？

非也。应按照**现货价格确认收入**，现货价格与合同应收金额的差额按照实际利率法分期摊销，并在利润表中**单独确认为利息收入**。

准则原文：《企业会计准则第14号——收入》

第十七条　合同中存在重大融资成分的，企业应当按照假定客户在取得商品控制权时<u>即以现金支付的应付金额</u>确定交易价格。该交易价格与合同对价之间的差额，应当在合同期间内采用实际利率法摊销。合同开始日，企业预计客户取得商品控制权与客户支付价款间隔不超过一年的，可以不考虑合同中存在的重大融资成分。

明白啦。不知不觉我都快饿死了，打算用楼下酒楼送给我的优惠券定个外卖，说不定又会返给我好多优惠券呢。

你这又被商家套路了。

什么意思？？？

会计"大爆炸"

就以某饭店推出的优惠券活动为例为你揭示这些套路。

怎么感觉生活处处是套路啊！？

呵呵。根据活动规则,在该饭店消费满100元送20元代金券,下一次消费满120元可使用20元代金券,之后再送20元代金券……如此往复。

怎么这么混乱?

问你个问题,在最理想情况下,你将获得该饭店的最优折扣是多少?

我猜是100/120=8.3333…折?

不错。不过要获得该最优折扣,需要在这个饭店吃一辈子,并且每次须消费120元整。

哎。那对于这种消费满一定金额赠送代金券,会计上应如何处理呢?

涉及附有客户额外购买选择权的销售处理。

第一篇　会计准则改革：新收入准则

这就是您之前讲的新收入准则八大特定交易之一？

是的。饭店赠送代金券可视为其向客户提供了一项重大权利。

具体应如何处理呢？

客户支付的金额实际上购买了**两项商品**：一是已在饭店实际的用餐。二是在达到一定金额可以优惠价格在饭店用餐的权利。

那饭店应如何进行会计处理呢？

饭店应将交易价格（已在饭店用餐的餐费）在这两项商品之间进行分摊，并在**未来行使该选择权再次用餐或者在该选择权失效时确认收入**。

哎。听您今天关于商家优惠促销活动的数学分析，瞬间感觉这些优惠活动只不过是商家招揽生意的套路。

不过也不要灰心，找一个好老板没准能帮你清空购物车。还记得某明星在双十一帮公司员工清空购物车的事儿吗？

当然记得。

—75—

会计"大爆炸"

明星的这种行为虽然很豪爽,不过这种行为在会计上可能会被认定为"**非货币性福利**"。

咦?2019年注会考试会计的综合题就考到了非货币性福利耶。

呵呵。这里不仅涉及非货币性福利的会计核算,这位明星所在公司还需要为员工补缴个人所得税(代扣代缴义务)。

这么恐怖???

既然注会考过了,那为师今天就考考你税法吧。

好啊好啊。

如果这位明星员工的基础年薪已达到了个人所得税最高的税率标准(45%),且这位明星承诺为员工承担所有税负,那么按照2019年最新个人所得税法,这位明星所在公司需要交多少税?

难道是45%?

非也。

第一篇　会计准则改革：新收入准则

由于这位明星为员工非货币性福利支付的45%税又构成了个人"应纳税所得额",需进一步补缴45%的税,该税负继续由这位明星所在公司支付,再次构成了应纳税所得额……如此往复……

晕！税法也深得数学精髓！

说得特别对。上述问题就是"数学分支——微积分"中的级数收敛问题。这位明星所在公司最终要缴纳的税率为：
$$\lim \sum_{n=1}^{\infty} 45\%^n = 81.81\%$$

哇，缴纳的税款快赶上购物车里商品的价格啦。

所以奉劝今后每年双十一众位明星大咖慎重清空员工购物车，否则随时会受到税务机关的"重点关注"。

听您今天一席话，哪里是会计邂逅数学啊，他们本身就是难舍难分的一对情侣。

呵呵。不过今天讲的数学和会计的关系只是"冰山一角"。

好神奇的样子。

-77-

会计"大爆炸"

几何学历史上的5个代表人物

2004年12月初,我国著名数学家陈省身先生去世的噩耗传来,杨振宁先生在清华大学的寓所里陷入深深的回忆。他说,陈杨两家有很深的渊源。

当时在清华数学系有一位郑桐荪教授,郑先生有一个女儿两个儿子,女儿叫郑士宁,是经杨先生的父母做介绍人促成她与陈省身的婚姻。他们在昆明结婚时,杨振宁的父亲杨武之是证婚人之一。

杨振宁说,他是一个大数学家,为数学开辟了一个新的领域,叫做"整体微分几何"。整体微分几何在20世纪下半叶影响了整个数学界。整体微分几何有一个重要的观念叫纤维丛,陈省身对纤维丛做出了奠基性贡献。

在国际数学界,有一首诗被广为流传:"天衣岂无缝,匠心剪接成。浑然归一体,广邃妙绝伦。造化爱几何,四力纤维能。千古存心事,欧高黎嘉陈。"这首诗是1975年杨振宁写给陈省身的。

最后一句"欧高黎嘉陈"中,杨振宁把陈省身和数学史上的欧几里得、高斯、黎曼(黎曼几何是爱因斯坦创建广义相对论的数学基础)和嘉当并列,称他为数学史上的第五人。

原来我国数学家这么厉害!

不要过分膨胀。数学界公认的三大奖项:菲尔兹奖、阿贝尔奖和沃尔夫奖,仅仅有陈省身、丘成桐、陶泽轩等3位华人荣膺过。

不应该啊,我国可是数学奥赛大国啊。

唉!

第一篇　会计准则改革：新收入准则

这是一个忧伤的话题。一般奥赛能获得金牌，都代表了在数学上的卓越天赋。

菲尔兹奖获得者概览

曾经获得过奥赛金牌的国外选手，现在不少都已经获得了菲尔兹奖（数学界最高奖项，四年颁发一次，难度远大于诺贝尔奖），他们的长长名单如下：

佩雷尔曼（俄罗斯人）、吴宝珠（越南人）、米尔扎哈尼（伊朗人）、陶哲轩（澳籍华人）、舒尔茨（德国人），维拉尼（法国人）……

 居然没有我国的选手。

是的，我国的奥赛金牌选手最后不是去了华尔街，就是去了中学教书，甚至还有遁入空门的……

"数学天才"柳智宇遁入空门

柳智宇是"数学天才"，曾以满分摘得国际数学奥赛金牌。高中毕业后，他被保送至北京大学。大学毕业前，他成功申请到美国麻省理工学院全额奖学金。大学毕业后，他来到北京西山脚下的龙泉寺，成为一名出家法师。

 这样啊。

会计"大爆炸"

怪不得任老爷子要去俄罗斯和中东等国家和地区雇用数学家来开展基础科学研究。

不过也不要太悲观,我国基础科学的风气近年来在逐渐好转。我相信未来20年,将有机会见证我国本土数学家荣膺三大数学奖项之一。

感谢小Z老师今天揭开了双十一商家优惠活动的神秘面纱,还跟我分享了这么多数学与会计的"恩怨情仇"。

呵呵。出版社送了为师一些《企业会计准则注释第1辑:金融工具》,今天就转送你一本吧。

好开心!感觉今天迎来了人生巅峰,精神文明和物质文明双丰收,谢谢老师。

不用客气。按照惯例,为师在最后帮你总结一下今天所学的重要知识点吧。

好想赶快拜读一下您的大作啊!

呵呵。为师甚为欣慰。

嘿嘿。

重要知识点回顾

预付定金	举例	通过预付定金参与商家优惠活动
	相关会计处理	在商家收到顾客的定金后应首先确认一项负债，待商家完成履约义务时再转为收入
可变对价及后续变动额计量	举例	付款排名靠前可参与抽大奖活动
	相关会计处理	将可变对价分摊至与其相关的一项或者多项履约义务，或者分摊至构成单项履约义务的一系列可明确区分的商品中
多项履约义务交易价格分摊	举例	酒店提供住宿及免费早餐和接送机服务
	相关会计处理	对于提供免费早餐和接送机服务，应视为多项履约义务，并根据实际情况采用市场调整法、成本加成法或余值法将交易价格分摊至每一项履约义务
分期付款	举例	汽车分期销售
	相关会计处理	商家应分别确定汽车的现货价格，以及分期销售模式下合同应收金额，并按现货价格确认收入。现货价格与合同应收金额的差额按照实际利率法分期摊销，并在利润表中单独确认为利息收入
附有客户额外购买选择权的销售	举例	饭店消费满一定金额送代金券
	相关会计处理	饭店应将交易价格（已在饭店用餐的餐费）在这两项商品（用餐）之间进行分摊，并在未来行使该选择权再次用餐或者在该选择权失效时确认收入

第二篇

会计准则改革：新金融工具准则

2017年，财政部先后修订发布《企业会计准则第22号——金融工具确认和计量》《企业会计准则第23号——金融资产转移》《企业会计准则第24号——套期会计》以及《企业会计准则第37号——金融工具列报》。上述四项准则被称为"新金融工具准则"。新金融工具准则较旧准则发生了重大变革，主要体现在：第一，减少金融资产分类，由原有"四分类"减少为"三分类"，提高分类的客观性和相关会计处理的一致性。第二，金融资产减值计提由"已发生损失法"变为"预期信用损失法"，使金融资产减值计提更具前瞻性，及时揭示和反映金融资产潜在信用风险。第三，完善套期会计相关规定，使套期会计更为客观准确地反映企业风险管理活动。那么，新金融工具准则所涉及的金融资产分类、减值计提及套期会计修订的逻辑和内涵是什么？如何快速识别不同类别金融资产？如何正确理解和运用"预期信用损失"模型计量金融资产减值准备？如何合理利用套期会计准则管理企业风险？

本篇对新金融工具准则的核心内容进行详细解析，使读者快速掌握金融资产定义、金融资产判定方法及减值计提规则，以及套期会计实务处理等准则核心内容，轻松应对准则变革产生的影响。其中：第五章"快速Get金融资产的正确姿势"中，全面解析金融资产定义，为深刻理解新金融工具准则核心内容奠定基础。第六章"你真的了解现金流量特征与业务模式特征吗？"，阐述判定金融资产分类所涉及的现金流量特征与业务模式的原理及应用。第七章"轻松练就金融三分类'三板斧'"，根据现金流量特征与业务模式，对以摊余成本计量的金融资产（AMC）、以公允价值计量且其变动计入其他综合收益的金融资产（FV-OCI），以及以公允价值计量且其变动计入当期损益的金融资产（FV-PL）的具体判定过程进行详细讲解。第八章"'预期信用损失'模型，了解一下"，厘清"预期信用损失"模型原理，以及模型适用范围、预期信用损失计量等实务问题。第九章"并非完美的风险对冲：套期会计"及第十章"跟你聊一个价值46亿元的准则"中，全面反映新套期会计准则改革逻辑及核心变化，对套期工具和被套期项目定义、套期有效性评估、套期关系"再平衡机制"等新套期会计准则核心内容进行全面剖析。

第五章　快速 Get 金融资产的正确姿势

为适应经济发展需要，规范金融工具会计处理，与国际财务报告准则趋同，我国财政部于 2017 年先后修订发布四项新金融工具准则，重点对金融资产分类、资产减值方法及套期会计相关内容进行了重大修订，对企业会计实务产生了变革性影响。本章首先对金融资产定义进行解析，为理解新金融工具准则奠定基础。

第二篇 会计准则改革：新金融工具准则

小Z老师，听说财政部发布了新金融工具准则，市场普遍反映新准则会对企业会计实务产生变革性影响。新金融工具准则到底是什么？会产生哪些影响？

你好学的样子很有我当年的风采。

也没有啦。主要是我投资了受新金融工具准则影响较大的某上市公司股票。不知道新准则对该上市公司会计处理及估值会产生何种影响呢？

哦哦。那首先了解一下新金融工具准则的修订历程吧。

2009年
国际会计准则委员会启动金融工具准则改革项目

2010~2017年2月
财政部借鉴IFRS9，对旧金融工具准则修订，并公开征求意见

2014年7月
国际会计准则委员会发布IFRS9，替代IAS39

2017年
财政部先后正式修订发布《企业会计准则第22号——金融工具确认和计量》等准则

新金融工具准则修订历程

此外，财政部还对不同类型企业执行新金融工具准则设置了不同过渡期安排。

嗯嗯。

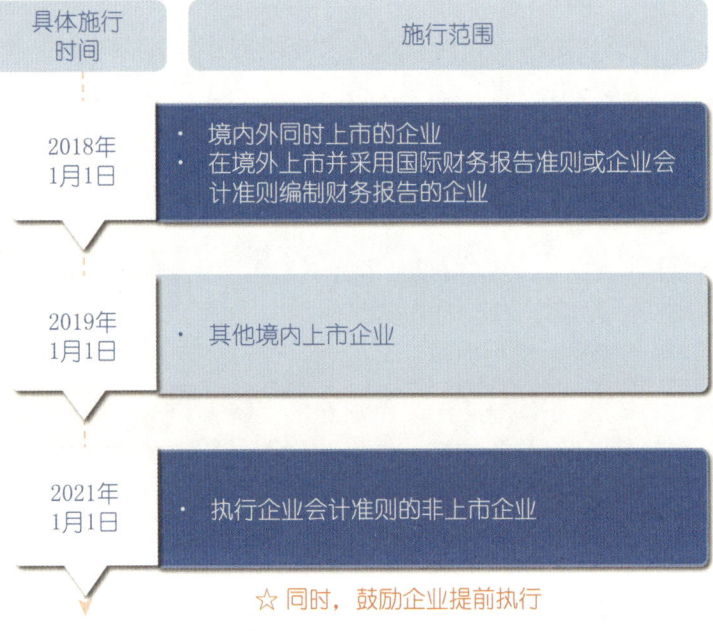

新金融工具准则实施安排

 原来新金融工具准则的修订经历了如此漫长的历程。

 是的。

 那新金融工具准则主要有哪些核心变化呢？

 主要包括减少金融资产分类、简化嵌入衍生工具处理、强化金融工具减值要求。

 嗯嗯。

第二篇　会计准则改革：新金融工具准则

新金融工具准则核心变化

- 减少金融资产分类
  - 将金融资产由四分类减至三分类
  - 判定方法由持有目的变为业务模式和合同现金流量特征
- 简化嵌入衍生工具的处理
  - 混合合同主合同为金融资产的，将混合合同作为一个整体进行会计处理
  - 混合合同不属于金融资产的，沿用现行准则规定
- 强化金融工具减值要求
  - 由"已发生损失法"变为"预期信用损失法"对金融工具减值进行处理，使减值准备计提具有前瞻性

小白：新金融工具准则包括哪些主要内容啊？

小Z：要理解新金融工具准则，首先来了解金融资产的概念。

准则原文：《企业会计准则第22号——金融工具》

第三条　金融资产，是指企业持有的现金、其他方的权益工具以及符合下列条件之一的资产：

（一）从其他方收取现金或其他金融资产的合同权利。

（二）在潜在有利条件下，与其他方交换金融资产或金融负债的合同权利。

（三）将来须用或可用企业自身权益工具进行结算的非衍生工具合同，且企业根据该合同将收到可变数量的自身权益工具。

（四）将来须用或可用企业自身权益工具进行结算的衍生工具合同，但以固定数量的自身权益工具交换固定金额的现金或其他金融资产的衍生工具合同除外。其中，企业自身权益工具不包括应当按照《企业会计准则第37号——金融工具列报》分类为权益工具的可回售工具或发行方仅在清算时才有义务向另一方按比例交付其净资产的金融工具，也不包括本身就要求在未来收取或交付企业自身权益工具的合同。

会计"大爆炸"

嗯嗯。那小Z老师,准则所定义的金融资产主要有哪些呢?实务中如何快速认定金融资产呢?

金融资产主要包括现金、应收账款、股权投资、债权投资、衍生金融资产等。其核心特征是从其他方收取现金或其他金融资产的合同权利。

金融资产的种类

 包括:
- 现金
- 应收账款
- 股权投资
- 债权投资
- 衍生金融工具资产等

 不包括:
- 预付账款

好像有些明白了。我投资股票的上市公司预付账款数额较大,预付账款是不是也属于金融资产啊?

根据定义,预付账款并不是金融资产,因为其产生的未来经济利益是商品或服务,不是收取现金或其他金融资产的权利。

预付账款是否是金融资产?

A企业提前支付给供货商10万元定金,未来获取的收益是供货商提供的商品,而非现金或其他金融资产权利,不符合新金融工具准则关于金融资产的定义。

第二篇　会计准则改革：新金融工具准则

原来如此。那关于第（二）条"在潜在有利条件下，与其他方交换金融资产或金融负债的合同权利"，应如何理解呢？

这里通常会涉及衍生金融资产的概念。

看涨期权是否是金融资产？

20×0年1月1日，丙上市公司的股票价格为14元。甲企业与乙企业签订6个月后结算的期权合同。合同规定：甲企业以每股2元的期权费买入6个月后行权价格为15元的丙公司股票的看涨期权。20×0年6月30日，如果丙公司股票的价格高于15元，则行权对甲企业有利，甲企业将选择行权购入该股票。

本例中，甲企业享有在潜在有利条件下与乙企业交换金融资产的合同权利，应当确认一项衍生金融资产。

太棒了小Z老师，准则关于金融资产的前两条定义我已经完全掌握啦。但总觉得第（三）条和第（四）条才是彻底理解金融资产定义的关键，您能不能再指点一下迷津啊？

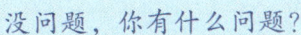
没问题，你有什么问题？

对于第（三）条，"须用或可用自身权益工具进行结算，根据合同收到可变数量的自身权益工具"，为什么就可以成为金融资产了呢？

-93-

要理解（三）和（四）条内容，首先需要了解一下什么是权益工具。根据《企业会计准则第37号——金融工具列报》，权益工具是指能证明拥有某个企业在扣除所有负债后的资产中剩余权益的合同。

还是有些不太明白。

对于第（三）条所提及的非衍生工具合同，例如供应商对购货方的应收账款，其合同**金额通常是固定的**。如果合同约定未来购货方可用所持供应商股票支付货款，且该供应商收到的**股票数量在一开始已商定**，这种固定数量的股票即为权益工具。

那根据准则，如果相关非衍生工具合同未来结算时收到的**权益工具（股票）数量是可变的**，那其就可以认定金融资产咯？

可以这么说。如果非衍生工具合同未来结算时收到的**权益工具（股票）数量是可变的**，则该金融工具的结算将对其他类型的权益工具所代表的剩余权益带来**不确定性**，也就不符合权益工具的定义，而是应当作为金融资产。

好像有点明白了。是不是可以这样理解：对于非衍生工具合同而言，如果未来收到的**自身权益工具数量固定**，则为权益工具。如果未来收到的**自身权益工具数量可变**，则为金融资产。

第二篇 会计准则改革：新金融工具准则

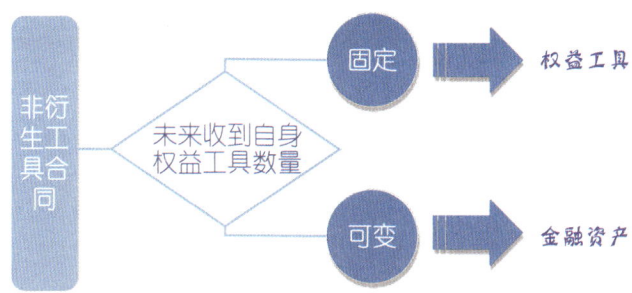

权益工具和金融资产的认定标准

可以这么理解。

好开心。那实务中该准则规定是如何应用的呢？

实务中，对于非衍生工具合同，"企业将收到可变数量的自身权益工具"往往表明企业将自身权益工具作为现金或其他金融资产的替代品。例如，付款方将收款方自身权益工具作为商品交易中的支付手段。

那这种情况下应该如何确定权益工具或金融资产呢？

若合同的**价值固定**，且合同约定付款方以结算时收款方权益工具公允价值作为应交付权益工具数量的依据，则收款方未来收到的自身权益工具数量是**可变的**，这将对企业的**剩余权益带来不确定性**，因此应确认为金融资产。

嗯嗯。

会计"大爆炸"

可变数量自身权益工具与金融资产

甲企业向乙企业赊销100万元商品，合同约定三个月后甲企业将收到乙企业所持有的甲企业普通股股票，收到的普通股数量由100万元除以三个月后甲企业单位普通股的公允价值来决定，即甲企业三个月后将收到可变数量自身权益工具，这种情况下，该结算条款使得该合同权利构成了甲企业的金融资产（科目为应收账款）。

小Z老师，我明白了，企业自身权益工具的价格是变动的，非衍生工具的固定合同金额将导致未来收到的权益工具数量可变，即成为收款方的金融资产。

没错，类比来说，第（四）条的内容也比较好理解了。常见的衍生工具包括远期、互换、期货和期权，其特征之一就是其价值随标的变量（如股票价格）的变动而变动。

Tips

如果企业购入"以固定数量的自身权益工具交换固定金额的现金或其他金融资产的衍生工具合同"，则类似合同不是企业的金融资产，企业为这种合同支付的任何款项都应扣减权益，这样的结算方式不会给企业的剩余权益带来不确定性，而是代表了企业的资产扣除负债后的剩余权益。

太棒了小Z老师，我已经完全掌握金融资产定义啦！

很好很好。今天就先聊到这里吧,下一次和你好好聊一聊新金融工具准则核心变革之一:金融资产三分类那些事儿吧。

小Z

重要知识点回顾

金融资产	特征	从其他方收取现金或其他金融资产的合同权利
	举例	现金、应收账款、股权投资、债权投资、衍生金融资产等
衍生金融资产	特征	在潜在有利条件下,与其他方交换金融资产或金融负债的合同权利
	举例	看涨期权
权益工具	特征	能证明拥有某个企业在扣除所有负债后的资产中的剩余权益的合同
	举例	合同约定未来购货方可用所持供应商股票支付货款,且该供应商收到的股票数量在一开始已商定

第六章 你真的了解业务模式和合同现金流量特征吗

金融资产由"四分类"变为"三分类"是新金融工具准则革命性变化之一,对企业会计实务处理及财务报表编制产生了显著影响。本章首先对金融资产类别判定所依据的业务模式和合同现金流量特征进行讲解,帮助广大会计从业人员快速掌握金融资产分类判定的内在逻辑与方法。

第二篇　会计准则改革：新金融工具准则

小Z老师，您之前和我说金融资产"三分类"是新金融工具准则核心变革之一，这个"三分类"是怎么回事呢？

根据新金融工具准则，企业应根据其管理金融资产的业务模式和合同现金流量特征，将金融资产划分为三类。但作为判定金融资产分类的关键，应首先理解**业务模式和合同现金流量特征**的概念及内涵。

什么是**业务模式和合同现金流量特征**呢？

且听我慢慢讲来。首先来看一看**业务模式**。业务模式是指企业如何**管理其金融资产以产生现金流**。实务中，主要包括"以收取合同现金流为目标""以收取合同现金流量和出售金融资产为目标"，以及"其他业务模式"三种。

业务模式

- 以收取合同现金流量为目标，如债券、贷款等以收取本金和利息为主的金融资产

- 以收取合同现金流量和出售金融资产为目标，如持有债券收取利息的同时，还会根据市场情况随时出售

- 其他业务模式，如股票、净值型基金产品等

好棒啊，以收取合同现金流量为目标的业务模式应如何理解？

-101-

如果企业持有金融资产的目的并不是为了出售，而是**按照合同约定收取"利息＋本金"**，比如投资付息债券（持有至到期）或发放贷款，那么该业务模式就是"以收取合同现金流量为目标"。

嗯嗯。如果持有金融资产的业务模式仅为以收取合同现金流量为目标的话，企业就必须将其持有至到期，不能在相关金融资产（如债券等）到期前提前出售了吧？

并不是的。

以收取合同现金流量为目标投资债券必须要持有至到期吗？

企业持有债券资产，并采用以收取合同现金流量为目标的业务模式。假设持有期间债券发生信用风险事件（如发行人出现评级下调），此时企业为减少潜在信用损失而出售债券，但其管理该债券的业务模式可能仍主要以收取合同现金流量为目标。

明白啦。那以收取合同现金流量和出售金融资产为目标的业务模式又该如何理解呢？

且听我慢慢讲解。

第二篇　会计准则改革：新金融工具准则

企业管理的金融资产，收取合同现金流量和出售金融资产缺一不可。出售金融资产是**主要目标之一，而非仅仅是附带性质的活动**。

还是有些不太明白。

比如甲银行持有某债券的同时非常关注该只债券的投资回报，在行情好的时候随时将债券抛售赚取资本利得。持有期间，投资债券收益既包括收取的债券利息（合同现金流量），也包括日后出售债券产生的利得或损失。

这样的话，甲银行管理债券组合的目的就是以收取合同现金流量和出售金融资产为目标的业务模式咯？

是的。实务中，与仅以收取现金流量为目标的业务模式相比，该业务模式的出售通常**频率更高、金额更大**。

> ### Tips
>
> 　　实务中，如果企业在金融资产到期日前出售金融资产，如果该出售只是偶然发生（即使价值重大），或者单独及汇总而言出售的价值非常小（即使频繁发生），金融资产的业务模式可能仍主要以收取合同现金流量为目标。

—103—

嗯嗯。那最后的其他业务模式应如何理解呢？

如果企业管理金融资产的业务模式既不是以收取合同现金流量为目标，也不是以收取合同现金流量和出售金融资产为目标，那么其管理金融资产的业务模式就是其他业务模式。

还是不太明白。

举个简单的例子，企业持有随时可交易的股票，股票价格随市场实时变化，其不满足业务模式（一）或（二）特征，因此归类为其他业务模式。

也就是说如果不满足业务模式（一）和（二）之一，就可以称其管理金融资产适用于其他业务模式咯？

小白理解得很快。

那什么是合同现金流量特征呢？

金融资产的合同现金流量特征，是指金融工具合同约定的、反映相关金融资产经济特征的现金流量属性。

……好晦涩啊。

第二篇 会计准则改革：新金融工具准则

不要担心，为师帮你逐一击破难点。要完全理解合同现金流量特征，首先需理解什么是"**基本借贷关系**"。

 什么是基本借贷关系呢？

对于相关金融资产在特定日期产生的合同现金流量**仅为对本金和以未偿付本金金额为基础的利息的支付**，即为基本借贷安排。

基本借贷安排核心

特定日期产生的合同现金流量

本金 + 以未偿付本金金额为基础的利息的支付，比如购房一族每月支付的"月供"

还有一点需要注意，在基本借贷安排中，利息的构成要素中最重要的通常是货币时间价值和信用风险的对价。

 这个是什么意思呢？

请看以下简单释例。

 嗯嗯。

-105-

理解货币时间价值和信用风险的对价

某上市公司利用自有资金购买银行理财产品。该理财产品为保本保收益型,期限六个月,不可转让交易,也不可提前赎回。由于该理财产品为保本保收益型,现金流量来源于<u>投资理财产品本金</u>及上市公司与银行在合同中按<u>约定预期收益率计算的利息收入</u>。银行承诺的预期收益率即体现出货币的时间价值和信用风险的对价。

那也就是说上市公司购买保本保收益型的理财产品符合"本金+利息"的合同现金流量特征咯?

可以这么说。

那如果上市公司购买非保本型理财产品(比如净值型产品)的话,其是否也符合"本金+利息"的合同现金流量特征?

由于净值型产品所产生的未来<u>现金流</u>具有与基本借贷安排无关的合同波动性敞口(市场报价波动风险敞口),投资者可能会赚取收益,但也可能遭受投资损失,这并不符合"本金+利息"的合同现金流量特征。

嗯嗯,明白啦。

很好。

此外,对于实务中比较常见的结构化金融产品,需要特别注意。

何出此言?

对于企业投资结构化产品,需分别判断**分级产品的合同条款**以及**产品所投资基础资产**是否同时符合"本金+利息"的合同现金流量特征。

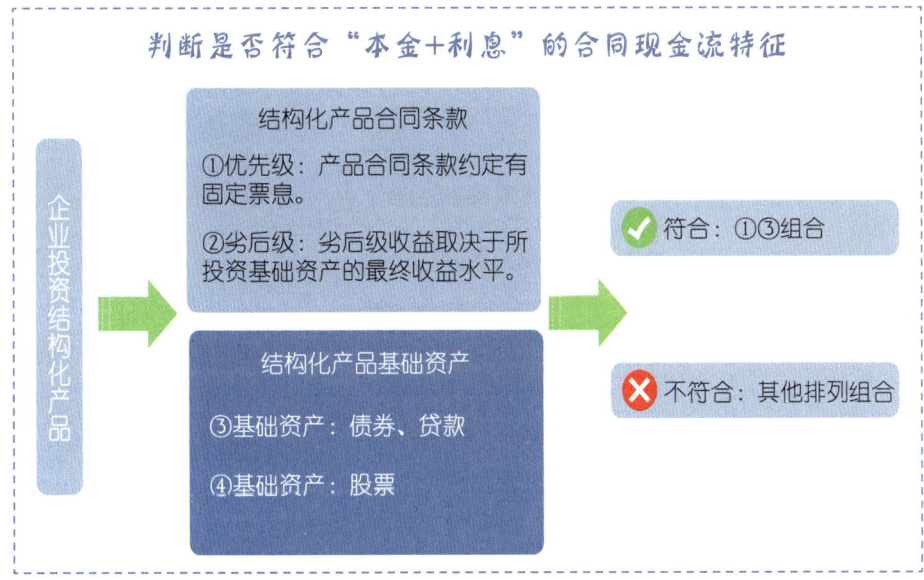

合同现金流量特征Get!

嘿嘿。管理金融资产的业务模式和金融资产的合同现金流量特征完全Get!那在实务中,应如何判断金融资产类别呢?

会计"大爆炸"

实务中,企业主要根据业务模式判断和合同现金流量特征测试(SPPI测试)。

具体应如何分类呢?

主要将金融资产分为以摊余成本计量的金融资产(AMC)、以公允价值计量且其变动计入其他综合收益的金融资产(FV-OCI),以及以公允价值计量且其变动计入当期损益的金融资产(FV-PL)。(本章不讨论对非交易性权益工具进行指定和运用公允价值选择权等情形)

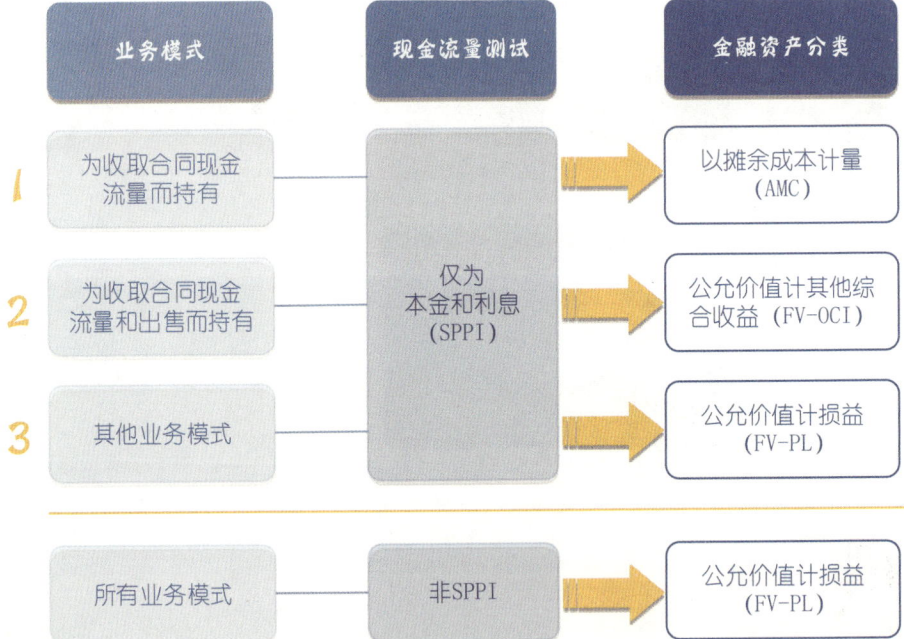

感觉距离新金融工具准则的核心内容越来越近啦。

是的。金融资产"三分类"是新金融工具准则的核心变革内容,下一章为师将重点为你讲解。

 好期待时间过得再快些哦~

呵呵。本章结束前,为师再给你回顾一下重要知识点吧。

重要知识点回顾

以收取合同现金流量为目标的业务模式	特征	管理金融资产目标是收取合同现金流量
	举例	债券、贷款定期收取利息
以收取合同现金流量和出售金融资产为目标的业务模式	特征	管理金融资产目标是收取合同现金流量和出售金融资产缺一不可
	举例	持有某债券的同时非常关注该只债券的投资回报,在行情好的时候随时可将债券抛售
其他业务模式	特征	管理金融资产目标既不是收取合同现金流量,也不是收取合同现金流量和出售金融资产
	举例	上市公司股票、净值型基金

第七章　轻松练就金融三分类"三板斧"

金融资产"四分类"变为"三分类"是新金融工具准则最为革命性的变化。本章根据前述章节所讲述的业务模式和合同现金流量特征，继续对三类金融资产的判定过程进行解析，阐明三类金融资产的概念及内涵，轻松打败金融资产类财报科目"小怪兽"。

小Z老师,学完上节课之后,我应该如何通过业务模式和合同现金流量特征识别金融资产呢?

根据业务模式和合同现金流量特征的不同,可分为第一类以摊余成本计量的金融资产(AMC)、第二类以公允价值计量且其变动计入其他综合收益的金融资产(FV-OCI)以及第三类以公允价值计量且其变动计入当期损益的金融资产(FV-PL)。

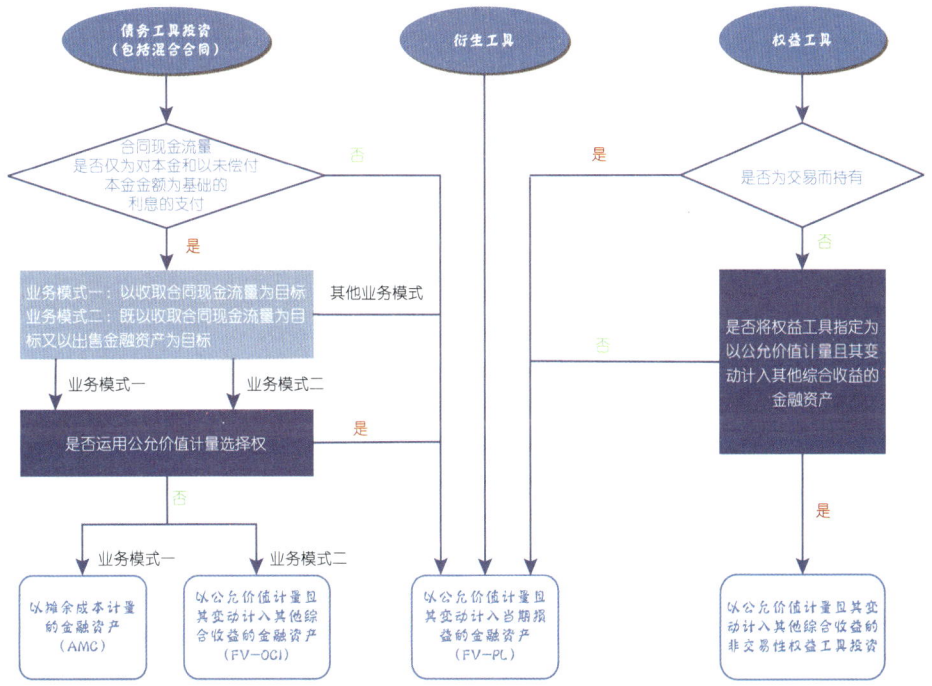

那对于三类金融资产,具体应如何识别呢?

首先来看第一类以摊余成本计量的金融资产(AMC)。

会计"大爆炸"

这个摊余成本法计量是什么意思呀?

摊余成本法,即在计算投资标的(如债券)的市场价值时,将投资标的以买入成本列示,按照票面利率考虑其买入时溢价或折价,在其剩余期限内摊销,每日计提收益。

……好晦涩啊。

实务中,投资者买入投资标的(如债券)的价格可能等于、大于或小于面值。对于大于/小于面值的情况,也即产生溢价/折价。

我猜投资标的的溢价/折价就是导致摊余成本出现的根源咯?

聪明。比如投资者花102元购买票面价值为100元的债券,这2元就是投资者为购买债券所付出的溢价。存在溢价/折价的情况下,投资者在计算每期实际收益时,应将溢价/折价考虑在内,将溢价/折价的影响平均反映在各期。

嗯嗯。小Z老师您讲得太棒了。

呵呵。

嘿嘿。

第二篇　会计准则改革：新金融工具准则

摊余成本原理

2017年，A公司以102.78元买入某债券，债券面值100元，票面利率5%，此时该只债券的实际收益率为4%。2017年根据实际收益和购入价格计算得出的实际收益为4.11元，而该债券投资所得的利息为100×5%=5元。

此时，A公司多得利息收入0.89元，多出的部分可以近似理解为发债企业归还投资者溢价购债本金的一部分，这部分金额应作为成本的扣减。此时，债券成本在2017年期末的成本变为101.89元（102.78-0.89）。每期按照这种方法计算，最终在2019年该只债券的成本与票面价值基本相同。这就是摊余成本的基本原理。

摊余成本演算过程

年份	期初成本（1）	实际收益（2）	票息（3）	调整期初成本额（2）-（3）	期末成本（1）+（2）-（3）
2017	102.78	4.11	5	-0.89	101.89
2018	101.89	4.08	5	-0.92	100.96
2019	100.96	4.04	5	-0.96	100

注：
1. 期初成本＝上一年度期末成本；
2. 实际收益＝期初成本×4%；票息＝面值×5%；
3. 单位：元。

那应该如何识别第一类（AMC）金融资产呀？

首先来看准则。

会计"大爆炸"

> **准则原文：《企业会计准则第22号——金融工具确认与计量》**
>
> 第十七条 金融资产同时满足下列条件的，应当分类为以摊余成本计量的金融资产：
>
> （一）企业管理该金融资产的业务模式是以收取合同现金流量为目标。
>
> （二）该金融资产的合同条款规定，在特定日期产生的现金流量，仅为对本金和以未偿付本金金额为基础的利息的支付。

根据准则，在以收取合同现金流量为目标的业务模式下，企业管理金融资产的目的是收取合同约定的收益（如债券利息），而非出售金融资产获取收益。如果其合同现金流量特征符合"本金＋利息"模式，那么可以认定为AMC。

小Z

第一类（AMC）金融资产简单实例

假设企业以收取合同约定的固定或浮动利息为目标对持有的一类债券进行管理，如果其没有出售该债券的计划，且该债券合同现金流量符合基本借贷安排，则该债券可以直接分类为AMC。

供货商对购货商进行信用赊销，如果供货商不打算提前处置应收账款，且应收账款合同现金流符合基本借贷安排，则该应收账款可直接分类为AMC。这与旧准则持有至到期投资和应收款项认定和处理基本一致。

小白　好棒啊。

第二篇　会计准则改革：新金融工具准则

根据财政部2019年最新财务报表格式要求，与AMC有关的报表项目主要有"**应收票据**""**应收账款**""**其他应收款**""**债权投资**""**长期应收款**"等。此外，"**货币资金**"也属于AMC。

小Z

😊 与AMC有关的报表项目：

- 应收票据
- 应收账款
- 其他应收款
- 债权投资
- 长期应收款
- 货币资金

财政部2019年财务报表格式要求

小白

按照您说的，企业持有AMC是不是必须要持有至到期？

并不是的。比如企业为减少信用损失而将金融资产出售，此时其管理金融资产的业务模式可能仍主要以收取合同现金流量为目标，此种情形下该金融资产仍为AMC。

小Z

小白

嗯嗯，明白啦。那对于以公允价值计量且其变动计入其他综合收益的金融资产（FV-OCI），应如何识别呢？

按照惯例，先看准则。

小Z

嗯。

小白

—117—

会计"大爆炸"

> **准则原文：《企业会计准则第22号——金融工具确认与计量》**
>
> 第十八条 金融资产同时符合下列条件的，应当分类为以公允价值计量且其变动计入其他综合收益的金融资产：
>
> （一）企业管理该金融资产的业务模式既以收取合同现金流量为目标又以出售该金融资产为目标。
>
> （二）该金融资产的合同条款规定，在特定日期产生的现金流量，仅为对本金和以未偿付本金金额为基础的利息的支付。

根据准则，FV-OCI的业务模式应包括收取合同现金流量和出售金融资产，两者缺一不可。比如企业持有债券定期收取利息的同时，又关注债市走势，在行情好的时候会通过卖出债券赚取收益。此时，企业应将该债券划分为FV-OCI。

应收账款无追索权保理业务会计处理实务问题

某电子设备制造上市公司通常采用赊销方式开展业务。根据公司2018年11月28日发布的《关于办理应收账款无追索权保理业务的公告》，为了缩短应收账款回笼时间，降低应收账款管理成本，公司决定向银行等金融机构申请办理应收账款无追索权保理业务。该业务模式下，公司可随时向银行出售应收账款（假定公司在历史上频繁向银行出售应收账款，且出售金额重大）。

本例中，应收账款业务模式符合既以收取合同现金流量为目标又以出售该金融资产为目标，且该应收账款符合"本金+利息"的合同现金流量特征，因此应当分类为以公允价值计量且其变动计入其他综合收益的金融资产，并在报表中的"应收款项融资"项目进行反映。

第二篇　会计准则改革：新金融工具准则

另外，根据财政部2019年最新财务报表格式要求，与FV-OCI有关的主要报表项目包括"**其他债权投资**""**应收款项融资**"。

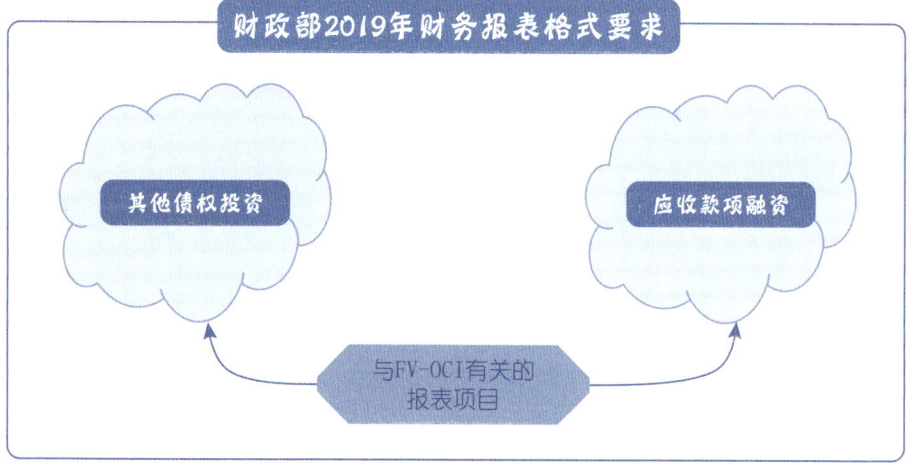

嗯嗯，AMC、FV-OCI全部Get，好开心！那以公允价值计量且其变动计入当期损益的金融资产（FV-PL）呢？会不会很复杂……

还是先来看准则。

> **准则原文：《企业会计准则第22号——金融工具确认与计量》**
>
> 第十九条　按照本准则第十七条分类为以摊余成本计量的金融资产和按照本准则第十八条分类为以公允价值计量且其变动计入其他综合收益的金融资产之外的金融资产，企业应当将其分类为以公允价值计量且其变动计入当期损益的金融资产。

新准则下FV-PL的认定采取**剩余计量的方法**,这与旧准则可供出售金融资产的认定逻辑类似,体现为其他业务模式。

那具体应如何处理呢?

实务中,只要不满足业务模式或合同现金流特征相关认定标准之一,即应将相关金融资产划分为FV-PL。

通常被划分为FV-PL的金融资产

股票	合同现金流量特征	收取被投资企业未来股利分配以及其清算时获得剩余收益
	举例	交易所每日交易的上市公司股票
	报表科目	交易性金融资产
基金	合同现金流量特征	现金流量反映的是基金投资基础的收益水平,不保障本金及利息
	举例	股票型基金、债券型基金、货币基金或混合基金等
	报表科目	交易性金融资产
结构化主体	合同现金流量特征	现金流量反映的是结构化主体投资基础的收益水平,不保障本金及利息
	举例	非保本浮动收益的银行理财产品、信托计划、资管产品等
	报表科目	交易性金融资产
混合型证券	合同现金流量特征	除按一般债权类投资的特性到期收回本金、获取约定利息外,还嵌入了一项转股权,企业获得的收益可能会受到某种因素变动而产生不确定性(权益工具产生的现金流)
	举例	可转换债券
	报表科目	交易性金融资产

第二篇　会计准则改革：新金融工具准则

另外，根据财政部2019年最新财务报表格式要求，除"交易性金融资产"外，与FV-PL有关的主要报表项目还包括"衍生金融资产""其他非流动金融资产"等。

与FV-PL有关的报表项目

- 交易性金融资产
- 衍生金融资产
- 其他非流动金融资产

 那小Z老师，是不是所有权益工具都要被划分为FV-PL呢？

并不是的。根据新金融工具准则，在初始确认时，企业可以将非交易性权益工具直接指定为FV-OCI。该指定一经做出，不得撤销。

准则原文：《企业会计准则第22号——金融工具确认与计量》

第十九条　在初始确认时，企业可以将非交易性权益工具投资指定为以公允价值计量且其变动计入其他综合收益的金融资产，并按照本准则第六十五条规定确认股利收入。该指定一经做出，不得撤销。

 哪些金融资产属于非交易性权益工具，可以直接指定为FV-OCI呢？

-121-

会计"大爆炸"

> 如果可直接被指定为FV-OCI，说明该类金融资产是非交易性的。

准则原文：《企业会计准则第22号——金融工具确认与计量》

第十九条 金融资产或金融负债满足下列条件之一的，表明企业持有该金融资产或承担该金融负债的目的是交易性的：

（一）取得相关金融资产或承担相关金融负债的目的，主要是为了**近期出售或回购**。

（二）相关金融资产或金融负债在初始确认时属于集中管理的可辨认金融工具组合的一部分，且有客观证据表明**近期实际存在短期获利模式**。

（三）相关金融资产或金融负债属于**衍生工具**。但符合财务担保合同定义的衍生工具以及被指定为有效套期工具的衍生工具除外。

> 只有不符合上述条件的金融资产才可以执行该指定，比如非上市公司股权。此外，为了避免公司潜在盈余管理行为，新准则规定该类金融资产处置时其持有期间累计确认的其他综合收益**只能调整计入留存收益**，并在"**其他权益工具投资**"项目中反映。这与旧准则相关会计处理及列报有明显不同。

Tips

对于被划分为FV-OCI的债务工具，持有剩余期间累计确认的其他综合收益在处置当期要转入当期损益。

好棒啊,金融资产"三分类"完全掌握啦。

孺子可教。

突然很好奇小Z老师,新金融工具准则下,金融资产在初始被认定为某类金融资产(如AMC)后,日后如果合同现金流量特征或业务模式发生改变,是否可以重分类为其他类别金融资产呐(如FV-OCI)?

可以的。

初始认定	重分类后	会计处理
AMC	FV-PL	重分类日资产公允价值计量 原账面价值与公允价值差额计入当期损益
AMC	FV-OCI	重分类日资产公允价值计量 原账面价值与公允价值差额计入其他综合收益
FV-OCI	AMC	将持有期间其他综合收益累计转出,调整金融资产在重分类日的公允价值,以调整后的金额作为新的账面价值,即视同该金融资产一直使用摊余成本计量
FV-OCI	FV-PL	继续以公允价值计量,持有期间累计的其他综合收益转入当期损益
FV-PL	AMC	重分类日公允价值作为账面价值
FV-PL	FV-OCI	继续以公允价值计量

金融资产重分类

太棒了,这下子金融资产"三分类"是彻底明白啦。

很好。那按照惯例,还是简要回顾一下今天的重要知识点吧。

重要知识点回顾

以摊余成本计量的金融资产（AMC）	识别方法	企业管理金融资产的目的是收取合同约定的收益（如债券利息）
	举例	债券、贷款
	报表科目	"应收票据" "应收账款" "其他应收款" "债权投资" "长期应收款" "货币资金"
以公允价值计量且其变动计入其他综合收益的金融资产（FV-OCI）	识别方法	业务模式包括收取合同现金流量和出售金融资产
	举例	企业持有债券定期收取利息的同时，又关注债市走势，在行情好的时候会通过卖出债券赚取资本利得
	报表科目	"其他债权投资" "应收款项融资"
以公允价值计量且其变动计入当期损益的金融资产（FV-PL）	识别方法	不满足业务模式或合同现金流特征的相关认定标准之一
	举例	股票、股票型基金、债券型基金、货币基金或混合基金、非保本浮动收益的银行理财产品、信托计划、资管产品、可转债
	报表科目	"交易性金融资产" "衍生金融资产" "其他非流动金融资产"
指定为以公允价值计量且其变动计入其他综合收益的金融资产	识别方法	符合"非交易性目的"条件的权益性工具即可直接指定
	举例	非上市公司股权
	报表科目	"其他权益工具投资"

第八章 "预期信用损失"模型，了解一下

除金融资产由"四分类"改为"三分类"外，采用"预期信用损失"模型用以替代旧准则"已发生损失"模型对金融资产计提减值准备是新金融工具准则的另一核心变革。本章就"预期信用损失"模型原理、适用范围、预期信用损失计量等问题进行详细讲解。

第二篇　会计准则改革：新金融工具准则

小Z老师，我们公司已经正式执行新金融工具准则了，根据您之前的讲解，我已经将公司所持有的金融资产按照新准则要求进行了分类。

不错不错。

不过在如何使用"预期信用损失"模型对我们公司应收账款计提减值准备时我还是有好多疑惑，不知如何是好……

具体遇到哪些问题了？说出来让为师帮你参谋参谋。

什么是"预期信用损失"模型啊？如何利用这个模型对金融资产计提减值准备呢？

对于金融资产减值，新金融工具准则规定了一种新的方法——"**预期信用损失**"模型，用以替代旧准则的"**已发生损失**"模型。

相较于"已发生损失"模型，"预期信用损失"模型有哪些核心变化呢？

"已发生损失"模型下，只有客观证据表明**资产已经发生减值**时（如债券发行人已破产），才需进行减值测试并确认减值损失。

那"预期信用损失"模型呢？

-127-

会计"大爆炸"

"预期信用损失"模型下,减值准备的计提**不以减值的实际发生为前提**,而是以未来可能发生违约事件造成的损失**期望值计提**,是对金融资产减值损失进行的前瞻性计量。比如对于投资债券,企业需在初始确认后根据债券信用风险变化情况,计提相应的减值准备。

小Z

 新旧减值模型的区别

"已发生损失"模型	适用范围	"预期信用损失"模型
表内金融资产(贷款、债权、应收款)	适用范围	・表内金融资产(AMC、FV-OCI) ・表外贷款承诺和担保等信用风险敞口
需要触发事件: 有客观证据表明资产已发生减值或发生进一步减值	减值确认条件	不以触发事件为前提: 在每个资产负债表日评估减值损失
依据历史信息,不需要主观判断	确认依据	依据历史信息以及前瞻性信息,需要大量的主观判断
将有客观证据表明的资产减值作为减值损失的确认金额	减值损失金额	按照各可能情况的概率加权的方法确认减值损失的期望值
借:资产减值损失 　贷:坏账准备(等)	发生减值会计分录	借:信用减值损失 　贷:坏账准备(等)

小白

这样的话,我猜新金融工具准则下,企业可能会计提更多的金融资产减值损失咯?

理论上是这样的。以采用新金融工具准则的某上市证券公司为例,新准则下该公司各项金融资产减值准备计提金额出现了不同程度增长。

小Z

-128-

第二篇 会计准则改革：新金融工具准则

某上市证券公司首次实施新金融工具准则金融资产减值计提情况

	按原金融工具准则计提的减值准备（2017年12月31日）	增加绝对值	重新计算增加百分比	按新金融工具准则计提的减值准备（2018年01月01日）
以摊余成本计量的金融资产				
融出资金	303,614,529.92元	8,832,360.59元	2.91%	312,446,890.51元
买入返售金融资产	556,585,046.30元	22,658,940.63元	4.07%	579,243,986.93元
应收款项和其他应收款	899,657,138.80元	13,533,198.70元	1.50%	913,190,337.50元
合计	1,759,856,715.02元	45,024,499.92元	2.56%	1,804,881,214.94元

哦哦。那有哪些金融资产适用"预期信用损失"模型呢？

主要包括第一类（AMC）和第二类（FV-OCI）金融资产、货币资金、租赁应收款、合同资产、贷款承诺、财务担保合同等。

一目了然啊。咦？**货币资金也要进行减值？**我没看错吧？

实务中一般不对货币资金进行减值，但理论上货币资金也是需要减值的。比如B商银行2019年5月出现严重信用风险被人民银行、银保监会接管，此时客户在该行的大额存单就存在减值风险。

长知识了。那比如我买了某上市公司股票的话，股票类资产应如何确认减值损失呢？

股票等以公允价值计量且其变动计入当期损益的金融资产（FV-PL）无须计提减值准备，因其**市值变动已包含减值因素**。

嗯嗯，明白啦。

此外，指定为以公允价值计量且其变动计入其他综合收益的**非交易性权益工具（FV-OCI）**也无须减值，因为其公允价值变动未来将直接计入留存收益，不会影响损益。

顿悟了小Z老师。那我可不可以简单地理解为只有债权类金融资产才适用这么高大上的"预期信用损失"模型呢？

理论上可以这样说。

完全Get！

有一点需要特别注意的是，使用"预期信用损失"模型确认的资产减值损益通常在**"信用减值损失"**科目中单独核算，该科目是新增科目。原因是债权类金融资产的减值主要是由债务人信用风险引起的。

嗯嗯。那应如何对相关金融资产计提减值准备呢？

根据准则，企业可将金融工具发生信用减值的过程分成**三个阶段**，对不同阶段的金融工具减值进行相应的会计处理。

第二篇 会计准则改革：新金融工具准则

那每个阶段应如何进行会计处理呢？

计提预期信用风险准备时，企业需就金融资产在初始确认时的信用风险与资产负债表日的信用风险进行评估比较。

初始确认后信用风险显著增加 →

	第1阶段	第2阶段	第3阶段
	初始确认后信用风险并未显著增加的金融工具（包括在资产负债表日信用风险较低的金融工具）	自初始确认后信用风险发生显著增加的金融工具，但未发生信用减值（不存在表明发生信用损失事件的客观证据）	在资产负债表日发生信用减值（存在表明发生减值的客观证据）的金融工具
常见表现	· 信用评级稳定 · 评级为"投资级"	· 信用质量恶化 · 评级为"非投资级" · 逾期30天以上	· 贷款已减值 · 实际损失已发生
损失准备的确认	12个月内预期信用损失	整个存续期内预期信用损失	整个存续期内预期信用损失
利息收入的计算	按账面总额，即按并未扣除预期信用损失的金额计算总额法	按账面总额计算总额法	按账面净额，即按（账面总额-预期信用损失的损失准备）计算净额法

对于每个阶段，具体应如何处理呢？

首先来看第一阶段，比如企业投资某央企发行的债券，该发行人经营状况良好，经营活动产生的净现金流量稳定，即使在经济下行期仍能保证生产经营的稳定。那么，该**债券发生违约的概率很小**，应按照未来12个月的预期信用损失计量损失准备。

—131—

预期信用损失简化处理

对于大型垄断型央企所发行债券可以认定为具有较低信用风险的金融工具。对于该类金融资产，企业在资产负债表日可以不用与其初始确认时的信用风险进行比较，而直接作出该资产的信用风险自初始确认后未显著增加的假定（企业对这种简化处理有选择权）。

小白：什么是未来12个月的预期信用损失减值准备？

小Z：主要是指资产负债表日后12个月内金融资产可能发生违约事件而导致的预期损失。

小白：哦哦。您刚才说如果资产负债表日金融资产信用风险发生显著变化（如债券评级被下调），则适用第二阶段会计处理，需按金融资产整个存续期间的预期信用损失计量损失准备？

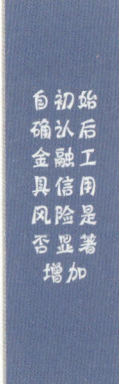
自初始确认后金融工具信用风险是否显著增加

是 → 基于金融工具整个存续期间预期信用损失计提减值准备

否 → 基于金融工具12个月预期信用损失计提减值准备

第二篇　会计准则改革：新金融工具准则

没错，是这样的。

那按照12个月和整个存续期的预期信用损失减值准备具体有什么区别呢？

可以说区别很大。12个月预期信用损失减值准备仅针对金融资产资产负债表日后12个月内发生违约事件而导致的预期损失。

Tips

由于评估期间相对较短，因此该种情况下金融资产信用风险显著增加的概率通常要小于整个存续期间。比如投资债券，一般投资短期限债券发生信用风险的概率要小于长期限债券，所有投资人一般给予长期限债券更高的定价。

那我可不可以简单地理解为按整个存续期计提的减值损失一般要大于按12个月计提的呢？

可以这么理解。

原来如此。

是的。

-133-

预期信用损失一般计量方法

实务中，预期信用损失计量一般会涉及违约概率（PD）、违约损失率（LGD）和违约风险暴露（EAD）的估计，同时考虑货币时间价值的影响。

预期信用损失=PD×LGD×EAD

| 违约概率（PD） | 金融资产发生违约的可能性 | 例如，30%代表金融资产发生违约的概率为30% | 通常而言，金融资产存续期间越长，其未来违约可能性越高 |

| 违约损失率（LGD） | 金融资产发生违约后的损失金额 | 例如，某债券发生违约后回收率为20%，那么其违约损失率为80% |

| 违约风险暴露（EAD） | 金融资产违约事件发生时的余额 |

此外，新金融工具准则还特别规定针对**不含重大融资成分的应收账款和合同资产**，可使用**简化方法**，始终按照**整个存续期预期信用损失**计量其损失准备金额（企业对这种简化处理没有选择权）。

为什么会有这种特殊规定呢？

对于应收账款、合同资产等，由于这些项目未清偿的期限相对较短，比如实务中应收账款的赊销期为30天，采用传统方法计算得出的12个月和整个存续期预期信用损失基本相同，此时**没有必要再评估信用风险是否显著增加**，因此选择简化处理会更加经济、客观。

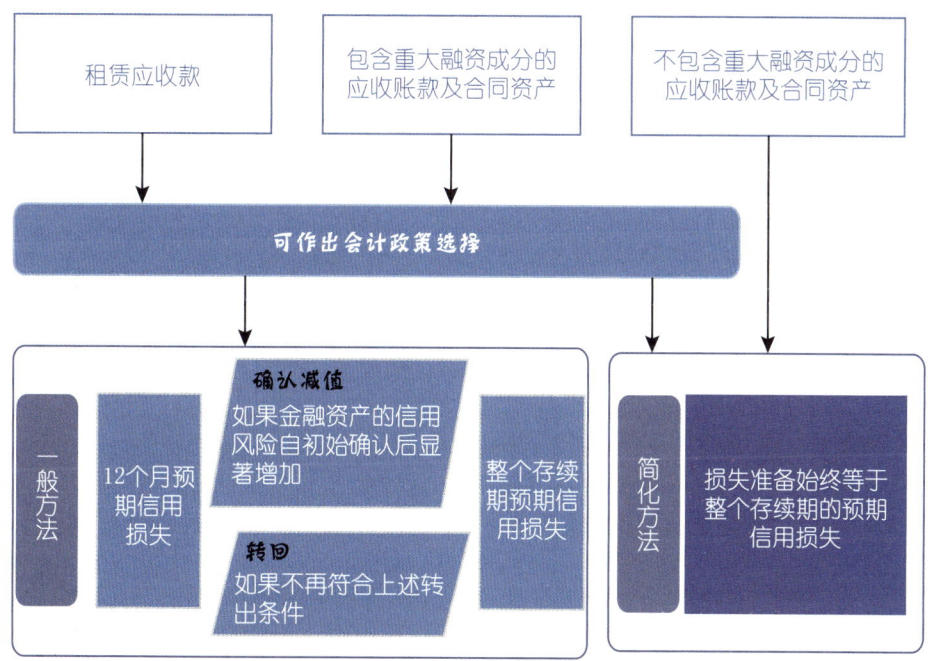

您讲得太透彻了。感觉使用"预期信用损失"模型需要大量的假设呢,企业在这个过程中是不是有一定的盈余管理空间呢?

理论上是有的,预期信用损失金额的计量需要大量的估计和假设,由于适用于"预期信用损失"模型的金融资产确认减值损失后,以后会计年度满足减值损失转回相关条件时**可以转回**,因此存在部分企业利用这种规则进行盈余管理的可能。

这样的话,企业可能会通过减值准备的计提与转回进行业绩操控咯?

非常正确。

会计"大爆炸"

| 12个月预期
信用损失 | 确认减值 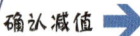
如果金融资产的信用风险自初始确认后显著增加

 转回
如果不再符合上述转出条件 | 整个存续期
预期信用损失 |

小白：嘿嘿。看来我还要继续刻苦钻研，把"预期信用损失"模型资产减值计量规则彻底搞明白。

小Z：很好。最后再来回顾一下今天的重要知识点吧。

小白：好啊好啊，今天感觉干货满满。

小Z：呵呵。"预期信用损失"模型的应用可是新金融工具准则实施后实务界关注的热点问题。

小白：今天听您一讲，我现在完全明白啦。

小Z：很好很好。

小白：嘿嘿，趁热打铁赶快通过重要知识点回顾图温习一下。

小Z：不错。

重要知识点回顾

"预期信用损失"模型	特征	减值准备的计提不以减值的实际发生为前提,而是以未来可能发生违约造成的损失期望值计提
	举例	对于投资债券,企业需在初始确认后根据债券信用风险变化情况,计提相应的减值准备
"已发生损失"模型	特征	只有客观证据表明资产已经发生减值时,才需进行减值测试并确认减值损失
	举例	如客观证据表明债券发行人已破产,才对债券计提减值
适用"预期信用损失"模型的金融工具	特征	· 第一类(AMC)和第二类金融资产(FV-OCI) · 租赁应收款、合同资产、贷款承诺、财务担保合同
	举例	· 货币资金、应收票据、应收账款、应收款项融资 · 其他应收款、债权投资、其他债权投资、长期应收款
预期信用损失计量三阶段模型	特征	1. 第一阶段:初始确认后信用风险未发生显著变化 2. 第二阶段:信用风险发生显著变化但未发生实质性信用减值 3. 第三阶段:金融资产发生实质性信用减值损失
	举例	1. 第一阶段:金融资产信用主体信用质量稳定、经营状况良好等 2. 第二阶段:金融资产信用主体信用质量恶化、评级被下调等 3. 第三阶段:金融资产信用主体发生破产或支付违约
预期信用损失计量会计政策选择	特征	一般方法:评估信用风险是否显著增加,并选择12个月或整个存续期计提预期信用损失
		简化方法:始终按照整个存续期预期信用损失计提减值准备
	举例	一般方法:租赁应收款和包含重大融资成分的应收账款及合同资产可选择"一般方法"或"简化方法"
		简化方法:不包含重大融资成分的应收账款及合同资产必须选择简化方法

第九章　并非完美的风险对冲：套期会计

新金融工具准则完善了套期会计的相关规定，使套期会计更为客观准确地反映企业风险管理活动。套期会计相关规定的完善成为新金融工具准则的核心变革之一。本章通过设计新疆阿克苏长绒棉套期会计的小故事，逐一揭开新套期会计准则的"神秘面纱"。

第二篇 会计准则改革：新金融工具准则

小Z老师，新金融工具准则不仅对金融资产分类标准以及减值计提规则进行了重大变革，同时对套期会计准则也进行了修订，使套期会计更加满足企业风险管理活动的需要。

的确如此，与旧准则相比，新套期会计准则发生了明显变化。

2014年7月
国际会计准则理事会修订发布《国际财务报告准则第9号——金融工具》，对套期会计进行大幅改进

2016年8月
财政部印发《企业会计准则第24号——套期会计（修订）》征求意见稿，向社会公开征求意见

2015年初至2016年6月
吸收国际财务报告准则相关内容，形成新金融工具相关会计准则讨论稿

2017年3月
《企业会计准则第24号——套期会计（修订）》正式稿发布

套期会计准则修订历程

新套期会计准则主要有哪些核心变化呢？

主要包括拓宽套期工具和被套期项目范围、改进套期有效性评估、引入套期关系"再平衡机制"、增加期权时间价值会计处理方法以及信用风险敞口的公允价值选择权等规定。

哦哦。好复杂啊。

非也。

会计"大爆炸"

新套期会计准则核心变化

1	拓宽套期工具和被套期项目范围	更好地适应企业风险管理目标，使套期工具和被套期项目的指定具有更大灵活性
2	改进套期有效性评估	取消现行准则80%~125%套期高度有效性量化指标，代之以定性的套期有效性要求
3	引入套期关系"再平衡机制"	要求如套期关系由于套期比率不再满足套期有效性要求，可以进行套期关系再平衡，重新满足套期有效性要求
4	增加期权时间价值会计处理方法	更好地反映企业交易的经济实质，提高会计结果可比性，减少损益波动性
5	增加信用风险敞口的公允价值选择权	通过公允价值选权规定，实现金融工具信用风险敞口和信用衍生工具公允价值变动在利润表中的自然对冲，作为套期会计的替代

小白：感觉好复杂又好神秘，您能否给我解析一下其中比较重要的知识点吗？

小Z：没问题，为了更好地理解相关知识，为师今天通过一则小故事，使你更轻松地理解掌握新套期会计准则的原理及应用。

从新疆阿克苏长绒棉套期故事说起

贸易战风起云涌，在捧红了Twitter"明星"T朗普的同时，也加剧了棉花市场的价格波动。作为某浙江家纺企业总经理，莫有为一筹莫展。原因是2019年4月1日，莫有为预期公司极可能在6个月后采购800吨新疆阿克苏长绒棉。本想着6个月后买进长绒棉作为原材料进行加工，制成家纺产品后卖个好价格。

但事与愿违，贸易战持续发酵，长绒棉市场价格剧烈波动。莫有为担心一旦6个月后长绒棉价格快速上涨，极可能给企业造成严重损失，其年终奖也将"打水漂"。为此，莫有为火速咨询了公司财务总监董准则。董准则笑而不语，表示其实大可不必过于担忧，公司可通过**套期工具对冲长绒棉未来价格变动风险**。

为什么建立期货合同：什么是套期？

俗话说，"凡事预则立，不预则废"。为避免6个月后买入长绒棉产生损失，董准则建议可利用期货和现货价格同涨同跌的特征，在当前买进800吨新疆阿克苏长绒棉期货合约，提前锁定未来购入长绒棉价格。6个月后，买进长绒棉现货的同时，以现金交割卖出期货合同。董准则表示，买进长绒棉期货合约后，通常会产生以下两种情形，均可对冲未来长绒棉现货的价格波动风险：

情形一

6个月后，长绒棉价格上涨，公司忍痛高价购入长绒棉。但同时，长绒棉期货价格同样上涨，6个月前买进的期货合约此时已获利。假设公司以现金净额交割期货合同，那么其为购入长绒棉多花的冤枉钱可通过期货合同的盈利弥补回来。

情形二

6个月后，长绒棉价格下跌，那么公司可低价购入长绒棉获利。但与此同时，长绒棉期货价格同样下跌，6个月前买进的期货合约不幸出现亏损。假设公司以现金净额交割期货合同，此时其在购买长绒棉现货中省下的钱，在期货交易中又亏了回去。

莫有为闻之大喜，立即采纳了董准则的建议。

上述两种情形的操作过程就是套期的基本原理。目前常见的套期工具包括远期（Forward）、期货（Future）、互换（Swap）和期权（Option）等，通常为以公允价值计量且其变动计入当期损益的衍生金融工具。

小Z

小白
那我理解套期主要就是通过套期工具（如棉花期货合约）对冲被套期项目（如棉花现货）未来价格波动风险咯？

会计"大爆炸"

> 可以这么理解。

准则原文：《企业会计准则第 24 号——套期会计》

第五条 衍生工具，是指属于本准则范围并同时具备下列特征的金融工具或其他合同：

（一）其价值随特定利率、金融工具价格、商品价格、汇率、价格指数、费率指数、信用等级、信用指数或其他变量的变动而变动，变量为非金融变量的，该变量不应与合同的任何一方存在特定关系。

（二）不要求初始净投资，或者与对市场因素变化预期有类似反应的其他合同相比，要求较少的初始净投资。

（三）在未来某一日期结算。

常见的衍生工具包括远期合同、期货合同、互换合同和期权合同等。

> 接下来继续通过故事了解一下新套期会计准则的重要概念之一：**套期有效性**。

没有长绒棉期货合同怎么办：套期有效性

但是现实很"骨感"。当莫有为兴冲冲地在期货公司开了户，并准备通过郑州商品交易所进行长绒棉期货交易时，突然发现交易所并无长绒棉期货交易。莫有为备受打击，马不停蹄地找到财务总监董准则，询问在无长绒棉期货交易的情况下，是否可继续对长绒棉进行套期。董准则淡定表示，不一定必须选用长绒棉期货，只要是和长绒棉具有经济关系的商品期货就可以。例如，可以选择普通棉期货（郑州商品交易所 CF909 棉花期货）作为套期工具。

莫有为喜出望外，欣喜之余，突发奇想："是不是可随便选用一类商品期货，例如动力煤期货或红枣期货对长绒棉进行套期？"他的疑问被董准则立即否决了。董准则表示，要想对长绒棉进行套期，必须要使选择的套期工具与长绒棉存在经济关系。董准则进一步强调,虽然可利用普通棉期货对长绒棉进行套期,但两者之间可能不是1:1的数量比例,而是根据两者的经济特征确定一个比例,这个比例称之为套期比率,可以简单地理解为能够抵销被套期项目(长绒棉)价格波动风险所需套期工具的数量(普通棉期货数量)。举例来讲,经专家测算,在建立普通棉合同当天,长绒棉与普通棉花期货的套期比率为1:1.25,即公司必须配置1,000吨普通棉花期货,对购入的800吨长绒棉进行套期。此时,普通棉期货能够几乎完全抵消长绒棉现货的价格波动风险,即符合"套期有效性要求"。

> **准则原文:《企业会计准则第24号——套期会计》**
>
> 第十六条 套期同时满足下列条件的,企业应当认定套期关系符合套期有效性要求:
> (一)被套期项目和套期工具之间存在经济关系。该经济关系使得套期工具和被套期项目的价值因面临相同的被套期风险而发生方向相反的变动。
> (二)被套期项目和套期工具经济关系产生的价值变动中,信用风险的影响不占主导地位。
> (三)套期关系的套期比率,应当等于企业实际套期的被套期项目数量与对其进行套期的套期工具实际数量之比,但不应当反映被套期项目和套期工具相对权重的失衡,这种失衡会导致套期无效,并可能产生与套期会计目标不一致的会计结果。

解决套期无效的"法宝":套期关系再平衡

董准则进一步解释,由于长绒棉和普通棉的价格随时波动,但价格波动幅度不同,这必然会导致长绒棉和普通棉期货套期比率随时出现变化。那么,初始确定的普通棉花期货数量可能并不能随时完全覆盖长绒棉价格波动风险。此时,"套期有效性"遭到了削弱,不能覆盖长绒棉价格变动风险部分为套期无效部分,且视为投机目的。

当出现套期无效时,为确保普通棉期货能够对长绒棉的价格变动风险保持覆盖,新套期会计准则规定可通过调整套期工具数量(普通棉期货合约)或被套期项目数量(长绒棉购买数量)实现"套期关系再平衡"。

会计"大爆炸"

> **准则原文:《企业会计准则第 24 号——套期会计》**
>
> 第十八条 套期关系由于套期比率的原因而不再符合套期有效性要求,但指定该套期关系的风险管理目标没有改变的,企业应当进行套期关系再平衡。
>
> 本准则所称套期关系再平衡,是指对已经存在的套期关系中被套期项目或套期工具的数量进行调整,以使套期比率重新符合套期有效性要求。基于其他目的对被套期项目或套期工具所指定的数量进行变动,不构成本准则所称的套期关系再平衡。

　　为了使莫有为理解套期关系再平衡的概念,董准则举出了一个简单的实例。假定 2019 年 6 月 30 日,专家预计长绒棉将迎来大丰收,导致价格持续回落,而由于气候原因,普通棉花价格可能会有所上涨。专家估计,未来适用的套期比率可能会由 1∶1.25 变为 1∶1.2。此时,公司可使用套期关系再平衡这一"法宝",通过减少套期工具数量或增加被套期项目数量,避免套期无效。

将普通棉多头合约(套期工具)数量减少40吨(1,000-1.2×800),交割时间为3个月后。

增加采购33.33吨(1,000/1.2-800)新疆阿克苏长绒棉(被套期项目)。

套期会计的实际应用：会计处理方法

以上述实例中两种套期关系再平衡方式为例，对新套期会计准则相关会计处理方式进行简单说明。

情形一：公司决定将普通棉期货多头合约数量减少40吨。假定此时1,000吨普通棉花期货合同的公允价值累计上升了100万元人民币。

情形一

"公司决定将普通棉期货多头合约数量减少40吨。假定此时1,000吨普通棉花期货合同的公允价值累计上升了100万元人民币"。

对于减少的套期工具，企业应更新书面文件，将套期工具数量总额减少40吨，应将减少部分从"套期工具"转入"衍生工具"科目，金额为4万元（40×100/1,000）。具体分录如下：

借：衍生工具——棉花期货　　4万
贷：套期工具——棉花期货　　4万

此外，对于减少的套期工具，除了转入"衍生工具"科目外，其应该按照新金融工具准则核算，被划分为FV-PL类金融资产。

情形二：在被套期项目中增加采购33.33吨（1,000÷1.2-800）新疆阿克苏长绒棉。

情形二

"在被套期项目中增加采购33.33吨（1,000÷1.2-800）新疆阿克苏长绒棉"

此种处理方式下，公司无须进行账务处理，但需要更新套期文件有关书面记录。

会计"大爆炸"

在上述两种情形的会计处理中需特别注意：根据新套期会计准则，对于套期有效部分的期货合约，记入"<u>套期工具</u>"科目。除符合套期有效性的套期工具外，其他衍生金融工具项目应根据《企业会计准则第22号——金融工具》，划分为以公允价值计量且其变动计入当期损益的金融资产或者以公允价值计量且其变动计入当期损益的金融负债，记入"<u>衍生工具</u>"科目（共同类科目）。

故事最后

在董准则的帮助下，莫有为一顿操作猛如虎，在6个月后顺利以现金净额结算了期货合同，并购入了新疆阿克苏长绒棉，锁定了经营成本，降低了公司经营业绩波动性，如期拿到了年终奖。拿着沉甸甸的年终奖，莫有为立刻买了三箱榨菜压压惊，两箱寄给了远在宝岛台湾的"榨菜哥"，同时带着另外一箱与娇妻前往美丽的海岛国家，开始了一段甜蜜的旅行。

通过这个短故事，突然感觉我已经不知不觉掌握了新套期会计准则的核心啦。

很好。按照惯例，最后还是简要回顾一下今天的重要知识点吧。

好啊好啊。今天又是收获颇丰的一天。

不错，今天的知识完全理解的话，相信你的会计水平定会有质的提升。

嘿嘿，主要是您讲得好。

呵呵。

重要知识点回顾

套期	特征	利用期货和现货价格同涨同跌的特征，对现货未来价格波动进行对冲
	举例	当前买进6个月后普通棉期货合约，对冲未来长绒棉现货价格波动风险
套期有效性	特征	套期工具能够几乎完全抵消被套期工具风险
	举例	普通棉期货能够几乎完全抵消长绒棉现货的价格波动风险，即符合"套期有效性要求"
套期关系再平衡	特征	套期关系由于套期比率的原因而不再符合套期有效性要求，但指定该套期关系的风险管理目标没有改变的，企业应当进行套期关系再平衡
	举例	初始确定的普通棉花期货数量可能并不能随时覆盖长绒棉价格波动风险，需要调整套期工具数量（普通棉期货合约）或被套期项目数量（长绒棉数量）实现"套期关系再平衡"

第十章　跟你聊一个价值46亿元的准则

2019年1月25日，某大型石油化工上市央企发布公告称，其子公司L合石化部分套期业务的交易策略失当，巨额亏损人民币约46.5亿元，引发市场热议。巨额亏损是因为套期策略的选择失败，还是套期会计的应用失当？本章结合新套期会计准则，揭示该公司套期业务巨额亏损之"谜"，继续解析新套期会计准则的核心内容。

第二篇 会计准则改革：新金融工具准则

小乙老师，您上次讲的新疆阿克苏长绒棉套期保值故事引发了我对套期会计学习的极大兴趣。

很好，真正学好套期会计，是你未来成为会计准则权威专家的关键。

嘿嘿，谢谢您的鼓励。

谈到套保业务，我突然想起来2019年年初某大型石油化工央企上市公司发布的一则有关套保业务的公告。

什么公告呀？感觉很有意思的样子。

具体公告如下。

公告概况

2019年1月25日，某大型石油化工上市央企发布公告称，其子公司在采购进口原油过程中，由于对国际油价走势判断失误，部分套期业务交易策略失当，巨额血亏约人民币46.5亿元。某知名证券公司研究表明，该公司套期业务发生巨额亏损主要归咎于其采取了"零成本期权"策略，即"买入看涨期权的同时，卖出看跌期权"。当石油价格出现单边下行时，卖出看跌期权产生了巨额亏损。无独有偶，早在2004年，另一石油化工上市公司也因石油期权交易亏损5.5亿美元（按同期汇率折算，也折合人民币约46亿元）。

-153-

会计"大爆炸"

"零成本期权"策略是何方神圣？为何诸多企业趋之若鹜却最终铩羽而归？

零成本期权，是指"在买入看涨期权的同时卖出看跌期权"，或"在买入看跌期权的同时卖出看涨期权"，采用此策略通常预期市场会走出单边行情。

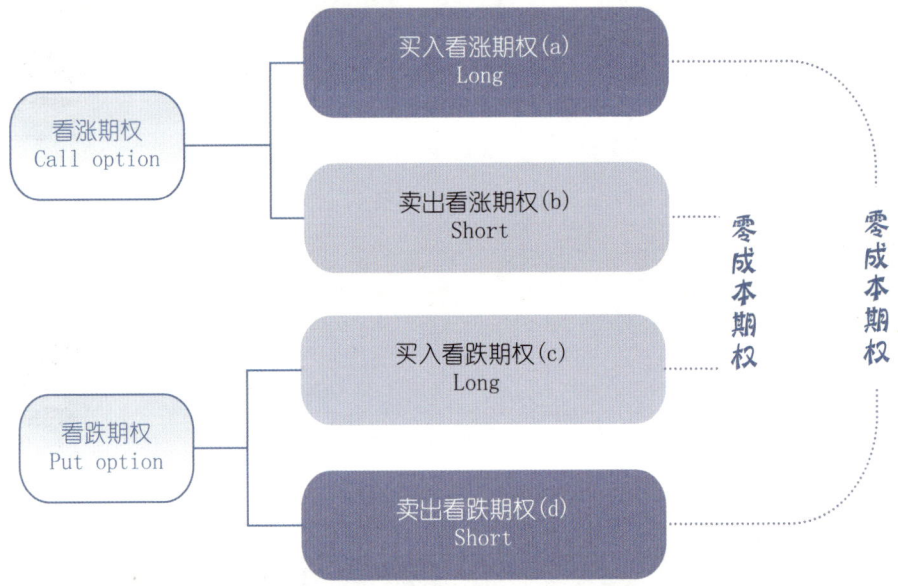

还是有些不太明白。

上述案例中，该石油化工企业子公司对国际原油价格持乐观看涨态度，认为未来国际原油价格会持续单边上涨。根据其预测，采取"零成本期权策略"可轻松获得"双倍收益"，赚得"盆满钵满"。

第二篇　会计准则改革：新金融工具准则

收益一
- 执行买入的看涨期权，以较低价格买入原油从而赚取执行价和现货价价差

收益二
- 当现货价格高于看跌期权执行价，理性的看跌期权购买者不会行权。卖出看跌期权轻松赚得一笔金额不菲的期权费用

"零成本期权策略"可能产生的收益

您能不能再举个简单的实例解释一下呢？

没问题的。

一个简单的实例

20×8年1月，公司A买入看涨期权，期权有效期限12个月，合约数量1,000桶，协议执行价75美元/桶，期权费用1.75元/桶。同时，公司卖出看跌期权，期权有效期限为12个月，合约数量1,000桶，协议执行价65美元/桶，期权费用2.01元/桶。

20×9年1月，原油市场价格达到80美元/桶。此时，"零成本期权"策略收益如下：

✦ 收益一：由于20×9年1月现货价格高于执行价格，公司A执行买入的看涨期权，以75美元/桶购入1,000桶，节约了5,000成本[(80-75)×1,000]美元。

✦ 收益二：理性的看跌期权购买者不会行权，公司A轻松赚得卖出看跌期权费用2,010（2.01×1,000）美元。此收益可抵销买入期权费用1,750（1.75×1,000）美元。

✵ 最终，公司A利用"零成本期权"策略既获得了期权价差收益5,000美元，又通过获取期权费用净收益，获得了260美元权利金净收益，实现"双赢"。

会计"大爆炸"

这个策略看起来天衣无缝啊,在当时的市场环境下,为了博取最高收益,公司采取这样的策略也无可厚非。

非也。"双倍收益"必然隐藏着巨大的"双倍风险",一旦市场出现与公司预期相反的极端行情,采取这种策略将承担巨大的损失风险。

何以见得?

上述案例中,2018年4~9月,国际原油价格持续上涨,不断助长公司对未来国际原油价格持续上涨的预期。然而,自2018年10月4日开始,国际原油行情走势出现重大逆转,发生断崖式下跌。

还能发生这样的事情啊。

资本市场瞬息万变。2018年10月4日开始,该央企子公司"套期业务"发生巨额损失:不仅要承担购入看涨期权的期权费,还要承担看跌期权被行权的损失,其损失程度直接与原油价格下跌程度挂钩。

不是说套保业务主要用来对冲风险吗?为何还产生了如此巨大的损失?

事实上,该央企子公司相关操作已超出了套保业务的范围,所谓的"套期策略"其实并不符合新套期会计准则的要求。

准则原文:《企业会计准则第24号——套期会计》

第十五条 (三)公允价值套期、现金流量套期或境外经营净投资套期同时满足下列条件的,才能运用本准则规定的套期会计方法进行处理:

(一)套期关系仅由符合条件的套期工具和被套期项目组成。

(二)在套期开始时,企业正式指定了套期工具和被套期项目,并准备了关于套期关系和企业从事套期的风险管理策略和风险管理目标的书面文件。该文件至少载明了套期工具、被套期项目、被套期风险的性质以及套期有效性评估方法(包括套期无效部分产生的原因分析以及套期比率确定方法)等内容。

(三)套期关系符合套期有效性要求。

套期有效性,是指套期工具的公允价值或现金流量变动能够抵销被套期风险引起的被套期项目公允价值或现金流量变动的程度。套期工具的公允价值或现金流量变动大于或小于被套期项目的公允价值或现金流量变动的部分为套期无效部分。

根据准则,只有对购入期权进行套期,卖出(签出)期权才可作为套期工具(如买入看涨期权同时卖出看涨期权),符合套期有效性规定,套期工具和被套期项目的风险敞口预期将会相互抵销。

小Z

Tips

本案例中,同时实施"买入看涨期权"和"卖出看跌期权"策略的结果是收益与损失方向一致,即要么因被套期项目(如石油)未来价格上涨而获得"双倍收益",要么因被套期项目(如石油)未来价格下跌而承担"双倍损失"。

会计"大爆炸"

小白：那就是说卖出的看跌期权并不能作为购入看涨期权的套期工具咯？

小Z：是的。上述套保业务操作失误发生巨额亏损的案例也为未来企业风险管理敲响了警钟。实务中，在利用衍生工具进行套期保值时应给予足够重视。

套期业务关注要点

○加强新套期会计准则的学习，深刻理解签出期权可以作为套期工具的条件与准则制定逻辑

○谨慎采用零成本期权策略，避免发生衍生品头寸超过现货头寸的投机行为，给企业造成潜在巨额损失

○及时审慎评估套期业务的套期有效性，使套期关系符合套期会计策略和目标，提高危机应对和风险管控能力，及时再平衡套期关系

○相关部门应加强对企业套期业务的监管，尤其是签出期权等业务的监管

第三篇

会计"麻辣烫":其他新会计准则

为保持与国际会计准则的持续趋同,我国财政部自2014年以来加快企业会计准则的改革步伐,先后修订完善了公允价值计量、财务报表列报、合并财务报表、长期股权投资、金融工具确认和计量、金融资产转移、套期会计、金融工具列报、收入、租赁等多项会计准则。与此同时,财政部配套发布了《关于修订印发2019年度一般企业财务报表格式的通知》。相关准则的修订完善以及最新财务报表格式要求的发布,对财务报表编制者及使用者产生了深远影响。

为便于读者快速理解掌握相关会计准则的核心变化及应用,轻松编制及使用财务报表,编者选取资本市场几个热门案例,详细讲解除金融工具和收入准则外其他实务中常见重要准则的修订逻辑与具体实务应用。其中:第十一章"突然进表的'不速之客':经营租赁"中,重点就新租赁准则核心变化进行解析,同时结合2019年财政部最新企业财务报表格式要求,就新租赁准则对企业财务数据填报和财务指标的影响展开实务探讨。第十二章"完璧未能归赵,赵王如何记账"中,透过"完璧归赵"历史典故,解析新非货币性资产交换准则,揭示准则修订的核心变化与精髓。第十三章"一个打了21年的'补丁':新债务重组准则"中,结合几个债务重组的实务微案例,讲述债务重组准则21年的修订历程,同时解析新债务重组准则核心变化及其会计处理规则。第十四章"时间都去哪儿了:国庆长假背后的会计问题"中,以国庆长假背后的企业薪酬制度为切入点,重点对新职工薪酬准则中涉及的薪酬分类、带薪缺勤、非货币性福利、离职后福利(设定提存计划与设定受益计划)等会计实务问题进行讲解。第十五章"财报的秘密:华W创新之谜"中,针对华W公司首次在境内发行债券这一热门事件,透过华W公司2019年中期财务报告,揭开其创新的"神秘面纱",阐释2019年财政部最新财务报表格式要求关于企业创新业务的报表编制方法。第十六章"补贴之惑 vs 补贴之锅：政府补助那些事儿"中，针对部分上市公司业绩变脸"甩锅"政府补助这一市场热议话题，透过几个上市公司热点案例，结合新政府补助准则，详细讲解政府补助特征、分类、确认、计量、列报等会计实务问题。

第十一章 突然进表的"不速之客":经营租赁

2018年12月7日,财政部修订并发布《企业会计准则第21号——租赁》。新租赁准则较2006年版准则发生了显著变化。本章重点就新租赁准则核心变化进行解析,同时结合2019年财政部最新企业财务报表格式要求,就新租赁准则对企业财务数据填报和财务指标的影响展开实务探讨。

第三篇 会计"麻辣烫":其他新会计准则

小Z老师,我最近投资了某餐饮上市公司股票,重仓后才发现财政部最新的租赁准则对公司财务指标影响很大。这次会不会又要被套牢啊?

不好说。不过新租赁准则确实对餐饮行业相关企业财务报表数据的填列产生了比较大的影响。

请您好好给我讲讲吧。

嗯。首先了解一下新租赁准则的修订历程。

2006年7月
国际会计准则理事会和美国财务会计准则委员会将租赁会计联合项目纳入议程,旨在改进旧租赁会计准则

2016年1月
经过多年征求意见,反复修改后,国际会计准则理事会正式发布《国际财务报告准则第16号—— 租赁》

2018年12月
根据市场反馈意见,经过反复修改,财政部正式发布新修订的《企业会计准则第21号——租赁》

2009年3月
双方理事会发布《DP/2009/1 讨论稿:租赁初步意见》

2018年1月
在充分借鉴国际财务报告准则的基础上,结合我国实际,财政部印发《企业会计准则第21号——租赁(修订)》(征求意见稿)

新租赁准则修订历程

新租赁准则都有哪些核心变化呢?对相关行业企业财务报表数据填列和财务指标会产生哪些影响?

新租赁准则对承租人和出租人的会计处理规则进行了修订,以更准确地反映相关业务的经济实质。

-165-

承租人

- 取消了承租人关于融资租赁与经营租赁的分类
- 旧准则规定经营租赁只能作为表外项目，新租赁准则将经营租赁纳入表内，这将同时增加承租人的资产和负债。融资租赁本身计入表内，影响不大

出租人

- 基本沿袭了原租赁准则的会计处理规定，主要是对出租人信息披露要求进行了完善

新租赁准则主要变化

新租赁准则对承租人影响最大，且主要为**经营租赁业务**。

资产负债表
资产
　=使用权资产
负债
　=租赁负债

损益
租赁费用

折旧+利息=前高后低式的总租赁费用

新租赁准则下承租人会计处理变化

出现了好多新奇的"小怪兽"啊。赶紧掏出笔记本记重点。这个"使用权资产"应如何理解呢？

"使用权资产"，指承租人可在租赁期内使用租赁资产的权利，比如承租人租赁固定厂房用于经营。

第三篇　会计"麻辣烫"：其他新会计准则

嗯嗯。那"使用权资产"应如何计量呢？

主要包括租赁负债的初始计量金额、初始直接费用、在租赁开始日或之前支付的租赁付款额以及拆卸/移除/复原租赁资产预计将要发生的成本。

嗯嗯。

此外，如果存在租赁激励，需要将其扣除。这里需重点理解租赁负债的初始计量金额和初始直接费用。

租赁负债 ＋ 初始直接费用 ＋ 在租赁开始日或之前支付的租赁付款额 ＋ 按照《国际会计准则第37号》要求计量的拆卸、移除或复原的估计成本

－

收到的租赁激励

＝

使用权资产

会计"大爆炸"

嗯嗯。

首先来看"租赁负债的初始计量金额",其主要是指尚未支付的租赁付款额,并按贴现法计量。

租赁负债的初始计量金额简单实例

餐饮企业租用餐厅5年,每年支付10万元租金,在租赁开始日计算每年10万元租金的现值,即为租赁负债的初始计量金额。

感觉您说的这是理想情况啊。如果每年房租根据市场情况(如物价指数、市场租金水平等)变化的话,应如何处理呢?

对于这种租赁付款额随市场租金率或物价指数变化的情况,准则将其定义为"可变租赁付款额"。

那对于"可变租赁付款额",应如何处理呢?

如果未来租赁付款额根据物价水平而有所增长,那么应在发生变更当年根据物价指数计算得出的**租赁付款额重新计量租赁负债**。

第三篇 会计"麻辣烫":其他新会计准则

可变租赁付款额确认规则

可变租赁付款额中,仅取决于指数或比率的可变租赁付款额应纳入租赁负债的初始计量中,包括与消费者价格指数(CPI)挂钩的款项、与基准利率(Shibor)挂钩的款项和为反映市场租金率变化而变动的款项。

除了取决于指数或比率的可变租赁付款额之外,其他可变租赁付款额均不纳入租赁负债的初始计量中。例如,公司餐饮店租赁一家店铺。每年的租赁付款额为该餐饮店收入的1%(不存在不可避免的最低租赁付款额)。该情况下,餐饮店在租赁期开始时将租赁负债计为零。

可以简单以下图进行理解记忆。

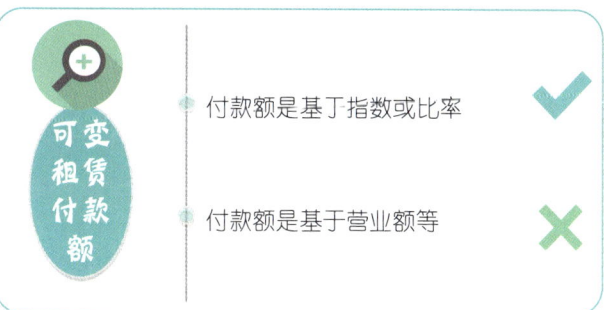

"**租赁负债的初始计量金额**"轻松Get!

不错,那接下来了解一下"**初始直接费用**",其主要是指承租人为获取租赁而发生的**增量成本**,即若不获取使用权资产就不会发生该成本。

会计"大爆炸"

常见的初始直接费用

包括：

—— 人员佣金

—— 支付的相关法律费用*

—— 沟通成本*

—— 为获得租赁而向现有租户支付的款项

* 若该费用取决于是否产生租赁

不包括：

—— 管理费用（沉没成本）

—— 无论是否订立租赁都会发生的有关资产评估、可行性研究、尽职调查差旅等费用（沉没成本）

好棒啊。使用权资产既然已进入资产负债表，作为一项资产，想必也需要计提折旧或摊销吧？

是的。承租人应参考固定资产相关准则，自租赁开始日当月对使用权资产计提折旧，实务中通常采用**直线法**计提。

那应该如何确定折旧年限呢？

需遵循以下两点原则，如下图。

承租人能够合理确定租赁期届满时取得租赁资产所有权的
- 在租赁资产剩余使用寿命内计提折旧

承租人无法合理确定租赁期届满时取得租赁资产所有权的
- 在租赁期与租赁资产剩余使用寿命两者孰短的期间内计提折旧

使用权资产折旧年限确定原则

那使用权资产是不是也需要计提减值呢?

是的。需根据减值准则确定使用权资产是否发生减值,并对已识别的减值损失进行会计处理。**使用权资产减值准备一旦计提,不得转回**。

嗯嗯。那财政部2019年最新企业财务报表格式要求对此是怎么规定的呢?

对于"使用权资产",设置"使用权资产累计折旧"和"使用权资产减值准备"两个备抵科目。

那"租赁负债"呢?

对于"租赁负债",需分别设置"租赁付款额"和"未确认融资费用"等进行明细核算。

会计"大爆炸"

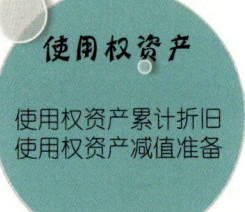
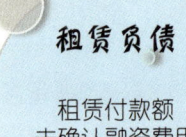

"使用权资产"与"租赁负债"科目设置

此外,对于选择简化处理的"**短期租赁**"和"**低价值资产租赁**",可以豁免纳入资产负债表。

 "短期租赁"和"低价值资产租赁"该怎么理解呢?

"**短期租赁**"是指租期很短的租赁,一般不超过12个月。"**低价值资产租赁**"一般是指价值较低的资产,如电脑或办公桌等。

 太棒了小Z老师。突然感觉我一下子掌握了新租赁准则。

第三篇　会计"麻辣烫"：其他新会计准则

很好，理解了上述基本处理原则基本上就掌握了新租赁准则的核心。

嗯嗯。新租赁准则发生如此重大的变革，会对我投资的餐饮业上市公司股票产生怎样的影响呢？

可以说影响非常大。

新租赁准则产生的影响

1 资产负债率 ↑　资产周转率 ↓
经营租赁统一纳入表内核算，会导致企业同时增加资产和负债。对于经营租入资产比重较大的企业，比如餐饮类公司，其杠杆率会有所提高

2 部分上市公司可能会利用"短期租赁"和"低价值资产租赁"这两个豁免条款进行盈余管理

3 影响公司的成本结构
虽然整体成本不会改变，但是由于最初几年计提的利息费用较高，之后计提的利息费用在租赁期内逐渐下降，从而使得公司成本出现"前高后低"

嗯嗯。我突然有个疑问，近年来国资委采取多种方式推动降低国企杠杆。但目前好多国企都涉及经营租赁业务。那么到了2021年，相关国有企业采用新租赁准则后是不是会影响其去杠杆的进程呢？

对于经营租赁业务较多的国有企业影响确实较大。资产负债率的潜在提升可能会影响相关企业去杠杆的进程，也给资本结构管理带来一定挑战。

会计"大爆炸"

哦哦。那企业如何应对新租赁准则的"潜在冲击",以及相关监管部门应如何理性看待新租赁准则实施产生的经济后果确实值得进一步思考。

不错,看来你是真的理解了。最后按照惯例还是回顾一下今天的主要知识点吧。

重要知识点回顾

使用权资产	举例	承租人租赁固定厂房用于经营
	相关会计处理	根据租赁负债的初始计量金额、初始直接费用、租赁预付款额以及拆卸、移除、复原租赁资产预计将要发生的成本综合确认一项资产
		后续计量需折旧并计提减值,减值一旦计提,不可转回
租赁负债	举例	企业租用餐厅5年,每年支付10万元租金
	相关会计处理	尚未支付的租赁付款额,按照贴现法计量
可变租赁付款额	举例	未来租赁付款额根据物价水平而有所增长
	相关会计处理	在发生变更当年根据物价指数计算得出的租赁付款额重新计量租赁负债
		除了取决于指数或比率的可变租赁付款额之外,其他可变租赁付款额均不纳入租赁负债的初始计量
初始直接费用	举例	签订租赁合同成本等,但在签订租赁合同前发生的资产评估、尽职调查等费用不计入初始直接费用
	相关会计处理	计入使用权资产

第十二章　完璧未能归赵，赵王如何记账

2019年5月9日，财政部修订发布了《企业会计准则第7号——非货币性资产交换》。本章透过历史典故，解析新非货币性资产交换准则，揭示准则修订的核心变化与精髓，对相关会计处理进行解析。

"今杀相如,终不能得璧也,而绝秦赵之欢,不如因而厚遇之,使归赵,赵王岂以一璧之故欺秦邪!"

我所料不错的话,你说的是完璧归赵的典故吧?

《完璧归赵》

战国时代,赵国得到楚国的和氏璧,秦昭王得知后,欲用十五座城池来换璧。赵王派蔺相如带璧去换城。蔺相如到秦国献了璧,见秦王没有诚意,不肯交出城池,凭借智慧和勇气与秦昭王周旋,最终使和氏璧完好无损地送回赵国。

——《史记·廉颇蔺相如列传》

是啊,最近不知怎的疯狂恋上历史典故。这些典故简直就是无价的文化瑰宝啊。

嗯。以铜为镜,可以正衣冠;以古为镜,可以知兴替;以人为镜,可以明得失。

我知道!这是唐太宗对魏征的评价,用在这里再适合不过了。突然间很好奇,您说如果故事的结局变成"以璧易城"成功了,历史是否会就此改写呢?

会计"大爆炸"

历史是否会因"以璧易城"成功而被改写不太好直接盖棺定论,但你的好奇让我想到了一个非常有趣的以物易物的会计问题。

哈?不愧是小Z老师,历史典故都能被您用来玩转会计。

生活中处处是会计,历史典故也不例外。问你个问题:假设2302年前战国时代已经实行新企业会计准则,对于"以璧易城"赵王应如何做账?

您就别卖关子了小Z老师。这主要涉及哪个准则呢?

主要涉及非货币性资产交换准则。

非货币性资产交换准则?不就是2019年5月财政部最新修订发布的那个准则吗?

是的。2019年5月9日,财政部修订发布新非货币性资产交换准则,进一步规范企业非货币性资产交换业务会计处理。

嗯嗯。

很好。

第三篇　会计"麻辣烫"：其他新会计准则

新非货币性资产交换准则核心变化

- 以货物换取客户的非货币性资产直接适用新收入准则
  - 新收入准则规定，"客户支付非现金对价的，企业应当按照非现金对价的公允价值确定交易价格"。该规定与原非货币性资产交换准则优先以换出资产的公允价值为基础计量非货币资产交换事项存在冲突。新货币性资产交换准则明确以存货换取客户的非货币性资产事项直接适用新收入准则

- 增加换入资产确认时点和换出资产终止确认时点的规定
  - 换入资产的确认时点：在符合资产定义并满足资产确认条件时予以确认
  - 换出资产的确认时点：在换出资产满足资产终止确认条件时终止确认，如固定资产处于处置状态等

- 增加在财务报表附注中披露非货币性资产交换是否具有商业实质及其原因的要求

小白

那按照最新准则，对于"以璧易城"，赵王应如何记账？

待为师慢慢讲解，首先要明确货币性资产和非货币性资产的概念。

小Z

🔍 货币性资产VS非货币性资产

货币性资产

指的是企业持有的货币资金和收取固定或可确定金额的货币资金的权利，比如战国时秦赵使用的通用货币"圆钱"为货币性资产

非货币性资产

指的是货币性资产以外的资产，比如和氏璧、城池等都属于非货币性资产

根据相关准则，对于"以璧易城"，按照和氏璧使用用途，赵王有两种不同的会计处理方式。

小Z

-179-

会计"大爆炸"

小白: 具体是哪两种处理方式呢?

小Z: 正式讲解前,先来给你介绍几个故事假设。

📎 **故事假设**

对于和氏璧
- 情形一:假设赵王将和氏璧赏赐给珠宝店主太子丹。赵丹欲将和氏璧卖给西域某国,这个时候和氏璧应作为"存货"
- 情形二:假设赵王将和氏璧存放于赵国博物馆供游客参观,以收取门票营利。由于和氏璧被用于经营,应作为"固定资产"

对于15座城池:假设用于交换和氏璧的15座城池是秦昭王租给秦国商贩用于贸易往来的,赵王在换入城池后应确认"投资性房地产"

 假设不考虑增值税等相关税费

小Z: 对于情形一,如果赵王将和氏璧认定为存货,则"以璧易城"应当遵循**新收入准则**,并进行相应会计处理。

小白: 那具体应该如何处理呢?

小Z: 如果换出资产为存货,需要遵循新收入准则。根据新收入准则,**应当以各单项履约义务的交易价格为依据进行初始计量**,并确认收入。

第三篇　会计"麻辣烫"：其他新会计准则

> **准则原文：《企业会计准则第7号——非货币性资产交换》**
>
> 第三条（一）企业以存货换取客户的非货币性资产的，适用《企业会计准则第14号——收入》。
>
> **准则原文：《企业会计准则第14号——收入》**
>
> 第十八条　客户支付非现金对价的，企业应当按照非现金对价的公允价值确定交易价格。
>
> 准则逻辑：根据非货币性资产交换准则，换入资产的成本以换出资产的公允价值为首选进行会计处理。此时，原第7号准则和新收入准则产生冲突，为了使不同准则之间相互协调，新非货币性资产交换准则规定，用存货换入其他非货币性资产不再适用非货币性资产交换准则。

那对于情形一具体应如何处理呢？

具体处理过程如下。

情形一的账务处理

赵王的会计处理如下：
借：投资性房地产——城池1
　　　　　　　　——城池2
　　　　　　　　……
　　　　　　　　——城池15
　　贷：主营业务收入
借：主营业务成本
　　贷：库存商品——和氏璧

情形一的账务处理

Tips：
◎ 假设以上账务处理不考虑相关税费。
◎ 根据新收入准则，换入资产的成本以换入资产的公允价值为首选进行会计处理，以获取的城池（非现金对价）的公允价值进行初始计量。

那如果将和氏璧视为固定资产，又该如何处理呢？

如果将和氏璧认定为固定资产，且假设"以璧易城"符合商业实质，城池或者和氏璧公允价值能够可靠计量，根据非货币性资产交换准则，应将**换出资产（即和氏璧）的公允价值**作为城池的首选入账价值。

情形二的账务处理

赵王的会计处理如下：
借：投资性房地产——城池1
　　　　　　　　——城池2
　　　　　　　　……
　　　　　　　　——城池15
　贷：固定资产——和氏璧
　　　资产处置损益

Tips：
◎ 根据非货币性资产交换准则，换入资产的成本以换出资产的公允价值为首选进行会计处理，即和氏璧的公允价值。
◎ 如果和氏璧有市无价，无法确定其公允价值，根据准则也可以使用15座城池的公允价值计量。

第三篇 会计"麻辣烫":其他新会计准则

恍然大悟啊。不过感觉秦昭王在做一笔亏本买卖,和氏璧所能产生的收益肯定远不及15座城池。

是的。秦昭王如果发现这一点,以他的性格定会在交易中要求赵国再拿出一定数量的货币作为补价。

那如果涉及补价,赵王又应该如何处理呢?

这里需要记住25%这个数字。

假设秦昭王与赵王约定,赵王须额外支付一定数量的圆钱作为交换城池的补价

"25%"的神奇魅力

若补价/(补价+和氏璧公允价值)<25%,适用非货币性资产交换准则。此时,应将补价和和氏璧公允价值及其相关税费之和作为换入城池的入账价值

若补价/(补价+和氏璧公允价值)≥25%,交易不再适用非货币性资产交换准则,而是应遵循其他相关准则进行处理

感觉越来越有意思了。您刚才假设"以璧易城"具有商业实质,且资产公允价值能够可靠计量,为什么需要这个假设呢?

会计"大爆炸"

这两个条件对于非货币性资产交换的会计处理影响很大。如果同时满足上述两个条件,非货币性资产交换应当**以公允价值为基础计量**,否则应当**以账面价值为基础计量**。

准则原文:《企业会计准则第7号——非货币性资产交换》

第六条 非货币性资产交换同时满足下列条件的,应当以公允价值为基础计量:

(一)该项交换具有商业实质;
(二)换入资产或换出资产的公允价值能够可靠地计量。

商业实质是个啥东西?

按照惯例,先看准则。

准则原文:《企业会计准则第7号——非货币性资产交换》

第七条 满足下列条件之一的非货币性资产交换具有商业实质:

(一)换入资产的未来现金流量在风险、时间分布或金额方面与换出资产显著不同。
(二)使用换入资产所产生的预计未来现金流量现值与继续使用换出资产不同,且其差额与换入资产和换出资产的公允价值相比是重大的。

例如分别位于代郡和邯郸的两栋公寓,由于地域及人口差异,**其租金未来现金流量的风险显著不同。**如果两栋公寓用于交换,就具有商业实质。

代郡与邯郸

代郡:"完璧归赵"后的第三年(公元前280年),秦攻赵,杀两万人,攻陷代郡。

邯郸:邯郸为赵国都城,局势相对稳定。

和氏璧和城池属于两种性质迥异的资产,这两项资产未来现金流量在风险、时间分布、金额等方面也具有显著差异。也就是说"以璧易城"也具有商业实质咯?

很好,都会举一反三了。

嘿嘿。那条件(二)中的情形又是什么意思呢?

这也不难理解,既然你如此迷恋历史,为师就再给你讲一个"唐雎不辱使命"的故事吧。

会计"大爆炸"

> **《唐雎不辱使命》**
>
> 　　公元前225年，秦王政派兵攻灭魏国，魏国有一个属地叫做安陵，秦王表面上向安陵君提出用方圆五百里的土地交换安陵国，但实际想施侵占之举。临危之际，唐雎奉安陵君之命出使秦国，与秦王展开面对面的激烈斗争，终于折服秦王，保存国家。
> 　　——《战国策·魏策四》

这里，假设两块地盘的未来现金流量在风险、时间分布和金额方面并没有显著不同。由于秦王要统一六国，**获取安陵的战略价值要远大于换出五百里之地的价值**。如果这笔易地交易达成，即具有商业实质。

小Z

小白

原来小Z老师也是历史迷啊，好开心！那如果以公允价值为基础计量，具体的会计处理就和您前面举的例子一样咯？

是的，这里重要的事情说三遍，再给你总结一下具体的会计处理原则。

小Z

小白

嗯嗯。

很好。

小Z

非货币性资产交换的会计处理（考虑增值税）

计量方法	以换出资产公允价值为基础计量	以换入资产公允价值为基础计量	以换出资产账面价值为基础计量
支付补价方	借：换入资产 　　应交税费（增值税进项） 贷：换出资产 　　应交税费（增值税销项） 　　补价 　　当期损益	（仅当换入资产公允价值更可靠时） 借：换入资产 　　应交税费（增值税进项） 贷：换出资产 　　应交税费（增值税销项） 　　补价 　　当期损益	借：换入资产 　　应交税费（增值税进项） 贷：换出资产 　　应交税费（增值税销项） 　　补价
收到补价方	借：换入资产 　　应交税费（增值税进项） 　　补价 贷：换出资产 　　应交税费（增值税销项） 　　当期损益	借：换入资产 　　应交税费（增值税进项） 　　补价 贷：换出资产 　　应交税费（增值税销项） 　　当期损益	借：换入资产 　　应交税费（增值税进项） 　　补价 贷：换出资产 　　应交税费（增值税销项）

赶快放入收藏夹。

很好，孺子可教。

嘿嘿。小Z老师，我还有一个问题：如果非货币性资产交换不具有商业实质，或换入/换出资产公允价值不能可靠计量，应如何处理呢？

承前所述。应以**账面价值为基础**进行计量。不同计量基础下，有一点须特别注意，那就是以公允价值为基础计量下，换出资产（如固定资产等）的公允价值与账面价值的差额会确认为**资产处置损益**，在利润表中单独列示，是一项**非经常性损益**。

会计"大爆炸"

哦。这样一来感觉上市公司存在利用非货币性资产交换操控业绩或会计造假的可能啊。

确实是的,其实有部分上市公司已经通过相关交易安排操控业绩了。

通过非货币性资产交换进行业绩操纵实例

*ST大T公司2018年年报显示,公司归属于母公司净利润为5.8亿元,实现扭亏为赢,成功摘帽。究其原因,报告期内非货币性资产交换损益高达9.5亿元,是净利润的1.64倍。通过非货币性资产交换安排,该公司2018年"神奇"地扭亏为盈。

通过非货币性资产交换进行业绩操控手法确实很隐蔽,且监管部门也很难实锤相关企业存在业绩操控或会计造假的证据。

不要抱有侥幸心理,财政部已印发《严重违法失信会计人员黑名单管理办法(征求意见稿)》,明确未来会对违法违规、失信的会计人员施以重拳。

好棒。

不错。

第三篇 会计"麻辣烫":其他新会计准则

财政部严重违法失信会计人员黑名单制度

关于征求《严重违法失信会计人员黑名单管理办法（征求意见稿）》意见的函

财办会〔2019〕31号

各省、自治区、直辖市、计划单列市财政厅（局），新疆生产建设兵团财政局，中共中央直属机关事务管理局，国家机关事务管理局财务管理司，中央军委后勤保障部财务局，有关单位：

为加强会计人员诚信建设，对严重违法失信会计人员实施联合惩戒，根据《中华人民共和国会计法》、《国务院关于建立完善守信联合激励和失信联合惩戒制度加快推进社会诚信建设的指导意见》（国发〔2016〕33号）、《国家发展改革委人民银行关于加强和规范守信联合激励和失信联合惩戒对象名单管理工作的指导意见》（发改财金规〔2017〕1798号）等，我们起草了《严重违法失信会计人员黑名单管理办法（征求意见稿）》及说明，现印发给你们，请组织征求意见，并于2019年10月20日前将书面意见反馈至我部会计司。同时，欢迎有关方面提出宝贵意见。

联系人：财政部会计司会计人员管理处 李静

联系电话：010-68553024，68552007（传真）

电子邮箱：renyuanchu@mof.gov.cn

通讯地址：北京市西城区三里河南三巷3号 100820

附件：1. 严重违法失信会计人员黑名单管理办法（征求意见稿）
     2. 关于《严重违法失信会计人员黑名单管理办法（征求意见稿）》的说明

财政部办公厅
2019年9月19日

小白：这确实有助于完善会计人员诚信体系建设。此管理办法一出，想必未来企业业绩操控或会计造假的情况会大幅减少啊。

是的。会计人员诚信体系建设对于会计信息质量的提高至关重要。

小Z

会计"大爆炸"

嗯嗯。今天收获很大，您今天将会计与中国古典文化相结合的方式非常赞。我要继续读典故啦，感受中华古典文化的同时也希望能够像小Z老师一样从典故中发现会计之美。

很好。

嘿嘿。

其实今天通过历史典故与会计准则的结合为你今后学习会计准则提供了一个方向。

何以见得？

除了历史典故外，其他诸如日常生活司空见惯的事情也可以与会计准则相联系。

确实啊，就比如您之前将数学、"双十一"等与准则联系在一起。

是的，生活中我们需要多一些思考。

嗯嗯。

最后给你简单回顾一下今天重要的知识点吧。

重要知识点回顾

货币性资产	概念	企业持有的货币资金和收取固定或可确定金额的货币资金的权利
	举例	战国时秦赵使用的通用货币"圆钱"
非货币性资产	概念	货币性资产以外的资产
	举例	和氏璧、城池
换出和氏璧为存货	概念	以获取的城池（非现金对价）的公允价值进行初始计量
	举例	赵王以和氏璧（存货）换入城池，换入资产的成本以换入资产的公允价值为首选进行会计处理，即每座城池的公允价值
换出和氏璧为固定资产	概念	换入资产的成本以换出资产的公允价值为首选进行会计处理
	举例	换入资产的成本以和氏璧的公允价值为首选计量
商业实质	概念	换入资产的未来现金流量在风险、时间分布或金额方面与换出资产显著不同
	举例	分别位于代郡和邯郸的两栋公寓，由于地域及人口差异，其租金未来现金流量的风险显著不同。如果两栋公寓用于交换，就具有商业实质
	概念	使用换入资产所产生的预计未来现金流量现值与继续使用换出资产不同，且其差额与换入资产和换出资产的公允价值相比是重大的
	举例	安陵国和其方圆五百里土地未来现金流量在风险、时间分布和金额方面并没有显著不同。由于秦王要统一六国，获取安陵的战略价值要远大于换出五百里之地的价值。如果这笔易地交易达成，即具有商业实质
资产处置损益	概念	以公允价值为基础计量下，换出资产的公允价值与账面价值的差额
	举例	通过非货币性资产交换安排，某公司通过非货币性资产交换获得巨额收益，成功扭亏为盈

第十三章　一个打了21年的"补丁"：新债务重组准则

2019年5月16日，财政部修订发布《企业会计准则第12号——债务重组》，是财政部自1998年以来第四次修订债务重组准则。本章结合几个债务重组的实务微案例，讲述债务重组准则的前世今生，同时解析新债务重组准则核心变化及其会计处理规则。

第三篇 会计"麻辣烫":其他新会计准则

"给你一张过去的CD,听听那时我们的爱情"。

小白最近心情不错,有什么开心的事儿说出来分享分享?

还好啦。这两天沉迷各大音乐类综艺节目,随时随刻都会忍不住哼几句。

不要过度沉迷于综艺节目,音乐只能疗伤,学习才能使你充实。

嗯嗯。小Z老师,偷偷告诉您一个好消息。我可能马上就要升职加薪,走上人生巅峰了,再也不用这么辛苦啦。

怎么回事?愿闻其详……

是这样的。在我的努力下,控股股东决定豁免我们公司之前所欠债务,据说这样的话会产生巨额"**营业外收入**",公司利润将会大幅增加。领导非常高兴,准备提拔重用我。"苦媳妇终于熬成了婆啦~"

理想很丰满,现实却很骨感。还记得当年那个别人家的"中国好同学"吗?

嗯?是2015年那个ST博Y接受董事长的老同学无偿赠予8.59亿元资产的事儿吗?老师您怎么突然提起这么久远的事?

是这样的。我记得这位"中国好同学"在捐赠的同时，持有1,400股ST博Y股票，**属于公司的非控股股东**。对于该笔受赠，根据当时的会计准则，ST博Y最终认定为**权益性交易**，并将8.59亿元记入"**资本公积**"。

我没听错吧？！还有这种操作？我隐约感觉到老师您接下来要说啥了……

知我者小白也。根据2019年债务重组准则最新规定，很遗憾地告诉你，你们公司这个情况也只能算作权益性交易，产生的相关利得**不应记入"营业外收入"**，而是应记入"**资本公积**"。

准则原文《企业会计准则第12号——债务重组》

第四条（三） 债权人或债务人中的一方直接或间接对另一方持股且以股东身份进行债务重组的，或者债权人与债务人在债务重组前后均受同一方或相同的多方最终控制，且该债务重组的交易实质是债权人或债务人进行了权益性分配或接受了权益性投入的，适用权益性交易的有关会计处理规定。

权益性交易？瑟瑟发抖中……

"**权益性交易**"，是指公司与所有者之间发生的资本交易，简单理解就是公司与控股股东或非控股股东之间发生的资本交易，最终会导致所有者权益发生变动。例如，大股东豁免子公司债务，或者非控股股东"中国好同学"对ST博Y的无偿捐赠等都属于权益性交易。

第三篇　会计"麻辣烫"：其他新会计准则

小Z老师，您说的好像有瑕疵。我清楚地记得2007年有一家叫L莎股份的上市公司直接将大股东债务豁免产生的利得记入"营业外收入"。公司当年业绩公告一出，股价一路飙升，日涨幅最高达1,183.84%（交易当日无涨停板限制），创造了A股日涨幅最高纪录，引发市场广泛关注。

你年纪不大，倒也是股市"老人"了。根据当时的准则，大股东债务豁免产生的利得确实应记入"营业外收入"。L莎股份的会计处理在当时没毛病。

怎么感觉债务重组准则经常变化啊？分分钟觉得自己已经跟不上准则变化了。

债务重组准则变化确实很快，1998年以来债务重组利得时而记入"资本公积"，时而计入当期损益。

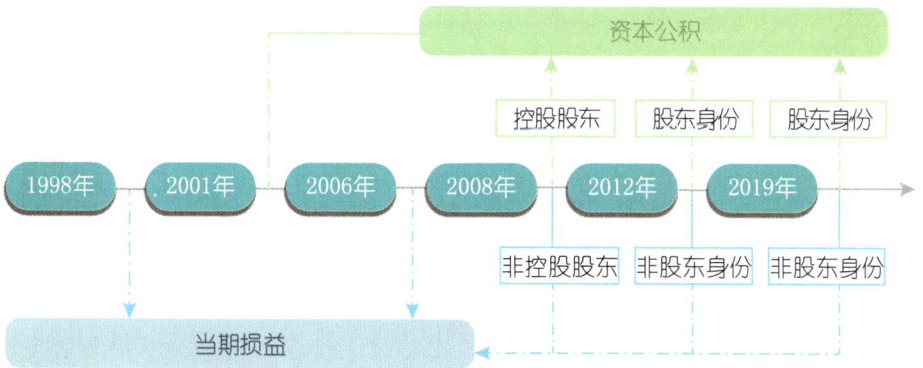

我明白了。因为L莎股份债务重组发生在2007年，当年债务重组利得应记入"营业外收入"。确实没毛病。

-197-

会计"大爆炸"

是的。当然财政部很快发现了这一漏洞,在财会函〔2008〕60号中规定:"如果接受控股股东或控股股东子公司直接或间接的捐赠,应作为**权益性交易**,相关利得计入**所有者权益(资本公积)**"。

恍然大悟啊。看来我们公司真的是无法因股东豁免债务而增加利润。这次升职加薪肯定是打水漂了。

没关系的,厚积薄发,学好了新准则,升职加薪只会迟到不会缺席的。

好吧。我只能继续靠努力学习准则改变命运了。老师您要时时督促我学习啊。

很好,孺子可教。

嘿嘿。小Z老师,我突然又想到一个问题:**债权人豁免债务后,债务人突然又还钱了还可以恢复债权吗?**

嗯?你思维可真是发散啊。

之前有媒体报道J跃亭"还款"了30亿美元,不知怎的突然产生了这么一个奇怪的想法。

竟然还有这样的事情。如此的话,债权人是可以重新恢复债权,并确认损益的。

第三篇　会计"麻辣烫"：其他新会计准则

豁然开朗了小Z老师，谢谢您的专业解答。

不客气。

重要知识点回顾

权益性交易	概念	公司与所有者之间发生的资本交易，简单理解就是公司与控股股东或非控股股东之间发生的资本交易，最终会导致所有者权益发生变动
	举例	大股东豁免子公司债务，或者非控股股东"中国好同学"对ST博Y的无偿捐赠。权益性交易产生的相关利得不应记入"营业外收入"，而是应记入"资本公积"
债权人豁免债务	概念	债权人可重新恢复债权，并确认损益等
	举例	J跃亭"还款"30亿美元

第十四章　时间都去哪儿了：国庆长假背后的会计问题

本章以国庆长假背后企业薪酬制度为切入点，围绕2014年1月27日财政部修订发布的《企业会计准则第9号——职工薪酬》，重点对新职工薪酬准则中涉及的薪酬分类、带薪缺勤、非货币性福利、离职后福利（设定提存计划与设定受益计划）等会计实务问题进行解析。

第三篇　会计"麻辣烫"：其他新会计准则

小Z老师，根据2020年节假日安排，国庆节足足有8天呐，如果加上年假，2020年国庆节非常值得期待。

呵呵。不过也不要太过于期待，每年国庆长假肯定不是堵在高速公路上，就是堵在高速路口中。

小Z老师对国庆节总结得真是入木三分！每年各大景区看到的只是人头攒动。

每年国庆黄金周各旅游景区人满为患。现行国庆长假制度下，公众集中出行，造成交通拥堵、物价疯涨、旅游投诉率剧增，人们旅游幸福感也随之受到影响。

国庆长假制度"一二三"

国庆长假制度始于1999年。相关研究表明，国庆长假的实际效果并不尽如人意，近年来对相关制度进行改革的呼声也与日俱增。QH大学蔡继M教授曾公开表示，中国不缺法定节假日，缺的是带薪休假。

是啊。我们同事现在都是利用"带薪年假"错峰旅游的。但可惜的是每年带薪年假太少，而且我们公司规定当年未休年假也不会累积到下一年度。

 会计"大爆炸"

如果真如蔡继M教授所愿,压缩国庆黄金周长假,强制要求企业增加带薪年假,那假期各旅游景区人满为患的情况很可能就会成为历史。

 好期待这一天的到来。

相关制度能否完善,主要看政府的决心,我们只能静观其变。不过谈到带薪年假,让我想到了财政部2014年修订发布的新职工薪酬准则。

 哦?您真是厉害,关于法定假日与带薪年假制度的讨论也能让您联系到会计。

你难道忘了为师经常和你说的生活中处处是会计了吗?

 当然不会忘记。不过与2006年旧准则相比,2014年新职工薪酬准则发生了哪些核心变化呢?

主要是明确了职工范围、扩展了职工薪酬的适用内涵、首次提出"短期薪酬"和"离职后福利"概念以及增设"其他长期职工薪酬"等。

 听起来很有意思。那新准则分别是如何规定的呢?

第三篇 会计"麻辣烫":其他新会计准则

新职工薪酬准则核心变化

1. 明确职工范围

    明确除与企业订立劳动合同的所有人员外,职工范围还包括虽未与企业订立合同但由企业正式任命的人员,比如独立董事、外部监事、劳务派遣人员等

2. 扩展丰富了职工薪酬的适用内涵

    对短期薪酬、离职后福利、辞退福利和其他长期职工福利的认定及其会计处理一一进行明确

3. 首次提出"短期薪酬"和"离职后福利"概念

   · 首次提出"短期薪酬"概念,规范带薪缺勤、利润分享计划(或奖金计划)的会计处理
   · 首次提出"离职后福利"概念,规范区分设定提存计划和设定受益计划的会计处理。原准则中的养老保险费、失业保险费属于设定提存计划

4. 增设"其他长期职工薪酬"

    在短期薪酬、离职后福利、辞退福利基础上,引入其他长期职工福利(如长期带薪缺勤、长期利润分享计划),完整地规范与职工薪酬相关的会计处理

关于职工范围,准则明确职工除了与企业订立劳动合同的人员之外,还包括**虽未与企业订立劳动合同但由企业正式任命的人员**,如独立董事、外部监事、劳务派遣工等。

小Z

准则原文:《企业会计准则第9号——职工薪酬》

第三条 本准则所称职工,是指与企业订立劳动合同的所有人员,含全职、兼职和临时职工,也包括虽未与企业订立劳动合同但由企业正式任命的人员。

未与企业订立劳动合同或未由其正式任命,但向企业所提供服务与职工所提供服务类似的人员,也属于职工的范畴,包括通过企业与劳务中介公司签订用工合同而向企业提供服务的人员。

小白

那根据新职工薪酬准则,我们公司那些属于劳务派遣人员的保安大哥们,也和我们一样属于公司职工咯?

会计"大爆炸"

是的。根据准则，**劳务派遣人员**也属于职工范畴。

 嗯嗯。还有您刚才说的新准则扩展了职工薪酬的适用内涵是什么意思呢？

新职工薪酬准则重点对**短期薪酬、离职后福利、辞退福利和其他长期职工福利**的认定及会计处理一一进行了明确。

 短期薪酬和离职后福利都有哪些规定啊？感觉和我息息相关呢。

关于短期薪酬，最常见的有基本工资、奖金、补贴、职工福利费，以及其他短期职工福利等。

短期薪酬构成：
- 职工工资、奖金、津贴和补贴
- 职工福利费
- 医疗保险费和工伤保险费等社会保险费
- 住房公积金
- 工会经费和职工教育经费
- 短期带薪缺勤
- 短期利润分享计划
- 非货币性福利
- 其他短期薪酬

第三篇 会计"麻辣烫":其他新会计准则

短期薪酬还真是包罗万象呐。那准则中提及的带薪缺勤是不是就是刚才说的带薪年假?

是的。根据新职工薪酬准则,关于带薪缺勤有累积和非累积两种模式。

准则原文:《企业会计准则第9号——职工薪酬》

第八条 带薪缺勤分为累积带薪缺勤和非累积带薪缺勤。企业应当在职工提供服务从而增加了其未来享有的带薪缺勤权利时,确认与累积带薪缺勤相关的职工薪酬,并以累积未行使权利而增加的预期支付金额计量。企业应当在职工实际发生缺勤的会计期间确认与非累积带薪缺勤相关的职工薪酬。

累积带薪缺勤,是指带薪缺勤权利可以结转下期的带薪缺勤,本期尚未用完的带薪缺勤权利可以在未来期间使用。

非累积带薪缺勤,是指带薪缺勤权利不能结转下期的带薪缺勤,本期尚未用完的带薪缺勤权利将予以取消,并且职工离开企业时也无权获得现金支付。

累积带薪缺勤制度下,**带薪缺勤权利可结转至下期**,即本期尚未行使的带薪缺勤权利可在未来期间使用。

我们公司带薪缺勤属于非累积模式,应如何进行会计处理呢?

非累积带薪缺勤制度下,带薪缺勤权利不能结转下期,**本期尚未行使的带薪缺勤权利将予以取消,但需在年末以三倍工资补偿。**因为不存在跨期问题,并不涉及明细科目。

关于带薪缺勤会计处理实例

小黄在一家国企任财务人员。公司实行累积带薪缺勤制。该制度规定，每个职工每年可享受10天的带薪年假，未享受的年假只能向后结转1个会计年度。超过1年未行使的带薪年休假权利作废，累积未行使的带薪缺勤权利可以获得相应的现金支付。假设小黄日平均工资为300元，小黄本年度尚有3天带薪年假未享受。

①预计因未享受累积带薪缺勤而导致的预期支付金额：
借：管理费用（300×3）   900
　　贷：应付职工薪酬——累积带薪缺勤（300×3） 900

②小黄如在下一年享受了12天带薪年休假（含上一年度结转的2天），则需冲抵上一年结转的累积带薪缺勤：
借：应付职工薪酬——累积带薪缺勤（300×2） 600
　　贷：银行存款（300×2）   600

③尚余一天的带薪年休假未行使，企业需给予现金补偿。根据国务院规定，对于职工应休未休假天数，企业应当按照该职工日工资收入的300%支付年假工资报酬：
借：管理费用   600
　　应付职工薪酬——累积带薪缺勤   300
　　贷：银行存款（300×1×300%）   900

累积带薪缺勤与非累积带薪缺勤制度	累积带薪缺勤	带薪缺勤权利可结转至下期，即本期未行使的带薪缺勤权利可在未来期间使用
	非累积带薪缺勤	带薪缺勤权利不能结转下期，本期未行使的带薪缺勤权利将予以取消

明白啦。公司今年国庆节发了一桶自产自销的食用油作为节日慰问品。这一桶食用油是不是也属于职工薪酬？

是的。这一桶食用油属于职工薪酬中的**非货币性福利**。

关于非货币性福利实例

国庆节期间,公司给小花发了一桶自产自销的食用油作为职工节日福利,该桶食用油市场价每桶200元,成本每桶180元。该职工福利属于非货币性福利,公司应当将食用油视同销售处理,按照公允价值确认收入,同时结转产品成本。

借:管理费用　　　　　　　　　　　　　　　218
　　贷:应付职工薪酬　　　　　　　　　　　　　218
借:应付职工薪酬　　　　　　　　　　　　　218
　　贷:主营业务收入　　　　　　　　　　　　　200
　　　　应交税费——应交增值税(销项税额)(200×9%)18
借:主营业务成本　　　　　　　　　　　　　180
　　贷:库存商品　　　　　　　　　　　　　　　180

实务中此案例还须重点关注:

◎ 该项业务中涉及的税费,应按食用油9%税率缴纳增值税,计税价格视同销售价格200元。此外,企业还需计算企业所得税。

◎ 小花应将所获食用油视为薪酬所得,以218元为计税基础缴纳个人所得税。

◎ 以上非货币性福利支付业务,必须通过"应付职工薪酬"会计科目过渡的目的,是为了满足薪酬核算"雁过留痕"原则。

那关于非货币性福利的会计处理主要依据新职工薪酬准则哪项规定呢?

 会计"大爆炸"

主要是新职工薪酬准则第六条相关规定。

准则原文：《企业会计准则第9号——职工薪酬》

第六条 企业发生的职工福利费，应当在实际发生时根据实际发生额计入当期损益或相关资产成本。职工福利费为非货币性福利的，应当按照公允价值计量。

 棒！还有一个问题：对于员工最基本的福利保障"四险一金"，它的各个项目也都属于短期薪酬吧？

并不完全是，"四险一金"中医疗保险、工伤保险和住房公积金属于短期薪酬，而**基本养老保险**、**失业保险**则属于离职后福利。

五险一金的划分

短期薪酬
- 医疗保险
- 工伤保险
- 住房公积金

离职后福利
- 基本养老保险
- 失业保险

Tips

人社部2016年7月6日发布《人力资源和社会保障事业发展"十三五"规划纲要》提出将生育保险和基本医疗保险合并实施,要求"完善生育保险政策,实行生育保险与基本医疗保险参保人员登记、缴费、管理、经办、信息系统统一"。根据《纲要》,传统"五险一金"将改称为"四险一金"。

您刚才说离职后福利也是新职工薪酬准则核心变化之一,它具体是什么呢?

离职后福利是新职工薪酬准则首次提出的概念。新准则主要通过区分**设定提存计划**和**设定受益计划**,对离职后福利的会计处理进行了较为完整的规范。

准则原文:《企业会计准则第9号——职工薪酬》

第十一条　企业应当将离职后福利计划分类为设定提存计划和设定受益计划。

离职后福利计划,是指企业与职工就离职后福利达成的协议,或者企业为向职工提供离职后福利制定的规章或办法等。其中,设定提存计划,是指向独立的基金缴存固定费用后,企业不再承担进一步支付义务的离职后福利计划;设定受益计划,是指除设定提存计划以外的离职后福利计划。

第十二条　企业应当在职工为其提供服务的会计期间,将根据设定提存计划计算的应缴存金额确认为负债,并计入当期损益或相关资产成本。

根据设定提存计划,预期不会在职工提供相关服务的年度报告期结束后十二个月内支付全部应缴存金额的,企业应当参照本准则第十五条规定的折现率,将全部应缴存金额以折现后的金额计量应付职工薪酬。

会计"大爆炸"

设定提存计划和设定受益计划是什么呢?感觉很复杂的样子。

设定提存计划,**简称DC法**,是指企业向单独主体(如社保经办机构)缴存固定费用后,不再承担进一步支付义务的离职后福利计划。它的计提数是固定的,而受益数是变动的,雇主承担有限责任。DC法下账务处理相对简单,企业只需**按照缴纳数每年承担相关成本费用**。

准则原文:《企业会计准则第9号——职工薪酬》

第十二条 企业应当在职工为其提供服务的会计期间,将根据设定提存计划计算的应缴存金额确认为负债,并计入当期损益或相关资产成本。

根据设定提存计划,预期不会在职工提供相关服务的年度报告期结束后十二个月内支付全部应缴存金额的,企业应当参照本准则第十五条规定的折现率,将全部应缴存金额以折现后的金额计量应付职工薪酬。

那设定受益计划又是什么呢?我在一家国有控股上市公司做财务工作,近期有一家猎头公司向我提供了一外企的Offer,这家外企会为我提供一份设定受益养老计划。小Z老师快给我普及一下什么是设定受益计划吧!

设定受益计划,**简称DB法**。其主要是根据未来职工固定或可确定的受益水平精算每期的缴费金额。与DC相反,其每期计提数需经过精算,但职工在退休后每期所能获得的退休金是固定或可确定的,雇主承担无限责任。

第三篇　会计"麻辣烫"：其他新会计准则

DB法与DC法辨析

 DB法　　　　　 DC法

	概念	
设定受益计划，主要是根据未来职工固定或可确定的受益水平来精算每期的缴费金额		设定提存计划，指企业向单独主体（如社保经办机构）缴存固定费用后，不再承担进一步支付义务的离职后福利计划

	特征	
· 每期的计提数需经过精算 · 职工在退休后每期所能获得的退休金是固定或可确定的 · 雇主承担无限责任		· 计提数固定 · 受益数变动 · 雇主承担有限责任

	应用	
· 中国外资企业常见 · 补充养老保险（某种情形下） · 国企改制前退休干部的固定补贴		基本养老保险、失业保险基本属于DC法

那关于DB法的会计处理主要依据新职工薪酬准则哪项规定呢？

主要是新职工薪酬准则第十四条和第十五条的相关规定。

准则原文：《企业会计准则第9号——职工薪酬》

第十四条　企业应当根据预期累计福利单位法确定的公式将设定受益计划产生的福利义务归属于职工提供服务的期间，并计入当期损益或相关资产成本。

第十五条　企业应当对所有设定受益计划义务予以折现，包括预期在职工提供服务的年度报告期间结束后的十二个月内支付的义务。折现时所采用的折现率应当根据资产负债表日与设定受益计划义务期限和币种相匹配的国债或活跃市场上的高质量公司债券的市场收益率确定。

-213-

 会计"大爆炸"

关于DB法会计应用的大例子

一、例子梗概

小林硕士毕业后被一家外企录用,该外企向小林提供了一份设定受益养老计划(DB法)。根据该计划,小林今年25岁,在该外企工作满40年后,其每年可获得固定的12万元养老金,直至去世。精算师在当前环境下依据统计数据假定小林将领取养老金至85岁去世。在精算师假定基础上,以折现率为10%进行计算。小林在65岁退休时预计养老金总额的现值为102万元。

根据新职工薪酬准则第十四条,企业需要对102万元福利总额按照"**预期累计福利单位法**"在小林任职期间分摊为相关成本费用。所谓"**预期累计福利单位法**"又称为"等额终值法",即每年分摊的预期福利终值相等(在小林65岁时)。

二、DB法原理示意图

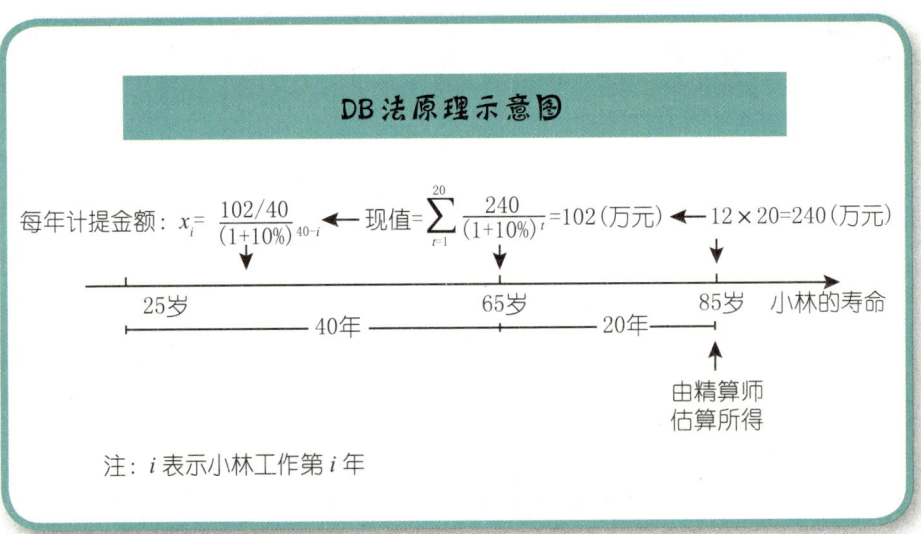

DB法原理示意图

每年计提金额:$x_i = \dfrac{102/40}{(1+10\%)^{40-i}}$ ← 现值 $\sum_{t=1}^{20} \dfrac{240}{(1+10\%)^t} = 102$(万元) ← $12 \times 20 = 240$(万元)

25岁 —— 40年 —— 65岁 —— 20年 —— 85岁 小林的寿命

由精算师估算所得

注:i表示小林工作第i年

三、DB法会计处理

(一)小林在职时会计分录

◎小林工作年数为40年,根据等额终值法,小林在职时每年应计提的金额应为:以第1年为例,$x_1 = (102/40)/1.13^9 = 0.062$万元。则小林工作的第1年应提取的福利金额为0.062（万元）。

借：管理费用　　　　　　　　　　　　　　　　　0.062
　　贷：应付职工薪酬——设定受益计划——小林　　0.062

◎小林在职时每年年末，需计提财务费用。财务费用应计提的金额为设定受益计划负债的期初余额乘以贴现利率。第2年期初"应付职工薪酬——设定受益计划——小林"余额为0.062万元，则在第2年年末需计提的财务费用为0.0062万元（0.062×10%）。

借：财务费用　　　　　　　　　　　　　　　　　0.0062
　　贷：应付职工薪酬——设定受益计划——小林　　0.0062

◎重新计量设定受益计划，其产生的变动应计入其他综合收益。若精算师认定应调增受益计划：

借：其他综合收益　　　　　　　　　　　　　　　×××
　　贷：应付职工薪酬——设定受益计划——小林　　×××

若精算师认定应调减受益计划：

借：应付职工薪酬——设定受益计划——小林　　　×××
　　贷：其他综合收益　　　　　　　　　　　　　×××

（二）小林退休后会计分录

◎在小林退休后，每年还需计提财务费用。财务费用同样为设定受益计划负债的期初余额乘以贴现利率。小林65岁退休时，其"应付职工薪酬——设定受益计划——小林"余额为102万元，以退休后第1年为例，在退休后第1年年末需计提的财务费用为10.2万元（102×10%）。

借：财务费用　　　　　　　　　　　　　　　　　10.2
　　贷：应付职工薪酬——设定受益计划——小林　　10.2

◎退休后每年发放养老金：

借：应付职工薪酬——设定受益计划——小林　　　12
　　贷：银行存款　　　　　　　　　　　　　　　12

◎重新计量设定受益计划，产生的变动依旧计入其他综合收益。若精算师认定应调增受益计划：

借：其他综合收益　　　　　　　　　　　　　　　×××
　　贷：应付职工薪酬——设定受益计划——小林　　×××

若精算师认定应调减受益计划：

借：应付职工薪酬——设定受益计划——小林　　　×××
　　贷：其他综合收益　　　　　　　　　　　　　×××

会计"大爆炸"

小Z老师,如果小林真如同估计的一样领取养老金至85岁去世,"应付职工薪酬——设定受益计划——小林"的科目余额是不是会变为0?

是的。但在实务中,DB法养老金计算中的寿命和折现率等精算假定都是企业自行估计的,随着时间的推移,寿命等估计参数也会发生变化。

如果估计参数、方法发生变化,则应付职工薪酬金额也会随之改变。这样岂不是给企业利用职工薪酬进行业绩操控提供了空间?

这个业绩操控空间已经被新职工薪酬准则堵住了。根据新职工薪酬准则第十六条,重新计量设定受益计划净负债或净资产所产生的变动需计入**其他综合收益**,且在后续会计期间**不允许转回至损益**。

准则制定者充满了智慧啊。小Z老师,讲了这么多理论知识,DB法和DC法在现实中是如何应用的呢?

我国的**基本养老保险、失业保险属于DC法**,这也是我国目前使用最广泛的养老保险制度。

那DB法呢?

主要有三种:一是在中国的外资企业;二是补充养老保险(某种情形下);三是国企改制前退休干部的固定补贴。

第三篇　会计"麻辣烫"：其他新会计准则

这样看来，适用于DC法的基本养老保险计提数是固定的，但受益数却是变动的，这就有可能使养老金结余耗尽。而DB法计提金额经过了精算，仿佛比DC法更科学合理啊。

非也。针对我国人口老龄化所带来的潜在养老金不足问题，国家正在超前布局，未雨绸缪。如2019年9月25日，财政部已将持有农行、工行共计259亿元股份划转给全国社保基金理事会，合计1,151亿元。

为国家的超前精准布局点赞。看来在祖国强大的支持下，国有企业远比外资企业稳定呀！

是的。国有企业工作稳定、福利体系完善，是我们从业的较好选择。

您说得太精辟了！

此外，根据现行国企改革方案，国企员工工资将是年薪制，等在单位工作了特定年限之后可以享受利润分享计划，按照净利润一定比例获取奖金。而企业管理者，更可能会享受到股权激励这一重要福利。可以说，你在国企的发展前景是十分光明的。

股权激励？还有这样的神操作？

-217-

没错,股权激励也是一种广义的薪酬形式,有助于实现个人价值和企业价值同步提升。国资委发布的《国有控股上市公司(境内)实施股权激励试行办法》和财政部发布的《企业会计准则第11号——股份支付》,为股权激励提供了制度保障。

看来随着国有企业改革进程的不断推进,职工福利体系可能会越来越完善,在国企工作想想都幸福呢!

重要知识点回顾

职工薪酬	概念	除与企业订立劳动合同的所有人员外,职工范围还包括虽未与企业订立合同但由企业正式任命的人员
	举例	企业管理者、员工等;独立董事、外部监事、劳务派遣人员等
短期薪酬	概念	企业在职工提供相关服务的年度报告期间结束后十二个月内需要全部予以支付的职工薪酬,因解除与职工的劳动关系给予的补偿除外
	举例	职工工资、奖金、津贴和补贴,职工福利费,医疗保险费、短期带薪缺勤,短期利润分享计划,非货币性福利以及其他短期薪酬
设定提存计划	概念	简称DC法,是指企业向单独主体(如社保经办机构)缴存固定费用后,不再承担进一步支付义务的离职后福利计划
	举例	企业计提数是固定的,而受益数是变动的,雇主承担有限责任。DC法下账务处理相对简单,企业只需要按照缴纳数每年承担相关成本费用
设定受益计划	概念	简称DB法。其主要是根据未来职工固定或可确定的受益水平来精算每期的缴费金额
	举例	与DC相反,其每期计提数需经过精算,但职工在退休后每期所能获得的退休金是固定或可确定的,雇主承担无限责任

第十五章　财报的秘密：华W创新之谜

2019年10月22日，华W首只境内债券发行成功，发行利率堪比超AAA级央企，引发市场广泛关注。华W债券受投资者疯抢的背后是市场对于华W以研发为核心，以创新驱动公司可持续发展战略的高度认可。本章透过华W公司2019年中期财务报告，揭开其创新的神秘面纱，同时解析2019年财政部最新财务报表格式要求关于企业创新业务的报表编制方法。

第三篇 会计"麻辣烫":其他新会计准则

小Z老师,近日华W公司首只境内债发行成功引爆了沉闷的债券市场,2019年"网红债"就此诞生。

是的。30亿元债券遭近百亿资金疯狂认购,其3年期债券发行利率最终仅为3.48%,可与超AAA级央企债券相媲美。

想想都激动。

这是投资人对华W公司高度认可的市场化选择结果。

华W是怎么做到的啊?

先来简单回顾一下华W的发展历程。

1987年	1997年	2008年	2011年	2014年	2018年
创立于深圳,起初是一家生产用户交换机公司的销售代理	推出无线GSM解决方案,主打国内市场	被商业周刊评为全球十大最有影响力的公司	发布GigaSite解决方案和泛在超宽带网络架构U2Net。建设20个云计算数据中心	在全球9个国家建立5G创新研究中心,智能手机发货量超过7,500万台	发布基于3GPP标准的端到端全系列5G产品解决方案。全年全球销售收入首超千亿美元

1990年	1999~2001年	2009年	2013年	2017年
开始自主研发面向酒店与小企业的PBX技术并进行商用	在印度、瑞典、美国设立多个研发中心,并开拓海外市场	成功交付全球首个LTE/EPC商用网络,获得的LTE商用合同数居全球首位	发布5G白皮书,积极构建5G全球生态图	在云计算、大数据、企业园区、数据中心、物联网等领域,不断强化产品与解决方案创新

华W发展历程图

嗯嗯。

-221-

会计"大爆炸"

哇!感觉华W的持续发展全靠创新驱动啊。每个重大事件都与创新密切相关。

是的。华W每年会将10%以上的销售收入投入基础科研,以创新驱动业务增长。

是啊。华W公司2019年中期财务报告显示,其研发费用占销售收入比已达14.27%。可以看出在研发投入方面华W真的是豪气。

嗯。其实除了你刚才所说的研发投入占收入比之外,透过财务报表其他科目我们也可以看出华W以创新为核心发展战略的一些端倪。

那通过财务报表具体能看出什么来呢?

为师就给你详细解读一下华W公司2019年中期财务报告,带你发现华W创新的秘密。

好啊好啊。

首先来看利润表。2019年上半年华W营业收入增长率为22.9%,毛利率为38.89%。说明贸易战并没有压垮华W,在美国"纸老虎"的"围追堵截"下,其依然保持较高市场份额,实现持续发展。

第三篇　会计"麻辣烫"：其他新会计准则

 华W公司2019年半年度合并利润表项目　　　　　单位：千元

项目	2019年1~6月	2018年1~6月
销售费用	-35,647,691	-27,145,240
管理费用	-17,629,666	-14,983,068
研发费用	-56,596,722	-43,527,959
财务费用	372,246	1,101,365
加：其他收益（损失以"-"填列）	7,211,029	5,623,422
投资收益（损失以"-"填列）	159,582	201,312
公允价值变动收益（损失以"-"填列）	-135,026	501,410
资产处置收益（损失以"-"填列）	-5,184	833,718
减：所得税费用	-8,728,055	-7,832,260

为华W点赞。

再来看一下研发费用。

小Z老师，华W利润表是不是披露内容有误啊。据我所知，利润表中一般不只有"三费"项目吗？难道是华W为了凸显其研发投入的成绩？

非也。根据财政部2019年最新财务报表填报要求，**研发费用已从管理费用中独立出来**。这也是在我国即将进入工业2025时代，高层为便利投资者分析企业科研活动的重要举措。

这样子啊，明白啦！

从报表来看，华W研发费用占收入比高达14.27%，而同期L想集团不足3%，两组数字对比可见一斑。

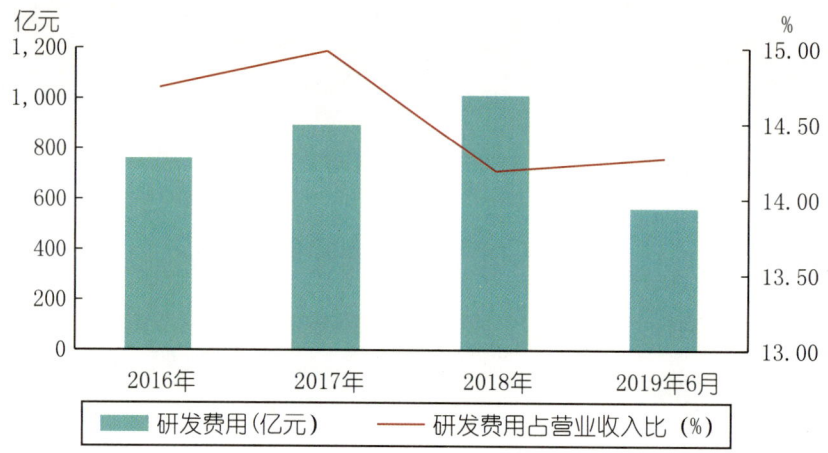

华W公司2016~2019年6月研发费用

我看华W的销售费用占营业收入8.99%也很高啊，这说明什么呢？

销售费用高企说明公司在**销售渠道建设**、**售后服务保障**等方面也做足了功夫。你没发现现在每部华W手机都会免费赠送客户一个手机壳吗？

这足可体现出华W注重每个细节，在客户体验方面做出了极大努力。

第三篇 会计"麻辣烫":其他新会计准则

你说得很有道理。

那管理费用和财务费用呢?

管理费用和财务费用分别占营业收入4.45%、0.67%,说明华W管理方面开支较少,债务负担较轻。

明白啦。

投资收益、公允价值变动收益、资产处置收益占比分别为0.04%、0.03%、0.001%。这也从一个侧度说明华W较少涉足资本运作,专攻科研主业。此外,**其他收益**的72.11亿元可能是因研发活动收到的政府补助。

准则原文:《企业会计准则第16号——政府补助》

第十条 对于同时包含与资产相关部分和与收益相关部分的政府补助,应当区分不同部分分别进行会计处理;难以区分的,应当整体归类为与收益相关的政府补助。

第十一条 与企业日常活动相关的政府补助,应当按照经济业务实质,计入其他收益或冲减相关成本费用。与企业日常活动无关的政府补助,应当计入营业外收支。

感觉与华W相比,那些偏离主业、大搞多元化投资、热衷资本运作,最终业绩爆雷的公司会相当自惭形秽。

是的。最后来看所得税费用，其与利润之比为20%，说明公司可能**获得了税收优惠**，导致实际税率低于法定税率。

三部委关于提高研究开发费用税前加计扣除比例的通知

关于提高研究开发费用税前加计扣除比例的通知

财税〔2018〕99号

各省、自治区、直辖市、计划单列市财政厅（局）、科技厅（局），国家税务总局各省、自治区、直辖市、计划单列市税务局，新疆生产建设兵团财政局、科技局：

为进一步激励企业加大研发投入，支持科技创新，现就提高企业研究开发费用（以下简称研发费用）税前加计扣除比例有关问题通知如下：

一、企业开展研发活动中实际发生的研发费用，未形成无形资产计入当期损益的，在按规定据实扣除的基础上，在2018年1月1日至2020年12月31日期间，再按照实际发生额的75%在税前加计扣除；形成无形资产的，在上述期间按照无形资产成本的175%在税前摊销。

二、企业享受研发费用税前加计扣除政策的其他政策口径和管理要求按照《财政部 国家税务总局 科技部关于完善研究开发费用税前加计扣除政策的通知》（财税〔2015〕119号）、《财政部 税务总局 科技部关于企业委托境外研究开发费用税前加计扣除有关政策问题的通知》（财税〔2018〕64号）、《国家税务总局关于企业研究开发费用税前加计扣除政策有关问题的公告》（国家税务总局公告2015年第97号）等文件规定执行。

财政部 税务总局 科技部

2018年9月20日

经您这么一分析，复杂的报表数字瞬间活灵活现了，华W的整体战略也跃然脑间。

很好。接下来给你分析一下华W的资产负债表。首先是货币资金，货币资金高达2,497.31亿元，占总资产比为35.39%。说明公司**现金充沛**，可抵御潜在流动性风险。

 **华W公司2019年半年度合并资产负债表项目**　　单位：千元

项目	2019年6月30日	2018年12月31日
货币资金	249,731,035	184,087,321
交易性金融资产	14,625,815	57,670,328
应收款项融资	5,196,406	6,227,971
应收票据	19,306,577	4,531,121
应收账款	66,433,161	81,235,538
其他债权投资	920,126	17,607,223
其他权益工具投资	732,669	616,994
无形资产	16,622,134	14,482,526
商誉	485,602	376,839

货币资金确实很高啊。

此外，容易产生坏账的应收票据、应收账款占总资产比分别只有2.74%、9.41%，相对较小。

确实好低的比例。

金融资产投资、长期股权投资金额也较小，再次说明公司**较少涉及资本市场投资运作**。此外，商誉金额仅为4.85亿元，占总资产比仅0.069%，说明公司创新主要源于**自身研发，而非外部并购**。

会计"大爆炸"

 根据报表情况,我猜华W已经实施了最新的金融工具准则。

很正确。

金融资产分类及其报表填列

交易性金融资产		以公允价值计量且其变动计入当期损益的金融资产
应收款项融资		以公允价值计量且其变动计入其他综合收益的金融资产
其他债权投资		以公允价值计量且其变动计入其他综合收益的金融资产
其他权益工具投资		以公允价值计量且其变动计入其他综合收益的金融资产

 很奇怪小Z老师,公司并没有在资产负债表中披露"开发支出"这一资产项目哦。

想必是记入"无形资产"科目了。

 这样啊。无形资产占总资产比仅有2.36%这么低?和上面的研发费用高企不一致啊。这是怎么回事?

可能是华W重视基础科研,雇用大量科学家攻关重大科技项目但未满足开发支出和无形资产确认条件,只能根据准则计入研发费用。也可能是华W利用研发费用可加计扣除的税收优惠政策进行税收筹划。

第三篇 会计"麻辣烫":其他新会计准则

准则原文:《企业会计准则第6号——无形资产》

第七条 企业内部研究开发项目的支出,应当区分研究阶段支出与开发阶段支出。

研究是指为获取并理解新的科学或技术知识而进行的独创性的有计划调查。

开发是指在进行商业性生产或使用前,将研究成果或其他知识应用于某项计划或设计,以生产出新的或具有实质性改进的材料、装置、产品等。

第八条 企业内部研究开发项目研究阶段的支出,应当于发生时计入当期损益。

第九条 企业内部研究开发项目开发阶段的支出,同时满足下列条件的,才能确认为无形资产:

(一)完成该无形资产以使其能够使用或出售在技术上具有可行性;

(二)具有完成该无形资产并使用或出售的意图;

(三)无形资产产生经济利益的方式,包括能够证明运用该无形资产生产的产品存在市场或无形资产自身存在市场,无形资产将在内部使用的,应当证明其有用性;

(四)有足够的技术、财务资源和其他资源支持,以完成该无形资产的开发,并有能力使用或出售该无形资产;

(五)归属于该无形资产开发阶段的支出能够可靠地计量。

有关研发支出的相关确认计量规则,请见下图。

嗯嗯。

主要分为研究阶段和开发阶段,不同阶段会计处理大不相同。

会计"大爆炸"

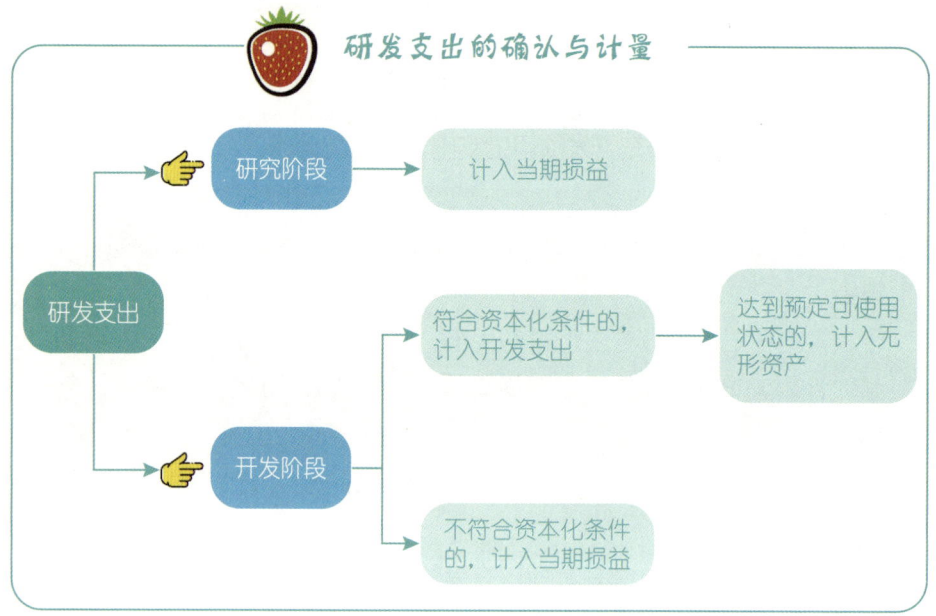

研发支出的确认与计量

- 研发支出
  - 研究阶段 → 计入当期损益
  - 开发阶段
    - 符合资本化条件的,计入开发支出 → 达到预定可使用状态的,计入无形资产
    - 不符合资本化条件的,计入当期损益

小白：怎么感觉研究阶段和开发阶段的确认需要大量的主观判断啊？

小Z：的确。与华W不同的是，实务中有部分公司欲通过**过度资本化虚增无形资产的同时，减少期间费用**，实现"一箭双雕"。但这样会因无法享受研发费用加计扣除的税收优惠政策而损害企业价值。

小白：呵呵。毕竟这样做也要付出成本的啊。

小Z：是的

小白：嘿嘿。

第三篇　会计"麻辣烫"：其他新会计准则

利用无形资产相关计量规则进行业绩操控实例

案例一：

2017年，Y望谷因将生产性非正常物料消耗计入开发支出，予以资本化虚增利润，受到深圳证监局的处罚。证监局责令整改决定书显示，公司2012年将1,137.82万元的生产性非正常消耗的物料计入开发支出，而非按照准则规定直接计入当期损益，虚增资产（开发支出）1,137.82万元，影响当期净利润967.15万元。

案例二：

大名鼎鼎的L视网，曾因涉嫌虚增无形资产受到市场质疑。根据L视网财务报表，其2014~2016年三年研发支出资本化比例都超过50%，2014年和2015年更是接近60%，异常高于同行业其他企业。

这么说来，如果一个公司开发支出项目异常高或突然大幅增长的话，需要我们特别关注咯？

非常正确。接下来再看负债和所有者权益。华W资产负债率为65.21%，有息负债占负债比只有20%左右，财务杠杆较为合理。此外，应付账款高达1,114.45亿元，结合"应收账款+应付账款"来看，华W具有较强的市场竞争地位。

好神奇的样子。

是的。

-231-

 **华W公司2019年半年度合并资产负债表项目**　　　　单位：千元

项目	2019年6月30日	2018年12月31日
短期借款	14,891,505	2,778,748
应付票据	1,864,004	2,599,376
应付账款	111,445,407	94,319,791
长期借款	43,511,388	35,502,551
应付债券	30,782,363	30,667,165

简直太赞了。

最后来看现金流量表。2019年上半年，华W经营活动、投资活动、筹资活动产生的现金流量净额分别为54.48、126.27、34.72亿元，期末现金及现金等价物余额达2,070.02亿元。虽持巨额现金，但投资和筹资现金流净额保持正常水平，说明华W发展战略以**创新为核心**，并未盲目多元化投资。

 华W公司2019年半年度合并现金流量表项目　　　　单位：千元

项目	2019年1~6月	2018年1~6月
经营活动产生的现金流量净额	5,448,317	−10,551,758
投资活动产生的现金流量净额	12,626,767	−24,132,042
筹资活动产生的现金流量净额	3,471,711	−3,268,864
五、现金及现金等价物净增加额	22,896,052	−37,773,045
加：期初现金及现金等价物余额	184,106,026	175,346,530
六、期末现金及现金等价物余额	207,002,078	137,573,485

第三篇 会计"麻辣烫":其他新会计准则

简直是华丽丽的财报啊。通过您的解读,对华W以创新为核心的发展战略有了更清晰深刻的认识。

很好。从华W的发展战略可以看出,未来我国核心竞争力最终要靠科技人才储备的深度与广度,国家需要大力发展基础科学。

插播两条华W创新与数学家的小故事

故事一:华W 3G与俄罗斯数学家小伙

在华W,有一个俄罗斯小伙不会谈恋爱,只会做数学,来到华W十几年天天在玩电脑。有一次任正F给他发放院士牌时跟他讲话,小伙子也是三个"嗯,嗯,嗯"就完了。但是,有一天这位俄罗斯小伙子突然跑过来告诉任正F,他把2G到3G的算法突破了,华W马上在上海进行实验,最终取得了3G技术的专利,领先全世界。

故事二:华W 5G与"Polar码之父"Arikan

5G来源于十几年前土耳其Arikan教授的一篇Polar码论文。当年论文发表后两个月,华W便发现了这篇论文,立即组织上千人认真解析,最终根据这篇论文提出相关理论,取得5G技术相关专利。此后,华W为5G极化码(Polar码)发现者、土耳其Arikan教授颁发了特别奖。

科学技术是第一生产力,只有大力发展科学才是硬道理啊。

非常正确。

-233-

会计"大爆炸"

习近平总书记明确区块链技术的集成应用在新的技术革新和产业变革中起着重要作用,决定要将区块链作为核心技术自主创新的重要突破口,未来区块链井喷发展已成大势所趋。

好棒啊。那区块链会涉及哪些会计问题呢?

为师仔细梳理一下相关问题,有机会给你详细讲解。

好期待哦~

重要知识点回顾

研发费用	科目设置	研发费用已从管理费用中独立出来,"三费"变"四费"
	举例	2019年半年报显示,华W公司研发费用占收入比高达14.27%
政府补助	科目设置	与企业日常活动相关的政府补助,记入"其他收益"或冲减相关成本费用;与企业日常活动无关的政府补助,应当计入营业外收支
	举例	华W公司2019年半年报显示,"其他收益"的72.11亿元可能是因研发活动收到的政府补助
研究阶段和开发阶段的确认	科目设置	○研究阶段:应当于发生时计入当期损益,记入"研发费用" ○开发阶段:满足一定条件确认无形资产,记入"无形资产"。未满足无形资产确认条件的开发支出,记入"开发支出"
	举例	部分公司欲通过过渡资本化方式虚增无形资产的同时,减少期间费用,实现"一箭双雕"

第十六章 补贴之惑 vs 补贴之锅：政府补助那些事儿

2019年三季报陆续披露之际，部分上市公司因政府补助减少导致"业绩变脸"引发市场广泛关注。本章透过几个上市公司热点案例对上述情况进行解析，同时结合2017年5月10日财政部新修订发布的《企业会计准则第16号——政府补助》，详细讲解政府补助特征、分类、确认、计量、列报等会计实务问题。

第三篇 会计"麻辣烫":其他新会计准则

小Z老师,华W折叠屏手机在2019年11月15日10:08开售了。

实属不易,不过近2万元的价格也让许多人"望机却步"。

是啊。像我这种"月光族"也只能去实体店体验一下了。

呵呵。这款手机确实值得去现场体验,尤其是它那长达8英寸的折叠展开屏。

想想都期待。不过听说这款手机的折叠屏并不是由传统手机屏幕制造商S星提供,而是来自我国的一家上市公司?

没错,它就是J东方,是华W的战略合作伙伴之一。凭借与华W的深度合作,J东方近年来在手机屏生产领域取得了较快的发展。

咦?这段时间上市公司集中披露的2019年三季报显示,有部分公司因政府补助减少而出现"业绩变脸"。貌似J东方也是其中之一啊。

你说的没错。

该公司2019年三季报显示,虽然归属于母公司股东净利润为1.84亿元,但这其中收到的政府补助竟高达14.33亿元,导致其扣除非经常性损益后的净利润亏损8.4亿元。

-237-

嗯。纵观J东方近几年年报，净利润之所以勉强为正，主要依靠政府补助，但从净利润中将政府补助扣除后，其仅实现微利，甚至亏损。

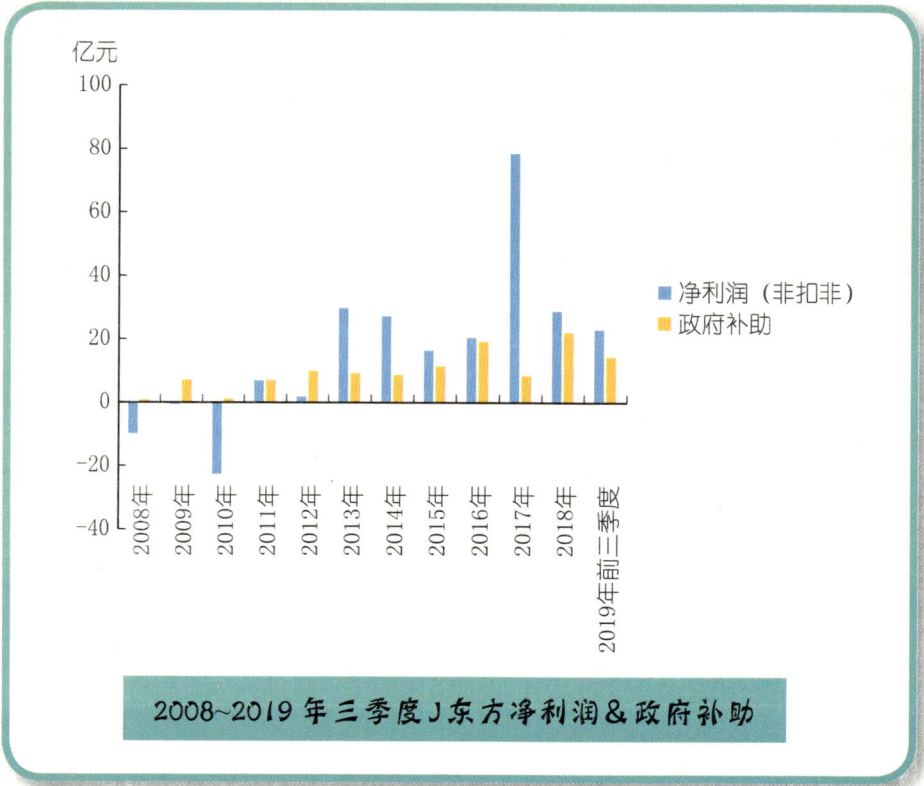

2008~2019年三季度J东方净利润&政府补助

好神奇的政府补助。

是的。为鼓励相关行业发展，政府会以财政拨款、财政贴息、税收返还等方式对符合一定条件的企业予以补贴支持。下图列示了近10年来A股各行业累计收到政府补助金额的排名情况，可以看出排名靠前的行业均与科研相关，这也体现出国家对科研的高度重视。

第三篇 会计"麻辣烫":其他新会计准则

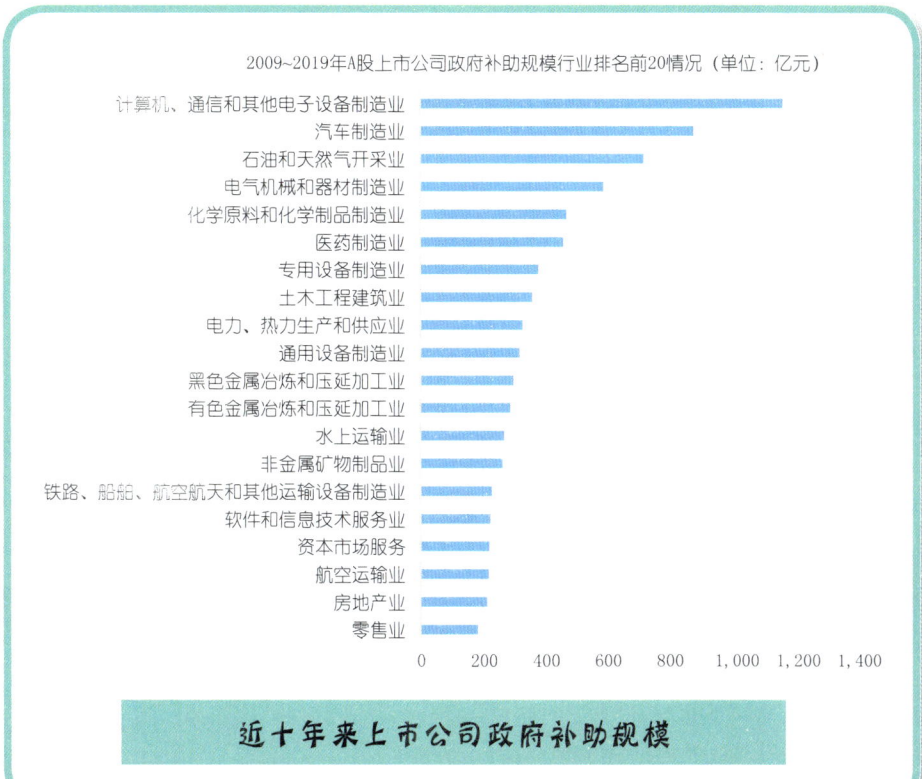

近十年来上市公司政府补助规模

可以预期有了政府补助的扶持,相关行业会得到好的发展。

小白

理论上是的。但目前诸多企业甚至上市公司对政府补助趋之若鹜的主要原因却是:一来可依靠补贴维持经营,二来获得巨额政府补助可美化经营业绩。

小Z

感觉政府补助是一把"双刃剑"呐。

小白

是的。

小Z

-239-

会计"大爆炸"

对于某些有市场、有前景、技术有竞争力,但暂时遇到困难的企业,政府给予补贴有如雪中送炭。但对于仅想凭"靠天吃饭"盈利模式维持经营的企业,政府补助降低了其主动创新的动力,其多利用补贴来营销产品或用于职工福利,不注重技术研发提升核心竞争力,政府补助负面影响也由此显现。

小乙

两个实务微案例

好想N 2019年10月22日,披露了2019年三季报

报告显示:
- 公司2019前三季度归属于上市公司股东的净利润为1.31亿元,同比增长21.24%
- 归属于上市公司股东的扣除非经常性损益的净利润为0.73亿元,同比下降11.95%
- 公司前三季度累计收到0.71亿元政府补助,三季度研发费用0.10亿元,销售费用及管理费用分别高达2.6亿元和0.42亿元

S只松鼠 2019年10月30日,披露了2019年三季报

报告显示:
- 公司2019年三季度净利润大幅下降,归属于上市公司股东的净利润为0.29亿元,同比减少50.95%
- S只松鼠在此前的业绩预告中称,2019年较2018年同期政府补助减少0.44亿元,是导致2019年三季度净利润出现大幅减少的主要原因

小白

没想到政府补助会有如此魔力。它究竟是什么呢?有哪些特征?

第三篇　会计"麻辣烫"：其他新会计准则

根据新政府补助准则，政府补助指的是企业从政府无偿取得货币性资产或非货币性资产，主要包括**财政拨款、财政贴息、税收返还、无偿划拨非货币性资产**。

 新政府补助准则核心变化

判断是否属于政府补助——		• 企业从政府取得的经济资源，如果与销售商品或提供服务密切相关，且是企业商品或服务的对价或对价的组成部分，不适用政府补助准则。如政府为增加新能源汽车销量，给予新能源汽车生产企业价格补贴 • 政府以投资者身份向企业投入资本，属于互惠性交易，不适用政府补助准则
• 政府资本性投入 • 销售商品或提供服务的对价 • 政府补助		

政府补助的列报——		• 保留总额法基础上新引入净额法 • 与日常经营活动有关：记入"其他收益"或冲减相关成本费用，如软件行业收到增值税即征即退返还的税款 • 与日常经营活动无关：记入"营业外收入"，如企业因遭受自然灾害收到政府补助资金
• 新增"其他收益"科目不再统一计入营业外收入 • 允许采用净额法		

其他修改——		• 要求与资产相关的政府补助的摊销，使用合理系统的方法，不再要求仅采用直线法摊销 • 明确"政府将贴息资金直接拨付给贷款银行，再由银行以优惠利率向企业提供"的财政贴息行为适用政府补助准则，企业可选择两种方法进行会计处理
• 与资产相关的政府补助不再统一按直线法摊销 • 对财政贴息的相关会计处理进行了详细规范		

具体是什么呢？

企业从政府取得的经济资源，如果**与企业销售商品或提供服务等密切相关，且是企业商品或服务对价或对价的组成部分**，不适用新政府补助准则。此外，直接减征、免征、增加计税抵扣额、抵免部分税额等不涉及资产直接转移的经济资源，也不适用新政府补助准则。

-241-

会计"大爆炸"

一个理解政府补助实质的实例

某地政府为支持液晶显示屏的推广使用,对相关显示屏制造企业执行补助政策。A公司生产的液晶显示屏正常市场价为每台5,000元,成本每台3,000元。此时,政府与A公司签订相关协议,约定A公司按每台4,000元销售给客户,并按每台1,000元对A公司进行补贴。

此例中,政府并没有直接从事液晶显示屏的购销,但以补贴的形式通过A公司的销售行为实现了推广显示屏的目标。对于A公司,销售显示屏是其日常经营活动,其销售收入由两部分构成:一是用户支付的购买价款,二是财政补贴资金,即财政补贴资金是其产品销售对价的组成部分。这个补贴就不适用新政府补助准则。

原来不是所有的补贴都属于政府补助啊,它的认定如此严谨。

是的,准则确实很严谨。

那企业收到政府补助后应如何记账呢?

按照用途分为与资产相关的政府补助和与收益相关的政府补助。

哦哦。

-242-

第三篇　会计"麻辣烫"：其他新会计准则

> **准则原文：《企业会计准则第16号——政府补助》**
>
> 第四条　政府补助分为与资产相关的政府补助和与收益相关的政府补助。
>
> 与资产相关的政府补助，是指企业取得的、用于购建或以其他方式形成长期资产的政府补助。
>
> 与收益相关的政府补助，是指除与资产相关的政府补助之外的政府补助。

这样的话，企业在收到政府补助时首先需要明确补贴用途，然后再进行相应的会计处理咯？

小白领悟得很快。无论是与资产相关还是与收益相关，企业均可采用**总额法**或**净额法**进行会计处理。

新政府补助会计处理原则

总额法		净额法
先贷记递延收益，在资产使用寿命内分期计入损益	← 与资产相关 →	在取得补贴时先冲减相关资产账面价值，后续按冲减后的资产账面价值提折旧或进行摊销
直接计入其他收益或营业外收入	← 与收益相关 →	冲减相关成本费用或营业外支出

上述处理主要依据新政府补助准则的哪项规定呢？

> 主要依据的是《新企业会计准则16号——政府补助》第八条和第九条的相关规定。

准则原文：《企业会计准则第16号——政府补助》

第八条 与资产相关的政府补助，应当冲减相关资产的账面价值或确认为递延收益。与资产相关的政府补助确认为递延收益的，应当在相关资产使用寿命内按照合理、系统的方法分期计入损益。按照名义金额计量的政府补助，直接计入当期损益。

第九条 与收益相关的政府补助，应当分情况按照以下规定进行会计处理：

（一）用于补偿企业以后期间的相关成本费用或损失的，确认为递延收益，并在确认相关成本费用或损失的期间，计入当期损益或冲减相关成本；

（二）用于补偿企业已发生的相关成本费用或损失的，直接计入当期损益或冲减相关成本。

> 那如果同一项政府补助既与资产相关又与收益相关的话，应如何处理呢？

> 应区分不同类别分别进行处理，确实难以区分的，**应将整体归类为与收益相关的政府补助进行处理**。

准则原文：《企业会计准则第16号——政府补助》

第十条 对于同时包含与资产相关部分和与收益相关部分的政府补助，应当区分不同部分分别进行会计处理；难以区分的，应当整体归类为与收益相关的政府补助。

 那您可否举几个简单的例子，解析政府补助总额法和净额法具体会计处理呢？

 没问题，请看以下简单实例。

政府补助总额法 vs 净额法会计处理举例

按照国家有关政策，甲企业购置环保设备可申请补贴以补偿其环保支出。甲企业2×18年1月向政府有关部门提交了210万元的补助申请，作为对其购置环保设备的补贴。

2×18年3月15日，甲企业收到政府补贴款210万元。2×18年4月20日，甲企业购入不需安装的环保设备，实际成本480万元，使用寿命10年，采用直线法计提折旧（不考虑净残值）。

此项政府补助与资产相关，按照总额法和净额法会计处理如下表（单位：元）。

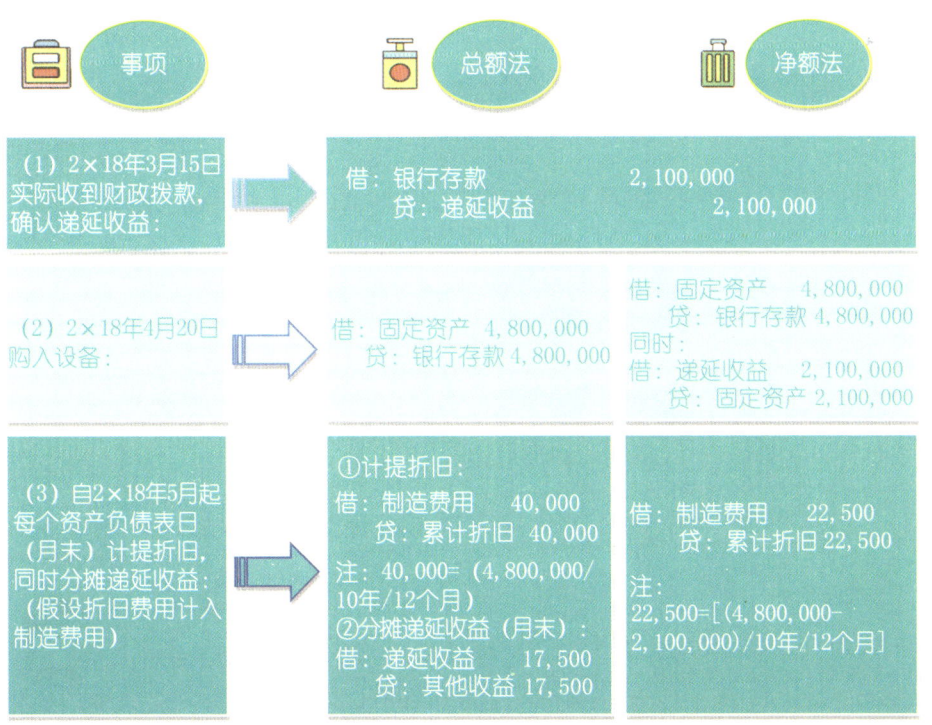

会计"大爆炸"

太棒了小Z老师,一张表竟讲清了总额法和净额法的不同会计处理方式。

呵呵,很高兴你能够理解并掌握。

我还注意到一点,我记得之前政府补助产生的收益都要记入"营业外收入",为什么现在又多了一个"其他收益"的科目呢?

旧准则将政府补助全部记入"营业外收入",**但这掩盖了企业业务的经济实质**。为提高会计信息质量,新准则明确政府补助若与企业日常经营活动相关,**计入其他收益或冲减相关成本费用**。若与企业日常经营活动无关,则计入营业外收入。

政府补助科目辨析

 与企业日常经营活动相关的政府补助 计入其他收益或冲减相关成本费用

与企业日常经营活动无关的政府补助 计入营业外收入

J东方财务报告展示了准则变化对企业报表科目填报的影响。

-246-

2019年新财务报表格式政府补助填列举例

J东方2018年年报显示,其将收到的20亿元政府补助记入"其他收益"科目。相应地,"营业外收入"金额较执行新政府补助准则前出现显著减少。

合并利润表
2018年度
(金额单位:人民币元)

	附注	2018年	2017年
一、营业收入	五、36	97,108,864,935	93,800,479,215
二、减:营业成本	五、36	77,306,224,288	70,282,477,585
税金及附加	五、37	778,606,126	708,381,529
销售费用	五、38	2,891,056,969	2,591,925,798
管理费用	五、39	4,959,184,197	4,068,775,945
研发费用	五、40	5,039,927,435	3,177,767,395
财务费用	五、41	3,196,695,890	1,948,024,860
其中:利息费用		3,265,732,314	2,479,336,159
利息收入		748,004,557	665,076,391
资产减值损失	五、42	1,239,588,763	2,229,524,682
加:其他收益	五、43	2,000,573,631	732,550,112
投资收益	五、44	306,887,579	115,602,683
其中:对联营企业和合营企业的投资(损失)/收益		(13,925,731)	169,034
公允价值变动收益	五、45	2,061,153	32,048,211
资产处置收益/(损失)	五、46	1,067,273	(69,145)

小Z老师,看到"递延"两字,就会自然想到递延所得税。对于收到的与资产相关的政府补助,若采用净额法计量,是不是会对企业纳税产生影响呢?

是的。净额法冲减资产账面价值,使得相关资产的期末账面价值小于计税基础,产生了可抵扣暂时性差异,即在收到政府补助的当期增加了递延所得税资产。

会计"大爆炸"

好棒啊小Z老师。我还有一个疑问,政府补助会不会像商品一样发生退回呢?如果会的话,又该如何进行会计处理呢?

政府补助的确存在退回情况。如发生退回,需根据实际情况在退回当期调整相关资产账面价值、递延收益或当期损益。

准则原文:《企业会计准则第16号——政府补助》

第十五条 已确认的政府补助需要退回的,应当在需要退回的当期分情况按照以下规定进行会计处理:
(一)初始确认时冲减相关资产账面价值的,调整资产账面价值;
(二)存在相关递延收益的,冲减相关递延收益账面余额,超出部分计入当期损益;
(三)属于其他情况的,直接计入当期损益。

大赞。通过您的讲解,我对新政府补助准则有了深刻的认识。

很好,小白很棒。

嘿嘿,主要是小Z老师讲得好。

小白太谦虚了。

第三篇　会计"麻辣烫"：其他新会计准则

感觉政府补助既能为某些具有发展前景但暂时遇到困难的企业提供必要扶持，但也会使某些企业形成路径依赖，主要依靠政府补贴维系"虚假繁荣"，而一旦业绩出现下滑，这些企业又将"锅"甩给了政府补助，真是扶不起的阿斗。

确实是。作为投资者，应理性看待上市公司政府补助。不应简单地将政府补助与政企关系良好直接挂钩。特别是要警惕政府补助金额在净利润中占比较高，但研发支出占比较低的企业。

何出此言呢小Z老师？

这些企业通常依靠补贴政策获取巨额政府补助，但未将补贴直接投入到提升企业核心竞争力的活动（如科研）中。一旦未来国家取消补贴政策或降低补贴标准，这种"靠天吃饭"的盈利模式必然使这些企业遭受重大打击，业绩出现大幅下滑也在情理之中。

好恐怖，如果买了这些公司的股票，那岂不是大概率被套牢了？

呵呵，大概率会的。

好悲催的样子。

-249-

会计"大爆炸"

两个政策实例

2019年5月21日,国家发改委发布《关于完善风电上网电价政策的通知》,明确2018年底之前核准的陆上风电项目,2020年底前仍未完成并网的,国家不再补贴;2019年1月1日至2020年底前核准的陆上风电项目,2021年底前仍未完成并网的,国家不再补贴。自2021年1月1日开始,新核准的陆上风电项目全面实现平价上网,国家不再补贴。该政策一出,引发风电行业"抢装潮"重现。

2019年6月25日,2019年新能源汽车补贴新政正式实施,补贴力度大幅下降,这对于汽车行业来讲可谓是"雪上加霜"。

第三篇 会计"麻辣烫":其他新会计准则

看来打铁还须自身硬,只有正确理性地看待政府补助,将补贴切实用于提升企业研发实力的公司才能在激烈竞争的环境下谋求长远发展。

非常正确,其实华W就是一个很好的范例。

重要知识点回顾

政府补助	概念	企业从政府无偿取得货币性资产或非货币性资产
	举例	○包括:财政拨款、财政贴息、税收返还、无偿划拨非货币性资产 ○不包括:直接减征、免征、增加计税抵扣额、抵免部分税额、增值税出口退税
与资产相关的政府补助	概念	企业取得的、用于购建或以其他方式形成长期资产的政府补助
	举例	政府给予环保企业购置环保设备的补贴 ○总额法:记入"递延收益",在相关资产使用寿命内按合理、系统方法分期计入损益 ○净额法:先将收到的政府补助冲减资产账面价值,并按剩余使用寿命摊销或折旧
与收益相关的政府补助	概念	与资产相关的政府补助之外的政府补助
	举例	企业引进人才奖励、增值税即征即退返还、遭受自然灾害收到政府补助 ○总额法:收到政府补助后记入"其他收益"(与日常经营活动有关)或"营业外收入"(与日常经营活动无关) ○净额法:冲减相关成本或营业外支出

肆

第四篇

中国A股会计谜题

会计"大爆炸"

近年来，A股上市公司频频上演资本市场"大戏"，这其中康M"高存高贷"爆雷、上市公司集体商誉减值引发股市崩盘、市场传闻暴F集团跨洋并购失败导致实际控制人被批准逮捕、伊L股份股权激励实施方案诱使公司股价暴跌、Q虎借壳上市回归A股等大事件成为实务界与学术界广议的热络议题。那么，相关热门事件背后隐藏着哪些财务与会计谜题？对于相关财务与会计问题的揭秘会产生哪些实务与学术借鉴意义？

本篇通过回顾相关资本市场热门事件始末，重点对事件背后所涉及的重要财务与会计问题进行解析。穿透迷雾，还原资本市场大事件背后财务与会计真相。其中：第十七章"谁是下一个康M：中国A股'高存高贷'之谜"中，全面阐释"高存高贷"概念，分析此类公司基本特征以及与财务舞弊之间可能的内在联系，并指出识别和预防"高存高贷"风险的正确应对方式。第十八章"说好不哭：那些坚守在商誉减值'重灾区'的兄弟们"中，结合几个市场热门微案例，重点对商誉基本概念、会计处理、列报，以及商誉减值进行介绍，同时讨论商誉减值和摊销的利与弊。第十九章"欲为镰刀，反成韭菜：暴F集团52亿海外并购'滑铁卢'财务迷局"中，通过全景回顾暴F集团52亿元跨洋并购失败过程，详细介绍企业并购过程中涉及的结构化主体、控制认定、长期股权投资权益法、合并报表及或有事项等会计实务问题。第二十章"股权的诱惑：拨开伊L股份21年高管激励迷雾"中，通过回顾伊L股份21年高管激励之路，解析限制性股票和股票期权激励基本原理、会计处理、个人所得税和盈余管理等股权激励相关实务问题。第二十一章"网络安全巨头Q虎公司'借壳上市'回归A股之路"中，通过回顾Q虎借壳上市回归A股之路，详细解析借壳上市背后的有关反向购买法原理、合并成本计算、合并报表编制等会计实务问题。

第十七章　谁是下一个康M：中国A股"高存高贷"之谜

近年来，"高存高贷"现象引发资本市场广泛关注。本章围绕这一资本市场热点，通过回溯历史数据，六问"高存高贷"，分析此类公司基本特征以及与财务舞弊之间可能的内在联系，为投资者精准"排雷"，降低投资风险提供参考。

第四篇　中国A股会计谜题

小Z老师，2019年资本市场发生了好多新奇事啊。

是的，不过感觉近年来每年的资本市场大事件都有上市公司财务造假的身影。

您说得太对了，上市公司财务造假手段无奇不有。不过我发现2019年以来的财务造假案例好多都与"高存高贷"这一财务异象有关，频频占据财经头条。

"高存高贷"确实是近年来资本市场热门事件，引发学术界和实务界的广泛关注。

是啊。"高存高贷"到底是什么呢？为何受到市场如此高的关注？

"存"指货币资金。"贷"指短期借款、长期借款、应付债券等有息负债。"高"指存/贷项目账面余额均超过10亿元。

"高存高贷"是什么？

"存"：货币资金

"贷"：短期借款、长期借款、应付债券等有息负债

"高"：存/贷账面余额均超过10亿元

-259-

会计"大爆炸"

 怎么感觉"高存高贷"似乎存在着天然矛盾啊?

何以见得?

 一方面,在广场舞大爷大妈都知道要买理财产品的今天,上市公司坐拥巨量闲置资金却无所事事,像条"咸鱼"一样安享有限的活期利息收入,毫无梦想。另一方面,部分公司债台高筑,丝毫不在意每年张着血盆大口的巨额利息,"疯狂败家"。

呵呵,小白都会讲段子了。

 可能是最近脱口秀类综艺节目看得太多了……

你刚才的段子正中"高存高贷"财务异象的核心,这也是这一异象引发市场广泛关注的主要原因。

 嘿嘿。我一直对新鲜事物充满好奇与求知欲。

其实"高存高贷"并非新鲜事物。冰冻三尺非一日之寒,在"高存高贷"公司像提前商量好似的集中爆雷的今天,为师特意请来我的博士生,利用2015~2017年历史数据,六问"存贷双高",拨开这一财务异象背后的财务会计迷雾。

第四篇 中国A股会计谜题

用高大上的科研方法发现实务问题的财务会计实质，感觉好有意思。

正式为你揭晓科研结果之前，先简单普及一下科研基础知识吧。

插播两条科研基础知识

第一，对数据进行行业调整
只有货币资金与有息负债账面余额排名均在其行业内前30%且均大于10亿元的企业才有资格被称为"双高"

第二，使用"T检验"法检验两组样本数据是否具有显著差异
判断依据全靠数星星，如无星星，则无显著差异。出现星星，有显著差异。星星越多，显著性越高，但最多只有三颗星星

一问："双高"公司"存贷"到底有多高？

Conclusion 1:

A股中"双高"公司的分布似乎也遵循"二八定律"，即逾1/5公司具有"双高"特征。相较"非双高"，"双高"公司掌握了7倍的货币资金，以及15倍的有息负债。

"双高"公司情况　　　　　单位：十亿元

年份	"双高"公司			"非双高"公司		
	公司数目	"存"均值	"贷"均值	公司数目	"存"均值	"贷"均值
2015	555	65.15	110.85	1,985	8.11	7.77
2016	646	65.99	110.49	2,107	9.75	7.25
2017	716	67.94	111.99	2,395	10.09	7.17

二问："双高"公司主要匿藏在哪些行业？

Conclusion 2：

水电燃气、地产、交通运输等资本密集型行业公司"双高"最为突出。纺织、制酒、造纸等劳动密集型行业较少出现"双高"公司。

"双高"公司行业分布

"双高"公司最多的五大行业		"双高"公司最少的五大行业	
行业名称	"双高"比例	行业名称	"双高"比例
电力、热力、燃气及水生产和供应业	38.82%	纺织业	0.00%
批发和零售业	38.25%	住宿和餐饮业	0.00%
房地产业	35.20%	科学研究和技术服务业	3.37%
交通运输、仓储和邮政业	34.68%	酒、饮料和精制茶制造业	5.04%
印刷和记录媒介复制业	34.38%	造纸和纸制品业	5.41%

三问："双高"公司是否更容易出现违规？

◇ 如何界定违规？

违规通常包括：虚构利润、虚列资产、虚假记载、推迟披露、重大遗漏、披露不实、欺诈上市、出资违规、擅自改变资金用途、占用公司资产、内幕交易、违规买卖股票、操纵股价、违规担保和会计处理不当等。

Conclusion 3：

"双高"公司出现违规的概率确实更高。"双高"公司中发生违规的概率高达16.7%，比"非双高"公司高出2.9个百分点。

"双高"与公司违规

	"双高"公司		"非双高"公司		
	样本数目	违规概率	样本数目	违规概率	差异
违规概率	1,917	16.70%	6,487	13.80%	2.90%***

可以说,人民群众的眼睛一直都是雪亮的,谈"双高"色变并非空穴来风,而是存在现实依据的。

四问:"双高"公司是否遭遇"融资歧视"?

◇ "融资歧视"是何方神圣?

重磅推出融资歧视"试金石"——KZ指数。简单来讲,KZ指数就是利用一系列财务指标数据整合出一个大的综合指标。该指标数值越大,代表公司越难获取融资,资金链断裂风险越大。

Conclusion 4:

"双高"公司更容易遭受融资歧视,它们往往承受更严峻的资金压力以及更高的资金链断裂风险。"双高"公司KZ指数均值高达0.43,显著大于"非双高"公司的-0.28,说明"双高"公司融资难度更高,资金压力惊人。

"双高"与资金压力

	"双高"公司		"非双高"公司		
	样本数目	融资受歧视程度	样本数目	融资受歧视程度	差异
资金压力	1,701	0.43	4,938	-0.28	0.71***

五问:"双高"公司股票收益率表现如何?

Conclusion 5:

与传统金融理论相悖,"双高"公司的股票收益率更低。市场似乎并未识别出"双高"可能存在的风险,更不要说反映到股票的风险溢价中来。打着"双高必死旗号"的,仅仅是游离在市场外的"吃瓜群众"。

"双高"与股票收益率

	"双高"公司		"非双高"公司		
	样本数目	考虑现金红利再投资的周收益率年度均值	样本数目	考虑现金红利再投资的周收益率年度均值	差异
股价崩盘风险	1,835	0.30%	5,555	0.60%	−0.30%***

六问:谁在重仓"双高"公司股票?

Conclusion 6:

"双高"公司的 **机构持股比例更高**。机构投资者在标的选择方面似乎也忽视了"双高"的潜在危险。

"双高"与机构持股比例

	"双高"公司		"非双高"公司		
	样本数目	机构持股比例	样本数目	机构持股比例	差异
机构持股	1,917	5.40%	6,487	3.80%	1.70%***

一个"瑟瑟发抖"的科研结论

一方面,"双高"公司在合规经营与资金压力方面"如履薄冰"。**另一方面**,资本市场的平静让人不寒而栗。其实利用2015~2017年数据进行检验已经发现了些许爆雷端倪,但直到2019年"双高大雷"才被引爆。可见不管是机构投资者还是散户,似乎都没有对"双高"现象引起足够重视与警惕,甚至部分投资人已被爆雷上市公司牢牢套在了山顶。

第四篇　中国A股会计谜题

小白：为您的博士生点赞，这么严谨的科研过程让我对"高存高贷"有了清晰而深刻的认识。

小Z：根据研究结果，虽然"高存高贷"早已有之，遗憾的是这一财务异象一直未受到市场投资者的重视。

小白：是啊。随着信贷环境的日趋严苛，想必通过"高存高贷"编织业绩"神话"的公司会纷纷跌落神坛。当潮水退去，会有更多裸泳的公司暴露于阳光之下，毕竟太阳底下不会有秘密。

小Z：你说得很有道理。

小白：看来以后看到"高存高贷"的公司就要避而远之了啊。

小Z：也不能这么绝对。在分析基本面时，我们仍需仔细分析"高存高贷"的成因，不要"一竿子打死"所有企业。

地产公司可能为了能够及时获取土地使用权而大量囤积货币资金，但同时公司经营多依靠债务融资，以致"高存高贷"

受制于外汇管制，海外业务较多的公司可能通过大量外币借款来补充货币资金，以致"高存高贷"

实务中正常的"高存高贷"

那看来面对"高存高贷"时确实要多加分析,过早做出"双高"的"有罪推断"断不可取。

是的,只要正确掌握"高存高贷"的分析方法,就能做到"谈双高不色变"。

那实务中有哪些好的方法呢?

为师为你指点一二。

"高存高贷"分析方法

方法一:分析资金收益率(利息收入/货币资金)与活期利率及融资利率

如果资金收益率长期低于活期利率或融资利率,说明企业实际现金可能远远小于报表所列金额,需要引起高度重视

方法二:分析公司货币资金受限的情况

- 受限资金的来源主要是各种保证金存款,主要在"其他货币资金"科目反映
- 资金受限举例:(1)上市公司通过定增方式获取大量资金,但定增资金通常是专款专用,不能挪作他用。(2)以存单等形式为大股东及其关联方提供全额银行承兑保证
- 特别关注财务报表附注中货币资金受限披露情况,分析可自由支配的资金是否能满足公司流动性管理需要

方法三:分析大股东是否存在大额融资需求

重点关注大股东质押比率高、大股东资金占用、大股东出现负面新闻等信息

第四篇　中国A股会计谜题

好棒啊，有了这些财务分析"利器"，妈妈再也不用担心我日后踩到"高存高贷"大雷股了啊。

很好。最后还是给你再简单回顾一下有关"高存高贷"的重要知识点吧。

重要知识点回顾

高存高贷	概念	货币资金与有息负债均非常高（如账面余额都超过10亿元）
	举例	存："货币资金" 贷："短期借款""长期借款""应付债券"等有息负债
"存贷双高"特征	概念	行业特征、违规概率、融资难易程度、市场表现、投资人结构
	举例	• 水电燃气、地产、交通运输业"存贷双高"更集中 • "双高"公司出现违规概率更高、更容易遭受融资歧视、股票收益率更低、机构持股比例更高
识别"存贷双高"方法	概念	三大方法
	举例	• 分析资金收益率与活期利率及融资利率 • 分析公司货币资金受限的情况 • 分析大股东是否存在大额融资需求

-267-

第十八章 说好不哭：那些坚守在商誉减值"重灾区"的兄弟们

2019年初上市公司集体上演的商誉减值"爆雷大剧"一度引发市场热议。本章结合几个市场热门微案例，重点对商誉基本概念、会计处理、列报，以及商誉减值进行介绍，同时讨论商誉减值和摊销的利与弊。

第四篇　中国A股会计谜题

小Z老师，2019年除了康M"高存高贷"爆雷事件之外，我发现A股市场还有一个热门事件也引起了市场广泛关注。

是什么事件？

就是在2019年初发生的上市公司商誉减值引发股市崩盘，这不禁让我想到了2018年底买的一只影视传媒股票了。

怎么回事？好像有故事的样子……

我买的这家影视传媒上市公司股票本来好好的，没想到在2019年年初上市公司商誉减值集体"爆雷"中也出现了这家公司的身影……结果是股价出现了崩盘，我的资产出现了较多缩水……

冰冻三尺非一日之寒。经你这么一说，这家上市公司商誉减值爆雷也是意料之中。

为什么这么说呢？您帮我分析分析吧……

这家公司股价崩盘源自频繁溢价并购，确认了**高额商誉**，最终由于被并购企业业绩不达标，导致公司计提巨额商誉减值，引发股价持续崩盘。

-271-

会计"大爆炸"

"说好不哭"……商誉到底是个啥东西？怎么会有如此大的威力，引发这么强的崩盘效应？

要解答上述问题，首先来看商誉来源。

赶紧搬起小板凳，拿出小本本儿记重点。

商誉主要产生于**企业合并**，多见于**企业并购重组**。主要是指并购方支付的并购对价超过取得的被并购方净资产公允价值份额的溢价部分。

那商誉资产到底是什么呢？感觉看不到、摸不着的样子。

可以简单理解为被并购企业的品牌或声誉"**加分项**"。利用被并购企业的品牌、声誉等优势，并购企业可通过并购获得更多收益，因此其愿意支付并购溢价。

关于商誉初始计量的简单例子

A知名网络游戏公司可辨认净资产公允价值为10亿元，B传媒公司欲出价15亿元收购这家网络游戏公司。那么，5亿元并购溢价就成为传媒公司的商誉资产，在其资产负债表以"商誉"单独列示。根据准则，初始确认后的商誉，作为资产列示，应以其成本扣除累计减值准备后的金额计量。

第四篇　中国A股会计谜题

您刚才说商誉主要产生于企业合并，据我所知企业合并包括同一控制下和非同一控制下合并。这两种合并都会产生商誉吗？

不是的。**同一控制下企业合并**的商誉来自被并购方已有商誉，不会产生新商誉。**非同一控制下企业合并**有可能会产生新商誉。

那对于非同一控制下企业合并"三剑客"：新设合并、吸收合并、控股合并，是否都会产生商誉呢？

也并不是。

企业合并"三剑客"的商誉确认

新设合并	不会产生母子公司关系，无商誉之说
吸收合并	产生的商誉在母公司个别报表中确认
控股合并	产生的商誉在合并资产负债表中确认

-273-

明白啦。突然很好奇，如果合并成本小于被购买方可辨认净资产公允价值份额，那是不是说明并购方捡到了大便宜？

可以这么理解。当差额为负数时，就是我们常说的"**负商誉**"。

负商誉是一项"负资产"吗？如何列示呢？

负商誉当然不是"负资产"……而是应作为**并购方的营业外收入**。

准则原文：《企业会计准则第20号——企业合并》

第十三条 （二）购买方对合并成本小于合并中取得的被购买方可辨认净资产公允价值份额的差额，应按照下列规定处理：

对取得的被购买方各项可辨认资产、负债及或有负债的公允价值以及合并成本的计量进行复核；

经复核后合并成本仍小于合并中取得的被购买方可辨认净资产公允价值份额的，其差额应计入当期损益。

也对，白捡个大便宜，自然要计入营业外收入，没毛病。

这里需要特别注意，由于负商誉在会计处理上的特殊性，其已成为**部分上市公司进行业绩操控的工具**。

利用"负商誉"进行业绩操控的实例

2008年2月29日,某罐头食品上市公司披露了2007年年度报告,公司实现净利润594万元。进一步分析净利润构成,公司主要通过确认负商誉取得1420万元营业外收入,成功实现扭亏为盈。

呃（⊙o⊙）,还有如此的神操作。

此外,这种由负商誉产生的营业外收入**并不计入当期应纳税所得额**,应作为暂时性差异。这简直就是部分公司利用负商誉进行业绩操控的"神助攻",导致诸多上市公司对此趋之若鹜。

感觉突然之间学到了价值几亿的知识点。

呵呵。但如果仔细分析,其实所有通过负商誉进行业绩操控的操作都只是"画饼充饥的神话"。

您说的没错。学了这么多商誉的基本概念,您最开始说的商誉减值到底是个啥东西呢?

关于商誉减值,其实就是上市公司须于**每个资产负债表日对商誉资产进行减值测试**,并据此决定是否需要计提减值准备。

会计"大爆炸"

> **准则原文：《企业会计准则第 8 号——资产减值》**
>
> 第四条 企业应当在资产负债表日判断资产是否存在可能发生减值的迹象。
>
> 因企业合并所形成的商誉和使用寿命不确定的无形资产，无论是否存在减值迹象，每年都应当进行减值测试。

我理解商誉减值是企业正常的会计处理行为，那为什么突然之间上市公司会出现集中性商誉减值爆雷，引发股市崩盘呢？

这还要追溯到 2015 年，当年证监会发布《上市公司重大资产重组管理办法》，由此拉开了上市公司并购热潮。

并购多了，商誉自然也多咯？

是的。2015~2018 年上市公司商誉余额出现明显增长。以 A 股为例，截至 2018 年底，其商誉余额已高达约 1.4 万亿元。巨额商誉自然也成为悬在 A 股之上的"达摩克里斯之剑"。

感觉有些瑟瑟发抖。

呵呵。

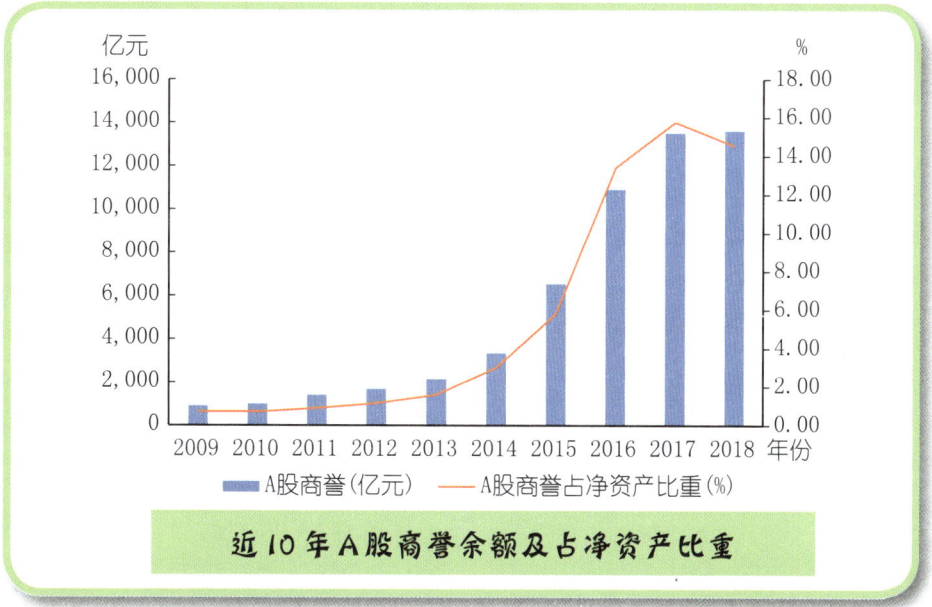

近10年A股商誉余额及占净资产比重

这个是A股全部的商誉数据,我买了好多创业板股票,创业板商誉余额也很大吗?

可以说创业板是真正的商誉减值"重灾区"。截至2018年末,创业板上市公司商誉余额已高达2,290亿元。2018年全年计提商誉减值的上市公司家数在A股所有上市公司中占比也近四成。

感觉好恐怖啊!

冰冻三尺非一日之寒。

是的。

会计"大爆炸"

2012~2018年创业板商誉占比变化情况

看来影视传媒板块是"重灾区中的重灾区"咯?

确实如此。**文化传媒、广播影视**等行业商誉余额最大。这类公司属于轻资产行业,在经济上行期,其往往会通过频繁并购坐享投资收益。而一旦经济出现下行,所并购企业业绩未达预期,巨额商誉减值的计提导致公司出现业绩变脸。

这样说来,确实没毛病。

可惜的是,目前多数轻资产行业企业试图通过不断并购实现业绩增长,但多元化扩张的背后却隐藏着巨大风险。

第四篇　中国A股会计谜题

2009~2018年创业板商誉余额行业排名前20情况（单位：亿元）

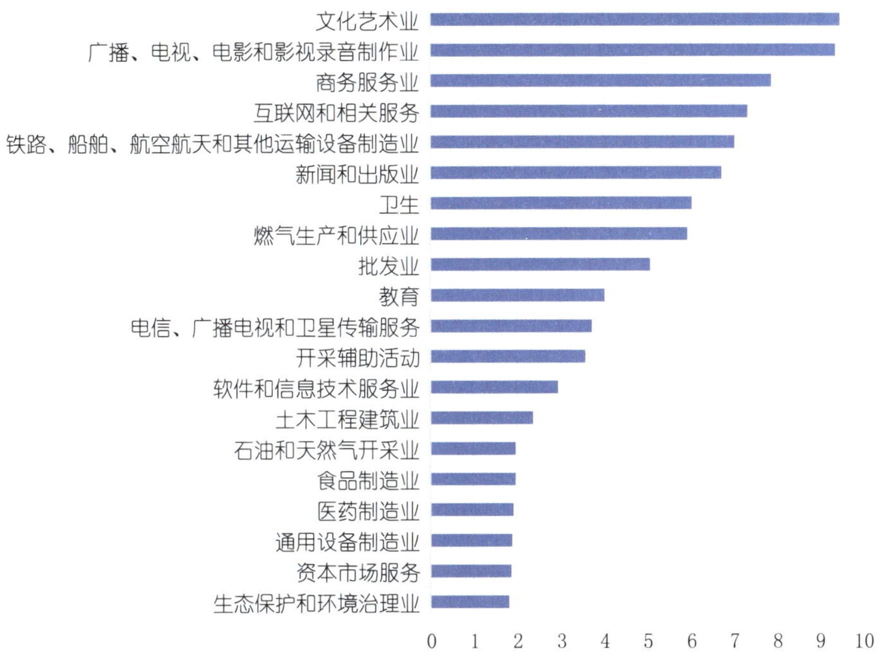

文化艺术业	~9.5
广播、电视、电影和影视录音制作业	~9.5
商务服务业	~8
互联网和相关服务	~7.5
铁路、船舶、航空航天和其他运输设备制造业	~7
新闻和出版业	~6.5
卫生	~6
燃气生产和供应业	~6
批发业	~5
教育	~4
电信、广播电视和卫星传输服务	~4
开采辅助活动	~4
软件和信息技术服务业	~3
土木工程建筑业	~3
石油和天然气开采业	~2.5
食品制造业	~2
医药制造业	~2
通用设备制造业	~2
资本市场服务	~2
生态保护和环境治理业	~2

哎。的确如此。

"小散们"如果能仔细分析报表，其实能规避掉大部分雷的。

嗯嗯，股民学好了会计就等于守住了底线。小Z老师，我关注到2018年好多上市公司都因被并购企业未实现业绩承诺而计提巨额商誉减值。这个业绩承诺是什么呢？

-279-

会计"大爆炸"

并购过程中，并购方与被并购方会签订业绩补偿协议，规定被并购企业每年须达到的既定业绩标准，这也称为"业绩对赌协议"。如果被并购方在协议期间未达到业绩标准，须以现金或股份作为对价，补偿给并购企业。

 哦哦。感觉这种制度对于并购方来说是好事啊。

并不全是。对于签署业绩补偿协议的并购，通常并购方会付出更多的支付对价，也即形成商誉。如果被并购方未达到业绩标准，并购方须及时计提相应的减值准备。

商誉减值爆雷实例

2015年11月，某影视上市公司华Y兄弟出资10.5亿元，现金收购某著名导演冯小G控股的A公司70%股权，并确认商誉资产10.46亿元。根据双方《股权转让协议》，"自A公司的股权转让完成之日起至2016年12月31日止承诺的业绩目标为经审计的税后净利润不低于人民币1亿元"。此后每年以15%比例增长，承诺期限5年。

A公司2016~2018年A公司财务状况

年份	税后净利润	业绩承诺	是否达标
2016	10,152.84万元	1亿元	完成
2017	11,699.95万元	1.15亿元	完成
2018	6,501.5万元	1.3225亿元	未完成

商誉减值爆雷实例

2018年，A公司未实现业绩承诺。根据协议，A公司少数股东需按差额向华Y兄弟补偿4,774.8万元。同时，华Y兄弟须**计提商誉减值3.02亿元**。

叠加计提的其他资产减值准备，华Y兄弟2018年共计提资产减值9.7亿元。受此影响，公司当年归属于上市公司**股东净利润为-10.93亿元，同比下降231.97%**。

这样啊。那为什么2019年初上市公司会突然因商誉减值出现集体爆雷呢？

这主要与2018年底证监会**强化商誉减值规范**，以及部分上市公司借机"洗大澡"有关。

什么意思？

经济下行引发证监会对上市公司巨额商誉的担忧，为强化商誉减值的会计监管，证监会于2018年11月发布了《会计监管风险提示第8号——商誉减值》。受此影响，上市公司商誉减值金额在2018年明显增加。

上市公司商誉减值集体爆雷原因找到了。

可以这么说。

会计"大爆炸"

证监会商誉减值会计监管风险提示

会计监管风险提示第8号——商誉减值

中国证监会 www.csrc.gov.cn 时间：2018-11-16 来源：

会计监管风险提示第8号—商誉减值

为强化商誉减值的会计监管，进一步规范上市公司商誉减值的会计处理及信息披露，督促会计师事务所、资产评估机构及其从业人员勤勉尽责、规范执业，提高资本市场会计信息披露质量，根据《企业会计准则》《中国注册会计师执业准则》《资产评估准则》《公开发行证券的公司信息披露编报规则第15号——财务报告的一般规定（2014年修订）》（证监会公告〔2014〕54号)等有关规定，现就商誉减值的会计监管风险进行提示。

对拟上市公司、新三板公司等其他资本市场主体商誉减值事项的监管，参照本提示。

小白：那上市公司"洗大澡"又是怎么回事呢？

小Z：主要是上市公司在业绩不好的年份通过巨额计提商誉减值一次性释放风险，以便轻装上阵，为未来年度业绩提升"未雨绸缪"。

小白：这简直是赤裸裸的业绩操控啊！

小Z：是的。

—282—

第四篇 中国A股会计谜题

利用商誉减值进行业绩操控的实例

某网页网游开发上市公司2018年归属于母公司股东的净利润为 -71.5亿元，堪称A股"亏损之王"，其中商誉减值贡献40.6亿元。

惊悚之余，该公司的商誉减值操作也被广泛质疑存在"洗大澡"嫌疑：

第一，业绩预告突然由盈转亏。2018年三季报披露的2018年预计净利润0~5亿元，而2019年1月30日修正预告预计净利润变为亏损73亿~78亿元。

第二，所并购的某科技公司已于2019年9月关闭服务器，虽然公司在三季报中提示商誉存在减值风险，但并未计提减值准备。

而就在2015年，该公司实际控制人Z晔曾斥资巨款拍下了与巴菲特共进午餐的机会。

小白：这真是个神奇的公司。既然商誉减值隐藏这么大风险，且容易被人为操控，那么对于监管机构，是否可允许企业采用其他方式对商誉进行后续计量呢？

关于商誉后续计量，目前主要有**减值**和**摊销**两种观点。2019年1月4日，财政部会计准则委员会发布《关于咨询委员对会计准则咨询论坛部分议题文件的反馈意见》，对商誉的后续计量进行了讨论。

小Z

小白：委员们的反馈意见是什么呢？

会计"大爆炸"

对于商誉的后续计量，多数咨询委员认为**摊销比减值更加恰当**，引发市场广泛关注。

 您觉得哪种方式更适合一些呢？

减值可更为直接地反映商誉资产的经济实质，更符合会计中的"实质重于形式"原则。但缺点是会加剧企业的利润波动，且容易被人为操控。经济下行期，容易出现类似于2019年初上市公司集体大额计提商誉减值准备的情况，引发股市崩盘。

 那商誉摊销呢？

摊销是一个持续性的商誉资产消耗过程，类似于固定资产折旧。其不会造成净利润的大幅波动，但会对净利润造成长期冲击，且不能反映资产质量的真实变化情况，不符合国际财务报告准则的改革方向。

减值
- 😊 优点：更直接地**反映商誉资产的经济实质**
- ☹ 缺点：加剧企业利润波动，且**容易被人为操控**

摊销
- 😊 优点：持续性的商誉资产消耗过程，**不会造成净利润的大幅波动**
- ☹ 缺点：会对**净利润造成长期冲击**，不能反映资产质量的真实变化情况

减值与摊销利弊

看来无论采用减值还是摊销都是有利也有弊啊。

是的,具体采用哪种方法还有赖于监管智慧。

老师您说的有道理。看来以后高商誉的股票是坚决不能碰了。

也不要这么绝对。商誉是把"双刃剑",对于通过并购不断实现增值的公司应坚定看好。而对于那些疯狂并购,乱搞多元化投资的公司应避而远之。毕竟,经济下行期,并购热潮盛宴过后往往是"一地鸡毛"。

嗯嗯。您说的真是太对了。

平时一定要学好会计基础,做好基本面分析,这样才能做到成功避雷。

您说的太对了。

很好,最后按照惯例简单回顾一下重要知识点吧。

嗯嗯。

重要知识点回顾

商誉	概念	购买方对合并成本大于合并中取得的被购买方可辨认净资产公允价值份额的差额,应当确认为商誉
	举例	A知名网络游戏公司可辨认净资产公允价值为10亿元,B传媒公司欲出价15亿元收购这家网络游戏公司。那么,5亿元并购溢价就成为传媒公司的商誉资产,在其资产负债表以"商誉"单独列示
商誉减值	概念	企业应于每个资产负债表日对商誉资产进行减值测试,并据此决定是否需要计提减值准备
	举例	创业板是商誉减值"重灾区",比如文化传媒、广播影视等行业商誉余额最大
业绩对赌协议	概念	并购过程中,并购方与被并购方会签订业绩补偿协议,规定被并购企业每年须达到的既定业绩标准。如果被并购方在协议期间未达到业绩标准,须以现金或股份作为对价,补偿给并购企业
	举例	华Y兄弟与著名导演冯小\G控股的A公司"对赌协议"
商誉减值vs摊销	概念	减值与摊销各有利弊
	举例	减值:短期加剧利润波动,但容易被人为操控 摊销:不会造成利润短期大幅波动,但对企业利润会造成长期冲击

第十九章　欲为镰刀，反成韭菜：
暴F集团52亿元海外并购"滑铁卢"财务迷局

2019年9月3日，一则实际控制人F鑫涉嫌行贿被公安机关批准逮捕的公告，将2015年创下新股上市29个涨停记录的暴F集团卷入暴风中心。坊间传闻，F鑫的被捕主要源于其2016年52亿元跨洋并购的失败，可能成为压垮暴F集团的"最后一根稻草"。本章透过相关并购案例，详细介绍企业并购过程中涉及的结构化主体、控制认定、长期股权投资权益法、合并报表及或有事项等会计实务问题。

第四篇 中国A股会计谜题

小白：小Z老师，我又打中新股了！不过近些年新股收益率不断下降，像2015年暴F集团连续29个涨停的新股应该不会再有了。

小Z：暴F集团可是当年的明星股，受到各路资金追捧。不过好景不长，就在前不久其实际控制人涉嫌犯罪被公安机关逮捕，暴F集团也已"摇摇欲坠"。公司近期公告，其目前员工仅剩10人左右……

小白：啊？我还一直用着他们公司的播放软件呢，真是"三十年河东，三十年河西"呐……

小Z：是的，世事确实变化无常。

小白：暴F集团实际控制人为什么被公安机关逮捕了啊？

小Z：其逮捕的原因，还要从暴F集团在2016年召集一群小伙伴，成立一只规模高达52亿元的海外并购基金，并收购了一家英国体育版权公司说起。

- **2015年3月24日**：暴F集团上市
- **2016年3月15日**：浸X基金成立
- **2016年5月23日**：浸X基金完成对国外体育版权公司收购
- **2018年10月17日**：国外体育版权公司破产清算
- **2019年2月2日**：优先级投资者要求光D资本承担损失
- **2019年3月20日**：光D证券就上述事项确认14亿预计负债
- **2019年5月8日**：暴F集团发布其因国外体育版权公司收购案被光D浸H起诉的公告
- **2019年7月9日**：暴F集团实际控制人被公安机关采取强制措施
- **2019年9月3日**：实际控制人被正式逮捕，证监会对暴F集团展开立案调查
- **2019年9月5日**：暴F集团发布股票存在被暂停上市风险的提示性公告

暴F集团收购国外体育版权公司大事记

会计"大爆炸"

小白：海外并购基金？具体是什么情况呢？

小Z：2016年，暴F集团联合光D证券子公司设立了一只结构化基金，规模约52亿元，用于并购全球体育赛事版权公司65%股权。基金的运作由光D证券子公司下属公司光D浸H执行。该只海外并购基金投资者结构如下图所示。

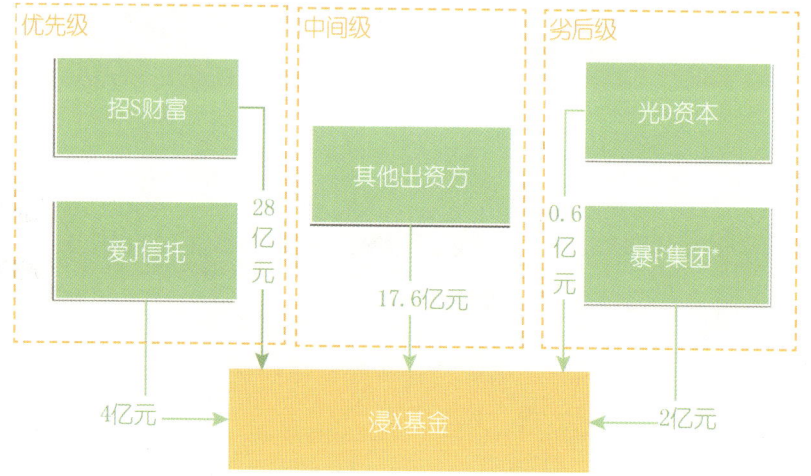

Tips
1. 光D浸H为光D资本下属子公司；
2. 光D资本为光D证券全资子公司。

*一位浸X基金的个人投资者称在投资前见过一份暴F集团实际控制人个人签字的没有具体日期的《差额补足承诺函》复印件。

小白：这个英国体育版权公司是什么来头，值得暴F集团如此大动干戈？

小Z：这家公司主要从事媒体转播权管理，经营全球重要体育专业联赛（如英超、意甲等）的转播权以及分销协议，是全球体育版权市场的霸主之一。

暴F集团为什么突然对体育行业这么感兴趣？

并购当年正值体育板块大受市场追捧。为了"分得一杯羹"，暴F集团进军体育产品领域，希望通过收购英国体育版权公司，在体育事业上"大展拳脚"。

理想很丰满，现实很骨感啊。

的确是。

我看这个结构化基金涉及"优先－中间－劣后"三个层级，为什么要这样创设基金呢？

在结构化基金中，部分出资人为了控制风险，要求基金优先保证其本金安全和固定收益来源，实务中称之为**优先级投资人**。**中间级投资人**比优先级投资人享有更高收益，但承担更多风险。**劣后级投资人**享有基金剩余收益，但当基金出现亏损时，其须补偿优先及中间级投资人的损失。

优先级	中间级	劣后级
优先保证本金安全和固定收益来源	比优先级享有更高收益，但承担更多风险	享有基金剩余收益 当基金出现亏损时，其须补偿优先及中间级的损失

结构化基金的三个层级

会计"大爆炸"

这样的结构化基金在会计准则中有没有特殊的规定呢?

有的。这样的结构化基金在会计准则中被定义为**结构化主体**。

> **准则原文：《企业会计准则第41号——在其他主体中权益的披露》**
>
> 第三条　结构化主体，是指在确定其控制方时没有将表决权或类似权利作为决定因素而设计的主体。

结构化主体打破了按照投资金额比例同股同权确定表决权的传统原则，其通常被划分为不同层级，不同层级投资人即使投资金额相同，其在结构化主体中所拥有的权力、回报和风险也可能不同，所拥有的表决权也不尽相同。

结构化主体的简单实例

最典型的结构化主体要数融资型分级基金了。该基金主要是在一个投资组合下，通过对基金收益或净资产进行分解，形成约定收益份额A和杠杆份额B两类基金。份额A持有人为优先级，享有固定收益，超过该部分的收益由份额B持有人（劣后级）全部享有，同时份额A的亏损全部由份额B承担。当母基金净值产生波动时，份额B的波动往往更大。

嗯嗯。那52亿元并购资金中,作为劣后级的暴F集团只出资2亿元,并购杠杆有些高呐。

是的,这也足见暴F集团收购这家海外体育版权公司的决心和勇气。

该基金实际投资决策由劣后级做出,且暴F集团出资最多,想必一定是基金的控制人吧?

并不是的。根据相关公开资料,光D证券孙公司为结构化基金的执行事务合伙人,而暴F集团在投资决策委员会中占1/3表决权,其无法控制并购基金,但能对其产生重大影响。

准则原文:《企业会计准则第33号——合并财务报表》

第七条 合并财务报表的合并范围应当以控制为基础予以确定。
控制,是指投资方拥有对被投资方的权力,通过参与被投资方的相关活动而享有可变回报,并且有能力运用对被投资方的权力影响其回报金额。

根据暴F集团公告,光D证券子公司的下属公司负责结构化基金的运营、投资业务及其他事务的管理和控制,拥有66.67%的表决权,这种权力通过协议约定达成,也即**拥有对结构化基金的控制权力**。

哦哦。那"通过参与被投资方的相关活动而享有可变回报,并且有能力运用对被投资方的权力影响其回报金额",应如何理解呢?

光D证券子公司作为基金劣后方,享有超额收益,但须承担亏损风险,其享有的收益及承担的风险会因结构化基金最终实际运作结果的波动而发生变化,而这最终还是取决于劣后方行使基金控制权的实际效果,即劣后方有能力运用对结构化基金的控制权力影响其回报金额(获取超额收益或承担亏损)。

《企业会计准则讲解2010》第三十四章

(一)控制的主体是唯一的,不是两方或多方。
(二)控制的内容主要是被控制方的财务和经营决策,这些财务和经营决策的控制一般是通过表决权来决定的。
(三)控制的性质是一种权力或法定权力,也可以是通过公司章程或协议、投资者之间的协议授予的权力。
(四)控制的目的是为了获取经济利益,包括增加经济利益、维持经济利益、保护经济利益或者降低所分担的损失等。

这样的话,最后实际控制这家海外公司的,很可能就是出资最少的光D证券子公司咯?

是的。目前来看该结构化主体应被纳入母公司光D证券的合并报表。2016年12月20日,光D证券总经理在财富管理年会上将这家海外公司称为"重孙"公司,这也从一个侧面说明光D证券确实已将海外公司纳入了合并报表范围。

哦哦,实质重于形式原则被体现得淋漓尽致啊。

但相对于准则的严谨,这只海外并购基金可就显得随意多了。

为什么这么说?

据市场媒体分析:**第一**,并购方收购这家海外体育版权公司时,未充分关注该公司主要版权资源到期延续性问题。**第二**,未与被并购公司核心成员签订竞业限制协议。这家海外体育版权公司创始人套现后从事了与该公司相竞争的业务,导致公司生产经营受到很大影响。最终在2018年,英国高等法院宣布这家海外体育版权公司破产清算。

海外体育版权公司主要版权起止年份

意甲:2004~2018年	法甲:2012~2018年
英超:2013~2019年	阿森纳:2010~2019年
法网:2012~2021年	F1:2014~2019年

会计"大爆炸"

可怜的海外并购基金投资人,竟被洋人割了"韭菜"。

对于投资人来说,确实是一个悲剧。

心塞。那优先级投资人怎么办呢?劣后级投资人是否对其进行了补偿?

说易行难。被并购海外公司破产后,优先级招S财富和爱J信托各出示了一份光D证券子公司盖章的《差额补足函》,要求其承担合计35亿元的补偿义务。

这都可以?!明明是暴F集团要收购这家海外公司,失败的后果竟然要由其他人来承担。

是的,而且这些损失需在光D证券合并财务报表中全部体现。2019年3月20日,光D证券发布公告,就相关事宜确认14亿元预计负债。

为什么法院判决还没下来,光D证券就这么着急确认损失呢?

会计谨慎性原则要求企业不能**高估资产,或低估负债**。根据会计准则相关规定,企业应预先确认过去交易或事项引起的不确定性可能带来的损失。

准则原文：《企业会计准则第13号——或有事项》

第二条 或有事项，是指过去的交易或者事项形成的，其结果须由某些未来事项的发生或不发生才能决定的不确定事项。

第四条 与或有事项相关的义务同时满足下列条件的，应当确认为预计负债：

（一）该义务是企业承担的现时义务；
（二）履行该义务很可能导致经济利益流出企业；
（三）该义务的金额能够可靠地计量。

这样啊，那光D证券为什么只确认了14亿元预计负债而不是35亿元呢？

即使光D证券子公司败诉，法院判决赔偿金额也不一定是35亿元，因此预计负债的数额应根据**专业人士的最佳估计**情况确定。

准则原文：《企业会计准则第13号——或有事项》

第五条 预计负债应当按照履行相关现时义务所需支出的最佳估计数进行初始计量。

所需支出存在一个连续范围，且该范围内各种结果发生的可能性相同的，最佳估计数应当按照该范围内的中间值确定。

在其他情况下，最佳估计数应当分别下列情况处理：

（一）或有事项涉及单个项目的，按照最可能发生金额确定。
（二）或有事项涉及多个项目的，按照各种可能结果及相关概率确定。

具体应如何操作呢？

会计"大爆炸"

光D证券在综合考虑了暴F集团及其实际控制人F鑫与光D证券签署的《回购协议》和《承诺函》、F鑫质押的股权以及**海外追偿措施**等因素后，计提了14亿元的预计负债。

关于预计负债会计处理的例子

B公司因无力偿还A银行的信用贷款，被A银行诉至法院，截至当年12月31日，法院尚未对A银行提起的诉讼进行审理。

- B公司认为很有可能败诉，预计除了偿还本金和利息外，还要支付18万元至22万元的罚息，而且这个区间内**每个金额的可能性都大致相同**。由此，B公司应在当年12月31日确认一项预计负债20万元[（18+22）÷2]。

- 若支付18万元罚息的可能性为60%，支付22万元罚息的可能性为40%，则B公司应在当年12月31日确认一项预计负债18万元（**最大可能性**）。

明白了。但是光D证券为什么这么自信，认为可从暴F集团那里获得补偿呢？

根据市场媒体分析，可能是其旗下公司与暴F集团签订了回购协议。根据协议，其大概率会要求暴F集团承担股权回购违约责任。

那如果光D证券基本确定能够收到补偿，其就可以冲减当期已确认的预计负债咯？

不是的。即使基本确定能够收到补偿，其也应单独确认为一项资产，不能扣减其当期所确认的预计负债金额。

> **准则原文：《企业会计准则第13号——或有事项》**
>
> 第四条 与或有事项相关的义务同时满足下列条件的，应当确认为预计负债：
> （一）该义务是企业承担的现时义务；
> （二）履行该义务很可能导致经济利益流出企业；
> （三）该义务的金额能够可靠地计量。
>
> 第七条 企业清偿预计负债所需支出全部或部分预期由第三方补偿的，补偿金额只有在基本确定能够收到时才能作为资产单独确认。确认的补偿金额不应当超过预计负债的账面价值。
>
> 第十三条 企业不应当确认或有负债和或有资产。
> 或有负债，是指过去的交易或者事项形成的潜在义务，其存在须通过未来不确定事项的发生或不发生予以证实；或过去的交易或者事项形成的现时义务，履行该义务不是很可能导致经济利益流出企业或该义务的金额不能可靠计量。
> 或有资产，是指过去的交易或者事项形成的潜在资产，其存在须通过未来不确定事项的发生或不发生予以证实。

这样啊。那如果被并购海外体育版权公司没有破产，已被列为失信被执行人的暴F集团，还有能力回购这些股权吗？

估计也是难于上青天。即使被并购海外公司没有破产，暴F集团也较难用自有资金回购股权，可能还是会通过定向增发溢价回购。

历史总是惊人的相似。犹记得几年前暴F集团还拟通过定向增发，以40倍溢价率收购演员刘诗S旗下某影业公司。当时正值刘诗S大婚，媒体曾戏称这是暴F集团通过并购为刘诗S赠送的一份价值10亿元的聘礼呢。

呵呵。不过你说的那个并购最后并未获得证监会审核通过。

为证监会点赞。

还有就是假设被并购海外公司在暴F集团回购完成之后破产，那并购损失就可能得由整个上市公司的股东一起承担了。

想想都惊悚。不过话说回来，暴F集团海外并购"滑铁卢"，直接导致实际控制人锒铛入狱，真可谓是"欲为镰刀，反成韭菜"。

坊间传闻暴F集团实际控制人是否是由于在并购海外公司过程中涉嫌向相关人员行贿被逮捕，还需官方进一步确认公布。

细思极恐。连暴F集团这样曾经的"股市明星"都被洋人"割了韭菜"，我们小散户怎么才能坚强地活下去呢？

300多年前，发现了万有引力定律、发明了微积分方程的牛顿在投资南海公司血本无归后曾说："我能计算出天体的运行，却算不出人性的疯狂。"

第四篇　中国A股会计谜题

是啊。看来混迹资本市场，还是要不断修炼内功，坚守价值投资理念。相信不懈的努力和勤奋总有一天会让"小韭菜"长成"参天大树"。

不错。

嘿嘿，好期待能够像小Z老师一样将价值投资理念与投资实践完美地结合在一起。

呵呵，其实要实现价值投资理念与实务的统一并非难事。

是啊，但总感觉自己缺乏对中国资本市场的深刻认知。

不用着急，跟着我认真学习准则知识，相信总有一天你会成长为"参天大树"的。

嗯嗯，感谢您的鼓励与支持。

不客气，聊了这么长时间，为师最后再为你回顾一下暴F集团52亿元海外并购"滑铁卢"案例中涉及的重要财务会计知识点吧。

重要知识点回顾

结构化主体	概念	在确定其控制方时没有将表决权或类似权利作为决定因素而设计的主体
	举例	分级基金、结构化基金。表决权不以投资金额决定，主要取决于结构化主体所处层级所拥有的权力、承担的风险等
控制认定	概念	投资方拥有对被投资方的权力，通过参与被投资方的相关活动而享有可变回报，并且有能力运用对被投资方的权力影响其回报金额
	举例	结构化基金劣后方根据相关协议，拥有对结构化基金的控制权力，且有能力运用对结构化基金的控制权力影响其回报金额（获取超额收益或承担亏损）
预计负债	概念	与或有事项相关的义务同时满足下列条件的应当确认为预计负债： （一）该义务是企业承担的现时义务； （二）履行该义务很可能导致经济利益流出企业； （三）该义务的金额能够可靠地计量。
	举例	未决诉讼。在满足预计负债确认条件时计提预计负债。相关金额应根据专业人士的最佳估计情况确定
或有负债	概念	不满足预计负债确认条件的或有事项
	举例	未决诉讼，但可以合理预期打输官司的可能性很小
或有资产	概念	过去的交易或者事项形成的潜在资产，其存在须通过未来不确定事项的发生或不发生予以证实
	举例	应单独确认一项资产，不能扣减其当期所确认的预计负债金额

第二十章　股权的诱惑：拨开伊L股份21年高管激励迷雾

2019年8月6日，伊L股份盘中股价一度逼近跌停，至收盘时股价暴跌8.8%。暴跌缘起一则限制性股票激励计划公告。其实，伊L从1998年起至今累计发生了四次高管激励事件，历来均是市场关注的焦点。本章通过回顾伊L股份21年高管激励之路，解析限制性股票和股票期权激励基本原理、会计处理、个人所得税和盈余管理等相关实务问题。

第四篇　中国A股会计谜题

小Z老师，昨天现场去看了林书豪的CBA常规赛，现场的气氛真是棒啊。林书豪真的是有王者气质。

在NBA摸爬滚打多年的林书豪，实力确实很强。

是啊，也不枉我花大价钱抢到的门票。

呵呵，不过确实物有所值。

提到NBA，我突然想到之前H箭队老总和NBA总裁肖H因不当言论使得NBA转播被央视暂停，就连实业大佬们也纷纷取消了对其的商业赞助。

听说有好多知名企业都取消了对NBA的赞助，但不知道具体有哪些呢？

我知道的有安T、蒙N、携C等等。

良心企业。又见到了蒙N的身影，蒙N真是赞助大户啊。

是啊。蒙N在赞助方面绝对称得上赫赫有名。

-305-

会计"大爆炸"

说到蒙N,你知道最有名的是什么事吗?

 嗅到了八卦的味道……

蒙N最为大家津津乐道的便是其创始人与伊L的"爱恨情仇"。

- 1958年 蒙N创始人出生于呼和浩特
- 1978年 参加工作,成为一名养牛工人
- 1983年 进入乳业工厂,从基层干起,直至担任伊L集团生产经营副总裁
- 1998年 和伊L董事长矛盾激化,被迫出走伊L
- 1999年 创立蒙N,获得6,100万美元投资
- 2002~2003年 蒙N高速成长,为满足发展需要,欲收购伊L

蒙N与伊L的"爱恨情仇"

 原来蒙N和伊L还有这么一段历史啊。根据蒙N与伊L的"爱恨情仇"历程,后来蒙N收购伊L了吗?

并没有。原伊L总裁在当时嗅到了危险的气息。为了不被蒙N收购,通过MBO(管理层收购)操作,最终将伊L的控制权牢牢掌握在了自己手中。

 哦哦。

第四篇　中国A股会计谜题

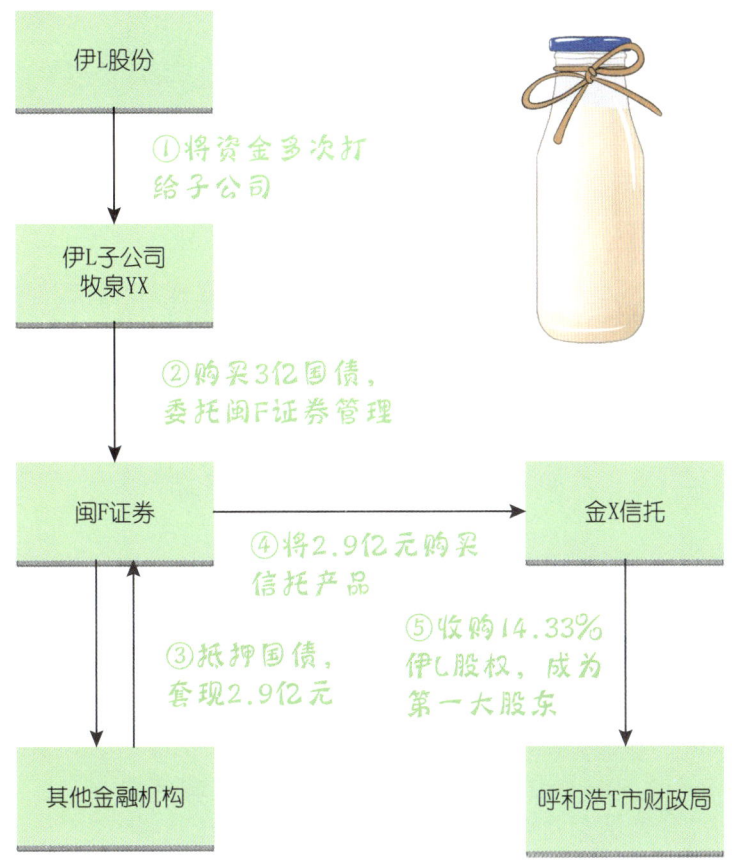

原伊L总裁通过MBO操作掌控伊L股权过程

这个MBO过程感觉好复杂呀！

虽然成功避免了被蒙N并购，但就在2004年6月28日，伊L三名独董发表联合声明，质疑原伊L总裁在巨额投资国债、股份转让等方面存在问题。最终原伊L总裁因涉嫌挪用公款被正式逮捕，后被判处有期徒刑6年。

真是"成也股权，败也股权"。股权的诱惑可真不小。

-307-

会计"大爆炸"

> 是的。原伊L总裁银铛入狱后,伊L下一任掌舵人潘G也从未停止过对股权激励的追逐。自2006年上任以来,其14年间共实施了4次股权激励计划。

 股权激励是什么呢,竟让伊L高管如此趋之若鹜?

> 股权激励通常是指上市公司以本公司股票为标的,对其董事、高级管理人员及其他核心员工进行的长期性激励。

 那上市公司一般会通过什么方式对高管及核心成员进行股权激励呢?

> 实务中,通常有**限制性股票和股票期权**,也即以权益结算的股份支付。此外,还有以**现金结算的股份支付**,其支付的标的是现金,但支付现金的多少主要取决于对应标的股票价值变化。

 这样啊,感觉还挺复杂。

> 不过目前实务中大部分上市公司股权激励以权益结算,因为这种激励方式**对于公司来说资金压力相对较小**。

 确实如此。

真金白银的现金结算股份支付对于一般公司来讲确实是一笔不小的支出。

是的。今天为师主要以伊L股份股权激励为例,给你重点讲解**限制性股票**和**股票期权**的基本原理、会计处理等实务问题。

好啊好啊。那什么是限制性股票呢?

限制性股票,是指上市公司按照预先确定的条件以非公开发行方式授予激励对象一定数量的本公司股票。只有在满足股权激励计划规定条件后,激励对象才可出售股票获益。说白了,这种操作就是**公司向管理层低价定向增发股票,最低授予价格可打五折**。

那股票期权呢?

股票期权,是指激励对象满足股权激励计划规定条件后,获得在未来以预先确定的价格购买本公司股票的权利。说白了,**股票期权就是公司向管理层授予股票看涨期权,且基础资产为公司自身股票**。

嗯嗯,明白啦!

很好。

会计"大爆炸"

限制性股票

上市公司按照预先确定的条件以非公开发行方式授予激励对象一定数量的本公司股票。只有在满足股权激励计划规定条件后,激励对象才可出售股票获益。其实质是公司向管理层低价定向增发股票,最低授予价格可打五折。

股票期权

激励对象满足股权激励计划规定条件后,获得在未来以预先确定的价格购买本公司股票的权利。其实质是公司向管理层授予股票看涨期权,且基础资产为公司自身股票。

关于行权条件

○激励对象为董事、高级管理人员的,上市公司应当设立绩效考核指标作为激励对象行使权益的条件。

○行权条件一般划分为等待年限(如服务年)和业绩条件。其中,业绩条件又可进一步划分为市场条件(如股价增长率)和非市场条件(如利润增长率)。

小白:那伊L股份采用的是哪种方式呢?

小Z:两种股权激励方式都采用过。其中,2006年采用的是股票期权激励。2019年采用的是限制性股票激励。2016年两者兼而有之。

- 2006年11月 公布股票期权激励计划摘要(草案)
- 2014年10月 公布持股计划(草案)
- 2016年10月2日 公布股票期权与限制性股票激励计划(草案)
- 2019年8月6日 公布限制性股票激励计划(草案)

伊L股份股权激励之路

这两种激励方式分别怎么操作的呢?

想要弄清楚这两种股权激励操作模式,需主要理解股权激励的核心三要素:**数量、价格和时间**。

应如何理解股权激励的核心三要素呢?

为师就以伊L股份2019年和2006年两次股权激励事件为例,就相关问题为你一一讲解。

赶快拿出小本本儿记重点。

首先来看2019年8月伊L股份公告的限制性股票激励计划(草案)。

伊L限制性股票激励计划(草案)节选

- 伊L限制性股票授予价格确定情况

五、限制性股票的授予价格和授予价格的确定方法

1、限制性股票的授予价格

本激励计划授予的限制性股票的授予价格为15.46元/股。

会计"大爆炸"

伊L限制性股票激励计划(草案)节选

· 伊L限制性股票解除限售期条件

本计划授予的限制性股票分五期解除限售,基期为2018年,每一期解除限售的业绩条件如下:

解除限售期	公司业绩考核目标
第一个解除限售期	以2018年净利润为基数,2019年净利润增长率不低于8%,净资产收益率不低于15%。
第二个解除限售期	以2018年净利润为基数,2020年净利润增长率不低于18%,净资产收益率不低于15%。
第三个解除限售期	以2018年净利润为基数,2021年净利润增长率不低于28%,净资产收益率不低于15%。
第四个解除限售期	以2018年净利润为基数,2022年净利润增长率不低于38%,净资产收益率不低于15%。
第五个解除限售期	以2018年净利润为基数,2023年净利润增长率不低于48%,净资产收益率不低于15%。

我记得这个公告一出,在当时引发了市场轩然大波。在2019年下半年A股市场较为平稳的情况下,伊L股份8月6日盘中股价却一度逼近跌停,至收盘时暴跌8.8%。

是的。市场认为此次限制性股票激励计划业绩条件门槛不高、股票授予价格过低。据市场媒体分析,投资者对被激励对象可以低价买入股票并在将来轻松实现业绩目标后巨额套现感到不满,因此选择了"用脚投票"。

哦哦。那您刚才说的限制性股票激励中的数量、价格、时间主要指的是什么呢?

下图列示了三要素的核心内容,你暂且收藏,接下来我会一一为你具体讲解。

限制性股票核心三要素

价格

概念:上市公司在授予激励对象限制性股票时,应该根据相关规定,确定授予价格

举例:授予价格不得低于计划草案公布前1个交易日公司股价均价50%及草案公布前20个交易日、60个交易日或者120个交易日公司股价交易均价之一的50%的较高者

数量

概念:标的股票数量及激励对象可获股票数量的最大额

举例:如上市公司被授予的股票激励数量不得超过公司股本总额的10%

时间

概念:股权激励涉及的主要时间节点

举例:包括授予日、限售日、出售日和有效期

 好啊好啊,那数量主要指的是什么呢?

数量主要是指股权激励计划所涉及的**标的股票数量及激励对象可获股票数量的限制性**规定,证监会和国资委对此均做出了具体规定。比如证监会要求上市公司授予股权激励计划标的股票总量不得超过公司股本总额的10%,国资委也做出了类似的规定。

—313—

会计"大爆炸"

证监会&国资委对股权激励授予数量相关规定

- 证监会《上市公司股权激励管理办法》第十四条（二）

　　上市公司全部在有效期内的股权激励计划所涉及的标的股票总数累计不得超过公司股本总额的10%。非经股东大会特别决议批准，任何一名激励对象通过全部在有效期内的股权激励计划获授的本公司股票，累计不得超过公司股本总额的1%。

- 国资委《国有控股上市公司（境内）实施股权激励试行办法》

　　第十四条　在股权激励计划有效期内授予的股权总量，应结合上市公司股本规模的大小和股权激励对象的范围、股权激励水平等因素，在0.1%-10%之间合理确定。但上市公司全部有效的股权激励计划所涉及的标的股票总数累计不得超过公司股本总额的10%。

　　上市公司首次实施股权激励计划授予的股权数量原则上应控制在上市公司股本总额的1%以内。

　　第十五条　上市公司任何一名激励对象通过全部有效的股权激励计划获授的本公司股权，累计不得超过公司股本总额的1%，经股东大会特别决议批准的除外。

那根据8月6日伊L股份股权激励计划公告，其拟授予限制性股票共1.8亿股，占激励计划（草案）公告时总股本的3%。向董事长潘G授予6,080万股，占股本总额0.9927%，在所有被激励对象中授予数量最高。没毛病。

确实没毛病。

那价格呢？伊L股份是如何确定授予价格的？

草案中公布的限制性股票授予价格为15.46元/股，是8月5日交易均价30.92元的50%。

Tips

根据《上市公司股权激励管理办法》第二十三条，公司应当确定授予价格或授予价格的确定方法。

第二十三条 上市公司在授予激励对象限制性股票时，应当确定授予价格或授予价格的确定方法。授予价格不得低于股票票面金额，且原则上不得低于下列价格较高者：

（一）股权激励计划草案公布前1个交易日的公司股票交易均价的50%；

（二）股权激励计划草案公布前20个交易日、60个交易日或者120个交易日的公司股票交易均价之一的50%。

这样啊。看来伊L股份在股权激励方案设计方面都符合法律规定。

是的。不过我记得2018年有一家上市公司直接把授予价格定为草案公布前股票市场价格的10%，为的就是使被激励对象能够以更低的价格获得公司股票。

会计"大爆炸"

什么?这简直是赤裸裸地"掏空"上市公司啊。

是的,一点都没错。

那这家上市的这个股权激励计划(草案)最终获得通过了吗?

当然没有,这场股权激励方案的闹剧最终以惨淡结局收场。

这可真是贪心不足蛇吞象。

现在可不是"人有多大胆,地有多大产"的时代了。没有规矩不成方圆。

必须的!那数量和价格讲完了,最后一个时间因素怎么理解呢?

对于限制性股票激励,主要包括授予日、限售日、出售日和有效期。

嗯嗯。

第四篇　中国A股会计谜题

 此次激励计划规定的解除限售条件成就后（实现既定业绩目标），限制性股票可自由卖出之日

 从授予日到所有限制性股票解除限售或回购注销完毕之日止，有效期不得超过10年，伊L此次方案的有效期为72个月，超过这个期限视为股权激励失效

| 授予日 | 解除限售日 | 出售日 | 有效期 |

伊L向激励对象授予限制性股票的日期，本次草案尚未公布授予日

解除限售日后，被激励对象选择卖出股票的日期

伊L股份限制性股票激励计划（草案）涉及的关键时间节点

有了伊L这只"大白马"的业绩作保障，潘G本人肯定顺利解锁限售股，赚得钵满盆满。羡慕嫉妒恨呐。

Tips

根据《上市公司股权激励管理办法》第二十五条，公司应当分期解除。伊L此次方案中设置了5个解除限售期。在各个解除限售期，激励对象可出售所持股票，出售当天即为出售日。

限制性股票激励计划的具体解除限售时间安排如下：

解除限售期	解除限售时间	可解除限售比例
第一个解除限售期	自授予日起12个月后的首个交易日起至授予日起24个月内的最后一个交易日止	20%
第二个解除限售期	自授予日起24个月后的首个交易日起至授予日起36个月内的最后一个交易日止	20%
第三个解除限售期	自授予日起36个月后的首个交易日起至授予日起48个月内的最后一个交易日止	20%
第四个解除限售期	自授予日起48个月后的首个交易日起至授予日起60个月内的最后一个交易日止	20%
第五个解除限售期	自授予日起60个月后的首个交易日起至授予日起72个月内的最后一个交易日止	20%

对于潘G而言，其股权激励收入可能并没有想象中的那么多。

这是为什么呢？

根据税法规定，其取得的限制性股票激励收入须按照"工资、薪金所得"缴纳个人所得税。

限制性股票激励收入相关税收问题

- 国家税务总局《关于股权激励有关个人所得税问题的通知》

应纳税所得额=（股票登记日股票市价+本批次解禁股票当日市价）÷2×本批次解禁股票份数-被激励对象实际支付的资金总额×（本批次解禁股票份数÷被激励对象获取的限制性股票总份数）

- 《关于个人所得税法修改后有关优惠政策衔接问题的通知》

在2021年12月31日前，股权激励收入不并入当年综合所得，全额单独适用综合所得税率表，计算纳税。计算公式为：

应纳税额 = 股权激励收入 × 适用税率 − 速算扣除数

预期潘G会获得巨额股权激励收入，那他应该会按照最高的45%税率纳税呐。

是的，的确如此。

那这近一半的激励收益应在什么时候纳税呢?

自限制性股票解禁之日起,在不超过12个月内缴纳。

那如果解禁日后,伊L股价继续大涨,实际出售日股价超过解禁日股价的部分,是否还要补交个人所得税?

该部分价差属于"资本利得"。根据税法规定,**出售股票时,对转让所得暂不征收个人所得税**。

完全明白了。小Z老师讲解棒棒哒。

很好,孺子可教也。

嘿嘿。那小Z老师,伊L股份授予管理层限制性股票,应如何进行会计处理呢?

关于公司向管理层授予限制性股票的会计处理,其主要应区分**授予日、等待期和解禁日**分别处理。

那具体应如何处理呢?

且听我慢慢讲来。

首先在授予日,实务中上市公司通常会以非公开发行方式向激励对象发行股票,并履行相关的注册登记程序。公司应在激励对象缴款时确认"银行存款""库存股"和"资本公积"等科目。同时,就回购义务确认负债。**这个过程实际就是公司募集资金,可视为激励对象作为股东对公司的投入。**

为什么公司需就回购义务确认负债呢?

限制性股票通常设有解锁条件,如果解锁条件未实现,那么公司就要履行回购义务。简单理解,在授予日虽然激励对象在法律上成为公司股东(已经注册登记),但最终能否成为真正股东仍存在不确定性,如激励对象是否能实现解锁条件获得股权激励尚不确定,所以公司在收到激励对象认购款后需考虑回购的可能性。

那应该如何确认呢?

具体会计处理如下。

会不会很复杂?

不是非常复杂。

哦哦。

第四篇　中国A股会计谜题

限制性股票激励授予日会计处理

· 向激励对象发行限制性股票按有关规定履行登记等增资手续的，收到缴纳的认股款时：

借：银行存款【按照职工缴纳的认股款】
　　贷：股本
　　　　资本公积——股本溢价

· 就回购义务确认负债：

借：库存股【按限制性股票数量及回购价格确定的金额】
　　贷：其他应付款——限制性股票回购义务

明白了，那接下来还应有哪些会计处理呢？

如果在授予日立即行权，那伊L股份应直接按照授予日限制性股票公允价值与授予数量的乘积确认成本费用（管理费用等），同时确认"资本公积——股本溢价"。

这个处理的逻辑和原理是什么呢？

这里，管理费用可视为公司为激励对象提供服务所支付的成本，这种对价并非以现金支付，而是作为激励对象的股东投入，记入"资本公积——股本溢价"。

那对于非立即行权的情况呢？

会计"大爆炸"

实务中通常为非立即行权的情况。该情况下，激励对象在授予日后进入限售期。限售期内，伊L股份应在每个资产负债表日，按照**授予日股票的公允价值和限制性股票各期解除限售比例的乘积**将激励对象提供的服务计入成本费用（如管理费用），同时确认"资本公积——其他资本公积"。

咦？为什么这种情况下记入"资本公积——其他资本公积"，不应该是"资本公积——股本溢价"吗？

并不是的，对于等待期内所有者权益的确认，因为激励对象是否真正能成为股东尚存不确定性，因此应视为激励对象"潜在股东"的投入，需记入过渡科目"**资本公积——其他资本公积**"。

哦哦，这样啊。

此外，还有一点需特别注意：限售期内的每个资产负债表日，限制性股票的价格计算基础均为**授予日股票的公允价值**，无需确认其后续公允价值变动。

哈哈，明白啦。那限制性股票各期解除限售比例是什么意思呢？

各期解除限售比例是一个动态变化的过程。

在限售期内每个资产负债表日，公司应根据最新取得的可行权职工人数变动情况做出最佳估计（简单理解就是估计下一期有多少人离职等），对授予日预计授予的股票数量进行调整。比如授予日预计向50名高管授予股权激励，但在授予后一年内有5名激励对象离职，那么公司应对授予日股票授予数量进行调整，按照一定方法得出各期解除限售比例的最佳估计。

限售期股权激励费用确认公式

第一期管理费用=（激励对象总数−已离职人数−预计离职人数）×授予日股票公允价格×股数×等待期时间占比

第二期管理费用=（激励对象总数−已离职人数−预计离职人数）×授予日股票公允价格×股数×等待期时间占比−第一期已确认管理费用

以此类推……

明白啦。那限售期已满后，应如何进行处理呢？

这里需考虑两种情形：一是**未实现解锁条件，公司需回购注销股票**。二是实现解锁条件，**激励对象成功"转正"，成为公司真正股东**。

那这两种情况应分别如何进行处理？

且听我慢慢讲解。

对于未实现解锁条件的情况，公司应首先**冲减之前确认的负债**（其他应付款），而后将已收股价款（银行存款）返还给激励对象。而后，公司应**冲减已确认库存股、股本、股本溢价**。

未实现解锁条件下的会计分录

借：其他应付款——限制性股票回购义务
    贷：银行存款【按照职工缴纳的认股款】
借：股本
    资本公积——股本溢价
        贷：库存股【按限制性股票数量及回购价格确定的金额】

那如果激励对象实现解锁条件了，应如何处理呢？

此时，达到解锁条件后，公司进行股权激励时的回购义务不复存在，**应冲减库存股及其他应付款**，同时将限售期内累计确认的"**资本公积——其他资本公积**"一次性结转到"**资本公积——股本溢价**"。

好棒啊，限制性股票完全Get！接下来您能不能再为我讲讲**股票期权激励**呢？

与限制性股票激励相同，股票期权激励也涉及**数量、价格和时间**三个核心要素。

看来所有股权激励计划的设计逻辑是类似的。

非也。除了数量以外,这两种方式差别还是蛮大的。关于数量,与限制性股票规定一致,不再赘述。

哦哦。不过小Z老师,伊L股份2006年股票期权激励计划(草案)显示,授予潘G股票1,500万股,占公司股本总额的2.0943%,超过了规定的1%。这里是不是违规操作了?

并没有。根据当时的《上市公司股权激励管理办法(试行)》,对于超过1%的特殊情况,只要经过股东大会特别决议批准也可执行。

这样哦……那价格如何确定呢?

与限制性股票规定类似,只是不再打五折。当年股权激励计划(草案)公布前一交易日收盘价为13.33元(经除权)。草案公布前30个交易日内平均收盘价格为12.30元。根据孰高原则,确定行权价格为13.33元。

原来是这样啊。

呵呵,是的。

股票期权授予数量相关规定

- 证监会《上市公司股权激励管理办法》

第二十九条　上市公司在授予激励对象股票期权时，应当确定行权价格或者行权价格的确定方法。行权价格不得低于股票票面金额，且原则上不得低于下列价格较高者：

（一）股权激励计划草案公布前1个交易日的公司股票交易均价；

（二）股权激励计划草案公布前20个交易日、60个交易日或者120个交易日的公司股票交易均价之一。

- 《国有控股上市公司（境内）实施股权激励试行办法》

第十八条　根据公平市场价原则，确定股权的授予价格（行权价格）。

（一）上市公司股权的授予价格应不低于下列价格较高者：

1.股权激励计划草案摘要公布前一个交易日的公司标的股票收盘价；

2.股权激励计划草案摘要公布前30个交易日内的公司标的股票平均收盘价。

看来限制性股票和股票期权激励授予价格确定的方法和结果差异很大啊。

确实差别显著。

那时间因素呢？我猜差异一定也很大。

小白领悟得很快。

确实差异也很大。主要包括**授予日、可行权日、行权日和期权失效日**。

 可行权条件得到满足（如达到业绩条件），激励对象可从企业取得权益工具或现金权利的日期。伊L高管2007年12月28日达到了既定业绩条件，有权从企业获得股票，该日即为可行权日

授予日 — **可行权日** — **行权日**

规定与限制性股票类似

激励对象行使权利，获取现金或权益工具的日期。因为期权激励授予的是购买股票的权利，激励对象可自行判断是否行使购买权利

伊L股份股票期权激励计划（草案）涉及的关键时间节点

 那伊L股份实行股票期权激励，应如何进行会计处理呢？

关于伊L授予管理层股票期权的会计处理，其主要应区分**授予日、可行权日、行权日等分别处理**。

 那具体应如何处理呢？

首先在授予日，股权期权不涉及激励对象缴纳认股款，授予日一般**不进行会计处理**。如果在授予日立即行权，应直接按照授予日股票公允价值与授予数量的乘积确认成本费用（管理费用等），同时确认"资本公积——股本溢价"。

那在授予日至可行权日之间的等待期内,应如何进行处理呢?

相关处理过程与授予限制性股票类似。

哦哦。那行权日之后呢,应如何处理?

行权日,公司应根据实际收到激励对象的认股款记入"**银行存款**",实际行权的股数额记入"**股本**",冲减等待期内累计确认的"**其他资本公积**",最后倒挤出"**股本溢价**"的金额。

股票期权行权日会计分录

借:银行存款【实际收到激励对象认股款】
　　资本公积——其他资本公积【等待期累计确认金额】
　贷:股本【实际行权的股权数额】
　　　资本公积——股本溢价【根据以上三个科目倒挤得出】

好棒啊。还有就是与限制性股票激励一样,股票期权激励也会涉及个人所得税问题咯?

是的。

根据税法规定,激励对象可自股票期权行权之日起,在不超过12个月的期限内按照"工资、薪金所得"适用的规定计算缴纳个人所得税。

股权激励相关税收规定

- 股票期权形式的工资薪金应纳税所得额=(行权股票的每股市场价－员工取得该股票期权支付的每股施权价)×股票数量。
- 股票期权行权收入和限制性股票一样,在2021年12月31日前,不并入当年综合所得,全额单独适用综合所得税率表,计算纳税。
- 对于行权日到出售日之间的资本利得,即出售日股票市价高出行权日市价的部分,按照现行税法免征个人所得税。

 怎么隐约感觉这里面存在着许多管理层可进行盈余管理的空间呢?

没错。不同时点,公司盈余管理动机不同:第一,授予日前,公司有向下(业绩下调)盈余管理的动机:一方面是为了使股权激励方案更容易通过。另一方面也是考虑到行权价格的问题。第二,等待期,盈余管理的目的是达到行权业绩条件(业绩上调)。第三,行权日前,管理层为成功避税,会向下盈余管理。第四,若选择出售所持股票,在出售日前,会向上盈余管理或者在利空消息释放前抛售股票。

 嗯嗯。

会计"大爆炸"

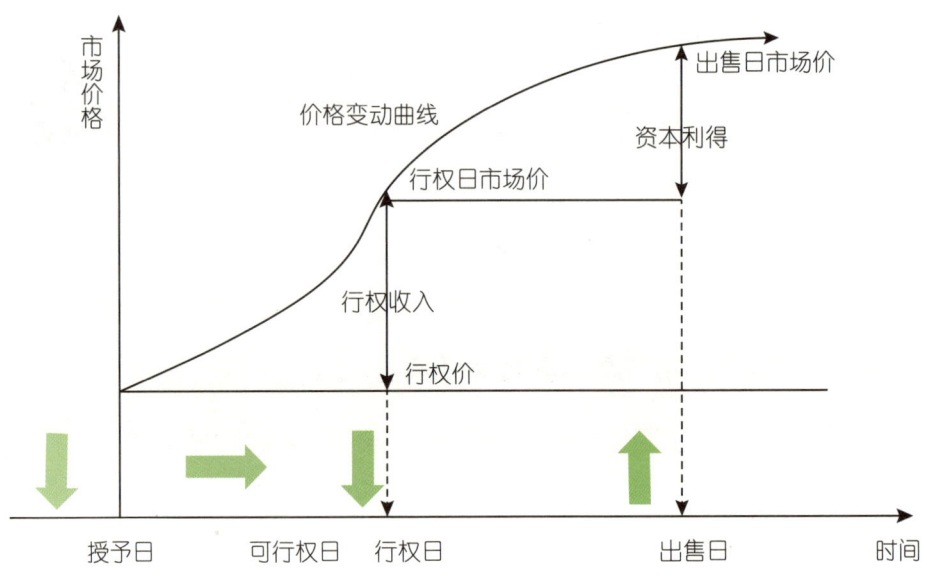

不同时点盈余管理动机

 小Z老师,您这里有好多可以做学术研究的题目啊!

是的,学术总要联系实务的。

 嗯嗯。突然很好奇,管理层既要行权,又要交个人所得税,他们哪来这么多钱啊?

这笔资金少则上千万,多则上亿,管理层个人确实难以承担。实务中,他们一般会与金融机构签订对赌计划,由金融机构替其垫资,待股票抛售后,双方再分享收益。

 竟然还有如此操作!

2006年伊L股权激励中高管的筹资方式

根据本次股权激励计划，本次股权激励计划中已确定的激励对象为潘■、胡■、赵■和刘■四人，公司拟授予四人的股票期权数量分别为1,500万份、500万份、500万份和500万份。根据《内蒙古伊■■集团股份有限公司关于股票期权激励计划有关情况的说明》，若上述四人首期在额度内充分行权，以已确定的行权价格13.33元计算，所需行权资金分别为5,000万元、1,666万元、1,666万元和1,666万元。根据伊■股份的说明，上述四人拟通过借款的形式筹集首期形权资金。以后形权资金，则计划将首期行权所得股票卖出，滚动行权（即行权后卖出，卖出后继续行权，滚动操作）。

■铭投资有限公司（以下简称"■铭投资"）于2006年7月5日向上述四人分别出具了《借款承诺书》。根据该等承诺书，■铭投资同意分别借给潘■、胡■、赵■和刘■5,000万元、1,600万元、1,600万元和1,600万元，该资金必须用于上述四人因本次股权激励计划获授的股票期权行权。若本次股权激励计划获伊■股份股东大会通过，在伊■股份正式授予上述四人股票期权后的一年内，■铭投资将与上述四人办理具体借款手续。根据上述承诺书，在上述四人与■铭投资达成借款意向的过程中，伊■股份没有为激励对象提供任何形式的财务资助，包括为其贷款提供担保。

实务中，部分公司高管还会通过以下方式筹资。

小Z

激励对象常见的筹资方式还有：

1. 与信托公司签订贷款融资协议，由信托公司垫资行权，获得的奖励股票抵押给信托公司，用分红偿还本息，偿还完毕后信托公司将股票过户给激励对象

2. 公司将资金委托给信托公司，信托公司与激励对象签订贷款融资协议，将资金贷给激励对象用于行权。当激励对象偿还本息后，在扣除相关费用和报酬后，信托公司将资金返还给公司

会计"大爆炸"

完全明白啦。听了您的讲解,感觉股权激励并非想象中那么复杂哦。

其实今天只是跟你普及了股权激励的"冰山一角",诸如股票期权定价等复杂问题还未涉及。待为师有时间好好给你讲一讲股票期权定价之谜吧。

好期待啊~

重要知识点回顾

限制性股票	概念	上市公司按照预先确定的条件以非公开发行方式授予激励对象一定数量的本公司股票。只有在满足股权激励计划规定条件后,激励对象才可出售股票获益
	举例	公司向管理层低价定向增发股票,最低授予价格可打五折
股票期权	概念	激励对象满足股权激励计划规定条件后,获得在未来以预先确定的价格购买本公司股票的权利
	举例	公司向管理层授予股票看涨期权,且基础资产为公司自身股票
股份支付税收	概念	个人所得税
	举例	○限制性股票:取得的限制性股票激励收入须按照"工资、薪金所得"缴纳个人所得税。自限制性股票解禁之日起,在不超过12个月内缴纳 ○自股票期权行权之日起,在不超过12个月的期限内按"工资、薪金所得"缴纳
股份支付盈余管理	概念	在不同时点,公司通过股份支付具有不同的盈余管理动机和手段
	举例	以股票期权为例: (1)授予日前,公司有向下(业绩下调等)盈余管理的动机。一方面是为了使股权激励方案更容易通过。另一方面也是考虑到行权价格的问题。(2)等待期,盈余管理的目的是达到行权业绩条件(业绩上调等)。(3)行权日前,管理层为成功避税,会向下盈余管理。(4)出售日前,会向上盈余管理或者在利空消息释放前抛售股票

第二十一章　Q虎公司"借壳上市"回归A股之路

2019年10月18日，证监会发布《关于修改〈上市公司重大资产重组管理办法〉的决定》，允许符合国家战略的高新技术产业和战略性新兴产业相关资产在创业板重组上市。本章通过回顾Q虎借壳上市回归A股之路，详细解析借壳上市背后的有关反向购买法原理、合并成本计算、合并报表编制等实务问题。

小Z老师，证监会发布了《关于修改〈上市公司重大资产重组管理办法〉的决定》。感觉新规进一步完善了上市公司重大资产重组制度体系。

是的。此举意在支持深圳建设中国特色社会主义先行示范区，优化重组上市监管制度，是落实全面深化资本市场改革总体方案的重要举措。

好赞啊，那此次制度修订有什么重要变化呢？

主要是取消了重组上市认定标准中的"净利润"指标、缩短"累计首次原则"计算期间、允许符合国家战略的高新技术产业和战略性新兴产业相关资产在创业板借壳上市、恢复重组上市配套融资，以及加强重组业绩承诺监管等。

重组政策重要变化

取消重组上市认定标准中的"净利润"指标

缩短"累计首次原则"计算期间

允许符合国家战略的高新技术产业和战略性新兴产业相关资产在创业板借壳上市

恢复重组上市配套融资

加强重组业绩承诺监管等

好棒。感觉这个允许创业板借壳上市的规定真的很靓，想必未来通过创业板的"壳"实现重组上市的公司会越来越多吧？

会计"大爆炸"

有可能。在我国,IPO上市通常审核较为严格,且流程较长,使部分公司望而却步。而近年来凭借审核程序简单、审核标准较宽松等优势,借壳上市已成为多数非上市公司,特别是"独角兽"企业青睐的上市方式之一。

 条条大路通罗马。理性的公司会权衡不同上市方式,最终会选择最为合适的路径。

是的,你说的很有道理。

 小Z老师,什么是借壳上市呢?

借壳上市,是指非上市公司通过**并购、重组、资产置换**等方式取得"壳公司"(上市公司)控制权,再将自身资产装入"壳公司",实现"迂回"上市。通常所指的"壳",就是企业具有的上市资格。

 那借壳上市背后蕴含哪些财务与会计问题呢?

很好。小白现在可以处处以会计思维来思考问题了。为便于理解,为师通过2017年网络安全巨头Q虎公司与某电梯制造上市公司江南嘉J资产重组的案例给你详细讲解借壳上市背后涉及的财务与会计问题。

 好啊好啊。赶快拿出小本本儿记重点。

首先简单回顾一下Q虎公司回归A股之路。在过去几年中，Q虎公司经历了美国上市、私有化退市、排队IPO。兜兜转转，在进行上市辅导"虚晃一枪"后，这家网络安全巨头最终选择了借壳上市。

好传奇的借壳上市之路。

是的。Q虎公司主要通过**重大资产出售、重大资产置换以及发行股份购买资产**三步成功实现借壳上市。

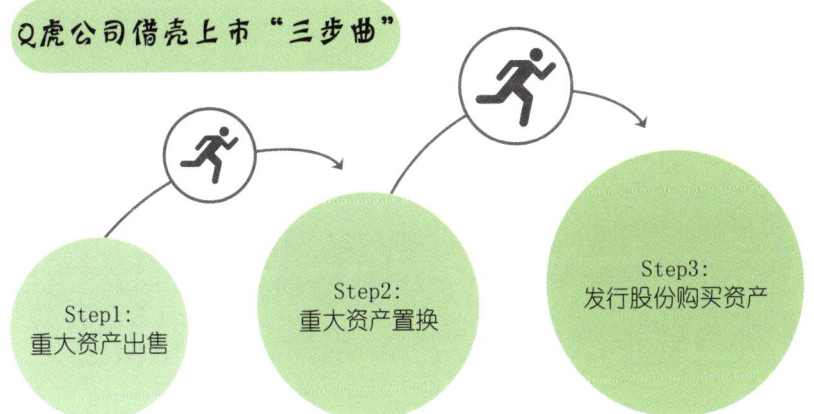

Q虎公司借壳上市"三步曲"

Step1: 重大资产出售

Step2: 重大资产置换

Step3: 发行股份购买资产

这三步分别是怎么实现的呢？

首先要将江南嘉J公司**清理为标准的"净壳"**，即转出所有资产和负债，只保留上市资格，便于后续Q虎公司优质资产的注入。

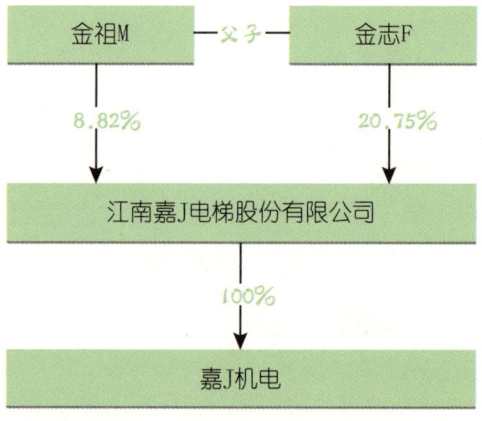

借壳前"壳资源"股权关系

那如何将江南嘉J清理为标准的"净壳"呢?

主要为**资产划转和子公司股权转让**。资产划转方面,江南嘉J全资子公司承接其转出的所有资产和负债。子公司股权转让方面,江南嘉J以现金16.90亿元的交易对价出售子公司90.29%股权,交易对手是公司控股股东金氏父子或其指定的第三方。

那第二步重大资产置换呢?

江南嘉J作价1.82亿元,向Q虎公司置换出嘉J机电9.71%的股权。Q虎公司则置换出自身100%股权,该部分股权估值504.16亿元。对于双方置换资产估值存在的502.34亿元差额,由江南嘉J向Q虎公司股东增发股份予以补足。

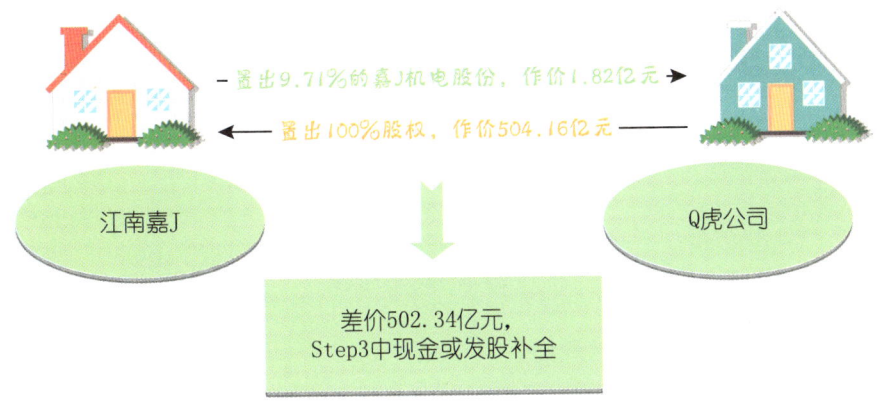

重大资产置换图

 江南嘉J通过增发股份购买资产也就是Q虎公司壳上市的最后一步?

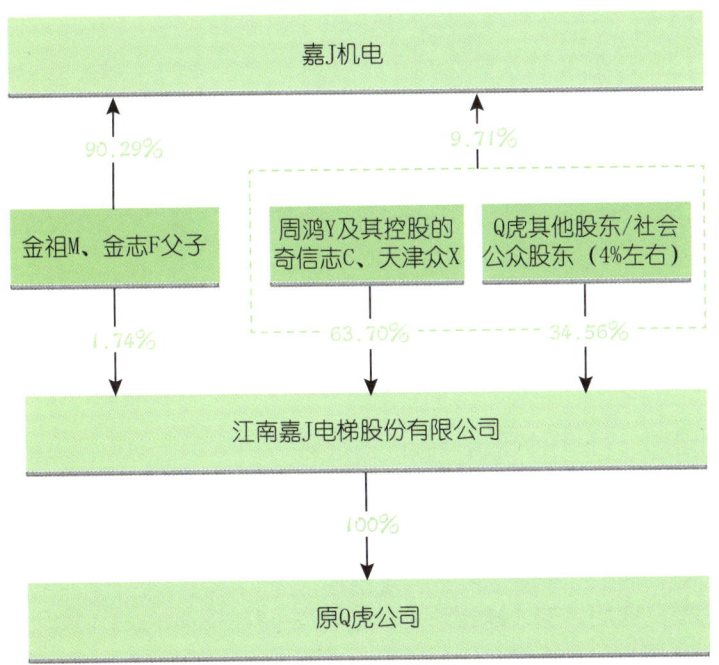

Q虎公司反向购买实现借壳上市

是的。为补足502.34亿元差额，江南嘉J以7.89元/股价格，向Q虎公司全体股东发行了63.67亿股。经过此步，**Q虎公司完成了对江南嘉J的反向购买，成功借壳上市。**

发行价格确定过程

本次重组方案中的最终发行价格为7.89元/股，交易双方首先比较了定价基准日（2017年11月3日）前20日均价8.76元/股、前60日均价10.41元/股、前120日均价10.98元/股。

最终确定以定价基准日前20日均价8.76元/股的90%，即7.89元/股作为最终的股份发行价。

最终采用20个交易日均价主要基于两点考虑：一是交易均价可降低股价随机波动性。二是在交易均价基础上的折扣，有助于降低发行价，促成交易达成。

这个发行价格的确定主要依据的哪些制度规定呢？

主要依据证监会发布的《上市公司重大资产重组管理办法》。

《上市公司重大资产重组管理办法》

第四十五条　上市公司发行股份的价格不得低于市场参考价的90%。市场参考价为本次发行股份购买资产的董事会决议公告日前20个交易日、60个交易日或者120个交易日的公司股票交易均价之一。本次发行股份购买资产的董事会决议应当说明市场参考价的选择依据。

前款所称交易均价的计算公式为：董事会决议公告日前若干个交易日公司股票交易均价=决议公告日前若干个交易日公司股票交易总额/决议公告日前若干个交易日公司股票交易总量。

第四篇　中国A股会计谜题

好复杂哦。您刚才所说的反向购买是什么意思呢？

这里涉及非同一控制下企业合并的会计概念。

《企业会计准则讲解2010》

非同一控制下的企业合并，以发行权益性证券交换股权的方式进行的，通常发行权益性证券的一方为收购方。但某些企业合并中，发行权益性证券的一方因其生产经营决策在合并后被参与合并的另一方所控制的，发行权益性证券的一方虽然为法律上的母公司，但其为会计上的被收购方，该类企业合并通常称为"反向购买"。

还是有些不太明白。明明是江南嘉J发行股份收购了Q虎公司100%股权，对Q虎公司形成控制。怎么最后反而是江南嘉J成为被并购方了呢？

这就是反向购买的精髓所在。江南嘉J虽然收购了Q虎公司100%股权，但这是以稀释原股东股权为代价的。通过向Q虎公司原股东发行股份，使得Q虎公司原股东成为江南嘉J的控股股东。合并后，江南嘉J的生产经营决策被Q虎公司原股东所控制。

这么说虽然Q虎公司股东让渡了Q虎公司100%股权给江南嘉J，但通过实际控股江南嘉J，其最终还是控制Q虎公司啊。

-341-

是的。根据实质重于形式原则，江南嘉J虽为法律上的母公司，但其却成为实际的被并购方。而Q虎公司虽为法律上的子公司，但其股东却成为实际并购方。Q虎公司股东可通过控股江南嘉J和Q虎公司，将Q虎公司资产注入江南嘉J，实现Q虎公司借壳上市，同时主导上市后Q虎公司的经营活动。

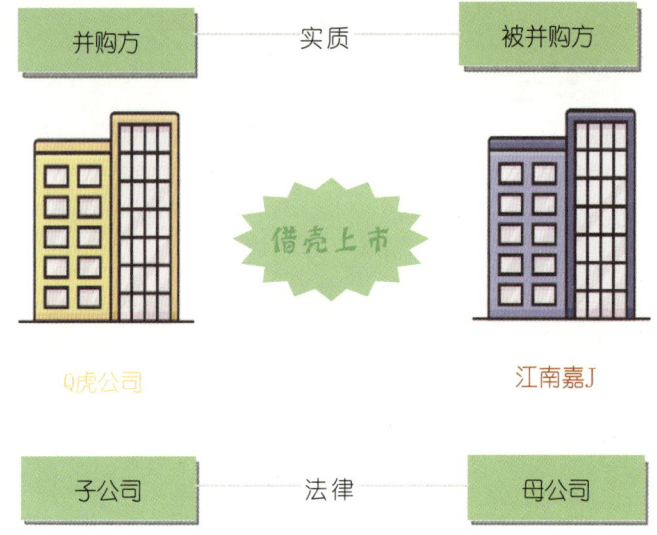

Q虎和江南嘉J在借壳上市中的身份

这样看来感觉Q虎公司原股东没有支付任何对价，就取得了江南嘉J的控股权，同时也让Q虎公司成功借壳上市。这简直是一件天上掉馅饼的大好事啊。

并不是的，天下没有免费的午餐。虽然表面上Q虎公司原股东并未支付任何对价，但因让渡Q虎公司100%股权，在取得对江南嘉J控股权后其所持Q虎公司股权比例随即被稀释。

那就可以简单地理解为Q虎公司原股东为实现对江南嘉J的控股，其向江南嘉J股东发行了"虚拟股"，导致其所持江南嘉J股权比例下降咯？

可以这么理解。

那针对此次重组，应如何进行相应的会计核算及报表编制呢？

首先来看合并成本。江南嘉J的合并成本=**发行股份购买资产股数×发行价格**。Q虎公司的合并成本为（Q虎原股东所持Q虎公司股数÷合并后在江南嘉J中持股比例−Q虎公司原股东所持Q虎公司股数）×Q虎公司重组日股价。

《企业会计准则讲解2010》

反向购买中，法律上子公司（购买方）的企业合并成本是指其如果以发行权益性证券的方式为获取在合并后报告主体的股权比例，应向法律上母公司（被购买方）的股东发行的权益性证券数量与权益性证券的公允价值计算的结果。

既然是非同一控制下企业合并，那自然会涉及商誉咯？

不一定。

是否确认商誉取决于交易发生时上市公司是否持有资产负债，或者在持有资产负债情况下，保留的资产、负债是否构成业务。

《企业会计准则讲解2010》

非上市公司以所持有的对子公司投资等资产为对价取得上市公司的控制权，构成反向购买的，上市公司编制合并财务报表时应当区别以下情况处理：

（1）交易发生时，上市公司未持有任何资产负债或仅持有现金、交易性金融资产等不构成业务的资产或负债的，应当按照权益性交易的原则进行处理，不得确认商誉或当期损益。

（2）交易发生时，上市公司保留的资产、负债构成业务的，企业合并成本与取得的上市公司可辨认净资产公允价值份额的差额应当确认为商誉或计入当期损益。

此次交易前江南嘉J所有资产和负债已被转出，只保留了上市资格，那根据准则规定，其并未持有任何资产负债，也就是说不应确认商誉或当期损益咯？

可以这么理解。Q虎公司合并成本与江南嘉J可辨认净资产公允价值之间的差额应调整资本公积，不确认商誉或计入当期损益。

明白啦。那Q虎公司作为实际的并购方，应如何编制合并报表呢？

合并后的Q虎公司资产负债表账面价值即为"**被购买方江南嘉J公司公允价值+Q虎公司的账面价值**"。

Q虎公司合并报表编制原则

项目	合并金额
流动资产	江南嘉J公司在购买日的公允价值+Q虎公司的账面价值
非流动资产	江南嘉J公司在购买日的公允价值+Q虎公司的账面价值
资产总额	合计
流动负债	江南嘉J公司在购买日的公允价值+Q虎公司的账面价值
非流动负债	江南嘉J公司在购买日的公允价值+Q虎公司的账面价值
负债总额	合计
股本（江南嘉J公司新旧股票总股数）	Q虎公司合并前发行在外的股份面值×江南嘉J持有Q虎公司的股份比例+假定Q虎公司发行的虚拟股面值总额
资本公积	资产总额−负债总额−其他所有者权益项目金额
盈余公积	Q虎公司合并前盈余公积×江南嘉J持有Q虎公司的股份比例
未分配利润	Q虎公司合并前未分配利润×江南嘉J持有Q虎公司的股份比例
少数股东权益（Q虎公司的少数股东享有的部分）	按少数股东持有Q虎公司股份比例计算享有Q虎公司合并前净资产账面价值的份额
所有者权益总额	资产总额−负债总额

会计"大爆炸"

听您这么一讲,感觉借壳上市的会计处理也不是很复杂啊。

不错。看来你是真的理解了。

嘿嘿。借壳上市真的很魔幻。Q虎公司在美国私有化退市时的市值仅约600亿元,而挂牌A股时的市值一度达到了3,850.10亿元。

是的。

哎。突然有个疑问:是不是所有规模较大的非上市公司都可以找到一个已上市公司的"壳",通过一系列并购重组安排实现借壳上市呢?

并不是。非上市公司想实现借壳上市须满足《上市公司重大资产重组管理办法》及《首次公开发行股票并上市管理办法》的相关规定。

何以见得呢?

请看以下简单实例。

嗯嗯。

借壳上市失败实例

2019年9月26日，证监会并购重组委2019年第45次会议审核结果否决了某建筑龙头企业Z建集团借壳某上市公司多X爱的事项。Z建集团处于建筑施工行业，该行业多数企业通常资产负债率高、现金流紧张、流动性差，使得并购重组委对多X爱重组置入的Z建集团资产质量和会计信息存在疑虑，导致Z建集团借壳上市事项未获通过。

并购重组委2019年第45次会议审核结果公告

中国证券监督管理委员会上市公司并购重组审核委员会2019年第45次会议于2019年9月26日上午召开。现将会议审核结果公告如下：

一、审核结果

深圳市■■科技股份有限公司（发行股份购买资产）获无条件通过

多■爱集团股份有限公司（吸收合并）未获通过

二、审核意见

多■爱集团股份有限公司吸收合并方案的审核意见为：

标的资产资产负债率较高，经营性现金流和投资性现金流持续大额为负，持续盈利能力和流动性存在不确定性，不符合《上市公司重大资产重组管理办法》第十一条和第四十三条的相关规定。

标的资产内部控制存在较大缺陷，会计基础薄弱，不符合《首次公开发行股票并上市管理办法》第十七条和第二十二条的相关规定。

上市公司监管部

2019年9月26日

小白：这样啊，看来打铁还须自身硬。非上市公司欲借壳上市，还得勤加修炼内功。只有这样才有资格通过借壳方式实现上市。

是的。这也是证监会支持优质资产注入上市公司，打击恶意"炒壳""囤壳"，遏制"忽悠式"重组、盲目跨界重组等乱象，促进上市公司质量提升和资本市场稳定健康发展的"初心"。

小Z

会计"大爆炸"

为证监会点赞。

重要知识点回顾

借壳上市	概念	非上市公司通过并购、重组、资产置换等方式取得壳公司（上市公司）控制权，再将自身资产装入壳公司，实现"迂回"上市
	举例	Q虎通过重大资产出售、重大资产置换以及发行股份购买资产三步成功实现借壳上市
反向购买	概念	在某些企业非同一控制合并中，发行权益性证券的一方因其生产经营决策在合并后被参与合并的另一方所控制的，发行权益性证券的一方虽然为法律上的母公司，但其为会计上的被收购方
	举例	法律上合并方"壳公司"通过系列并购操作，最终被被合并方控股股东控制
商誉确认	概念	非同一控制下企业合并是否确认商誉，取决于交易发生时上市公司是否持有资产负债，或者在持有资产负债情况下，保留的资产、负债是否构成业务
	举例	Q虎与江南嘉J借壳上市中，江南嘉J所有资产和负债已被转出，只保留了上市资格。此处，江南嘉J并未持有任何资产负债，也就是说不应确认商誉或当期损益

第五篇

A股上市公司"会计魔术"

目前，多数会计准则需依赖管理层主观判断做出决策的客观现实，使得部分上市公司乐于利用准则上演"会计魔术"操控业绩，这也成为近年来市场广泛关注的热点问题。会计是技术、艺术还是魔术？对于这个问题的回答，想必仁者见仁，智者见智。那么，上市公司通常会利用哪些会计科目进行业绩操控？业绩操控的手段及过程如何？怎样有效识别上市公司业绩操控伎俩？

本篇通过大量实务微案例，重点对上市公司利用资产减值、存货、生物资产、长期股权投资、会计政策及估计变更等准则进行业绩操控的主要手段和伎俩进行解析，为投资者成功"排雷"提供有益参考。其中：第二十二章"减肥太难？还是聊聊减值吧"中，全面解析生物资产涉及的"消耗性生物资产""生产性生物资产""公益性生物资产"的基本概念及报表列报规则，同时揭秘ST长K等上市公司利用资产减值相关准则规定进行业绩操控（"2121戏法"）的惯用手段和伎俩。第二十三章"舌尖上的'五花肉自由'：涉农类上市公司业绩操控的套路及对策"中，结合涉农类上市公司生物资产相关科目这一关键线索，揭秘L田股份、獐子D、参仙Y及东阿阿J等涉农类公司进行业绩操控的主要伎俩，同时提出应对之策。第二十四章"你'忽悠'世界，我调侃你：那些年我们见证过的股权投资会计魔法"和第二十五章"卖衣不如炒股：一位资本市场'老裁缝'的会计戏法"中，全面解析长期股权投资概念及其会计处理方式，同时透过系列资本市场热门实务案例，揭秘上市公司利用长期股权投资比例转换等方式进行业绩操控的惯用手段与方法。

第二十二章 减肥太难？还是聊聊减值吧

利用生物资产减值相关规定进行业绩操控已成为上市公司重要的盈余管理手段。本章首先厘清"消耗性生物资产""生产性生物资产""公益性生物资产"的基本概念及报表列报规则。同时通过微案例揭秘上市公司利用资产减值相关规定进行业绩操控的惯用手段和伎俩。

小Z老师,猪肉价格持续上涨,感觉都快吃不起猪肉了……

猪肉价格持续上涨只是暂时的,无须过分担忧。

嗯嗯,那现在是不是要买一些猪肉类上市公司股票压压惊?

且慢。是否建仓需要进一步仔细研究。

嗯?这类公司会有什么风险吗?我看好多猪肉类上市公司股票都已经起飞了。

冲动是魔鬼。你听说过獐子D扇贝"跑路"事件吗?

如雷贯耳啊。可是扇贝"跑路"和猪肉类上市公司股票有什么关联呢?

有一定关联。因为他们都涉及**"消耗性生物资产"**的概念。根据会计准则相关规定,"消耗性生物资产",指为出售而持有的、或在将来收获为农产品的生物资产,包括生长中的大田作物、蔬菜、用材林以及存栏待售的牲畜等。

哦哦。

 会计"大爆炸"

> **准则原文：《企业会计准则第5号——生物资产》**
>
> **第三条** 生物资产分为消耗性生物资产、生产性生物资产和公益性生物资产。
>
> 消耗性生物资产，是指为出售而持有的、或在将来收获为农产品的生物资产，包括生长中的大田作物、蔬菜、用材林以及存栏待售的牲畜等。
>
> 生产性生物资产，是指为产出农产品、提供劳务或出租等目的而持有的生物资产，包括经济林、薪炭林、产畜和役畜等。
>
> 公益性生物资产，是指以防护、环境保护为主要目的的生物资产，包括防风固沙林、水土保持林和水源涵养林等。

 小白：根据准则，"消耗性生物资产""生产性生物资产""公益性生物资产"有什么区别呢？

 小Z："消耗性生物资产"具有**流动性资产**的特征，通常一次性消耗并终止其服务能力或未来经济利益，如生猪肉、扇贝之类的农产品，我们获取其的目的主要为一次性食用。该类资产只能被利用一次，其价值相应地一次性转移。

 小白：那对于"生产性生物资产"，我猜应该是企业为持续生产而持有的资产吧？

 小Z：可以这么理解。

 小白：嗯嗯。

"生产性生物资产"通常具备**长期性资产**的特征，企业可反复利用该类资产持续产生经济利益。如企业可反复利用成年奶牛、种牛、基本母猪取得乳制品、繁殖新牛及猪等，这些生物资产可反复利用，且价值逐步转移。

明白啦，那"公益性生物资产"呢？

"公益性生物资产"主要用于防护、环境保护，如企业构筑防风固沙林、水源涵养林等，虽然该类生物资产不能直接为企业带来经济利益，但有助于企业从相关资产获得经济利益。通常而言，该类生物资产具有较长的生长周期和价值回收期。

那这三类生物资产在财务报表中如何填列呢？

根据会计准则相关规定，"消耗性生物资产"在"**存货**"科目中列示。"生产性生物资产"在**资产负债表中单独列示**。"公益性生物资产"在"**其他非流动资产**"科目中列示。

哦哦，具体应如何应用呢？

请看以下为师为你总结的具体应用实例。

好棒啊。

 会计"大爆炸"

三类生物资产辨析

消耗性生物资产

概念	通常一次性消耗并终止其服务能力或未来经济利益
特征	具有流动性资产的特征
举例	如生猪肉、扇贝之类的农产品,我们获取其的目的主要为一次性食用,因此它们只能被利用一次,其价值相应地一次性地转移
列报	在"存货"科目中列示

生产性生物资产

概念	企业可反复利用该类资产持续产生经济利益
特征	通常具备长期性资产的特征
举例	如企业可反复利用成年奶牛、种牛、基本母猪取得乳制品、繁殖新牛、猪等,这些生物资产可以反复利用,且价值逐步转移
列报	在资产负债表中单独列示

公益性生物资产

概念	主要用于防护、环境保护等
特征	该类生物资产具有较长的生长周期和价值回收期
举例	如企业构筑防风固沙林、水源涵养林等,虽然该类生物资产不能直接为企业带来经济利益,但有助于企业从相关资产获得经济利益
列报	在"其他非流动资产"科目中列示

此外,对于"消耗性生物资产"和"生产性生物资产",需在每个资产负债表日进行减值测试并根据测试情况确定是否计提减值准备。  小Z

 小白 嗯嗯,明白啦!

-358-

准则原文:《企业会计准则第 5 号——生物资产》

第二十一条 企业至少应当于每年年度终了对消耗性生物资产和生产性生物资产进行检查,有确凿证据表明由于遭受自然灾害、病虫害、动物疫病侵袭或市场需求变化等原因,使消耗性生物资产的可变现净值或生产性生物资产的可收回金额低于其账面价值的,应当按照可变现净值或可收回金额低于账面价值的差额,计提生物资产跌价准备或减值准备,并计入当期损益。

上述可变现净值和可收回金额,应当分别按照《企业会计准则第1号——存货》和《企业会计准则第 8 号——资产减值》确定。

消耗性生物资产减值的影响因素已经消失的,减记金额应当予以恢复,并在原已计提的跌价准备金额内转回,转回的金额计入当期损益。

生产性生物资产减值准备一经计提,不得转回。

公益性生物资产不计提减值准备。

那像扇贝、生猪一类的资产,一旦发生扇贝"跑路",或猪瘟事件,相关公司就要计提巨额资产减值损失吧?

是的。计提巨额资产减值损失意味着巨额亏损,公司股价也会相应出现断崖式下跌,如獐子D。

简直惨不忍睹啊。

是的。还有一点需要特别关注的是,这类公司也可能会通过**减值转回**对业绩进行操控。

会计"大爆炸"

什么意思?

比如獐子D事件中,公司可在某年以扇贝不见为由大额计提资产减值损失(俗称"洗大澡"),而后在下一个会计年度以扇贝游回来为由,将前期计提的资产减值损失转回,并增加当年利润。

这样啊。如此娴熟的操作。其目的何在?感觉像是用一种魔力在变戏法。

没有什么魔力,只是一些拙劣的会计伎俩。目前来看,主要是为了规避证监会关于三年连续亏损须退市的规定。这种做法在坊间也被称为"2121戏法"。

"2121戏法"?这是什么意思呢?

说白了就是连年亏损的公司一般会通过"第一年小亏、第二年巨亏、第三年扭亏为盈"的操作模式避免退市。"2121戏法"的惯用手法是:第二年多计提减值、第三年再大额转回。比如曾经的ST长K可谓是"2121戏法"的"史诗级玩家"。

感觉好厉害的样子。

非也。

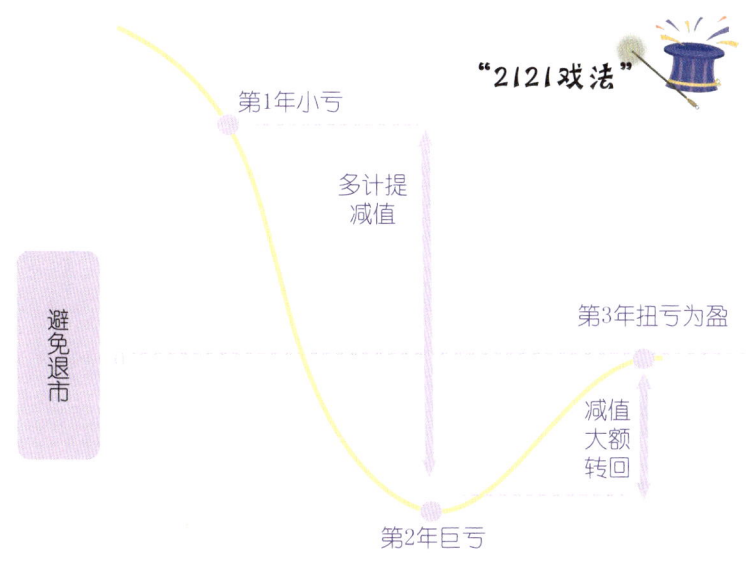

ST 长 K 1998~2006 年每股收益

年度	1998	1999	2000	2001	2002	2003	2004	2005	2006
每股收益（元）	−0.075	−0.335	0.26	−0.318	−10.996	0.03	−0.517	−0.798	0.141

该公司自1998年上市以来演绎了三个完整的"2121戏法"："1998年小亏，1999年大亏，2000年扭亏为盈"；"2001年小亏、2002年巨亏、2003年微利转回"；"2004年小亏，2005年大亏，2006年再次微利转回"。

原来是这样啊，长知识。

物以类聚，像水产品类（如海鱼、扇贝等）的上市公司可能也会利用消耗性生物资产这一特征，编造"绝收故事"操控业绩。通过计提减值"洗大澡"，而后再通过资产减值转回扭亏为盈。

会计"大爆炸"

小白：如此嚣张。那监管部门没有采取相关措施,打击这种业绩操控行为吗?

小Z：有的。比如《企业会计准则第8号——资产减值》规定,对于非流动性资产等中长期资产,**资产减值一旦计提,后期将不得转回**。目的就是为了打消部分公司利用资产减值相关规则操控业绩的念头。

小白：嗯嗯。那哪些资产计提的减值准备可以转回,哪些无法转回呢?

小Z：列个简单的表格解答你的问题。

不同类别资产减值转回情况

	资产类别	减值适用准则	是否可以转回
非流动资产	· 长期股权投资 · 投资性房地产（成本模式） · 固定资产 · 生产性生物资产 · 无形资产 · 商誉 · 探明石油天然气矿区权益和井及相关设施	《企业会计准则第8号——资产减值》	不可以
	投资性房地产（公允价值模式）	《企业会计准则第3号——投资性房地产》	不减值
流动资产	· 存货	《企业会计准则第1号——存货》	可以
	· 消耗性生物资产	《企业会计准则第5号——生物资产》	可以

根据您说的,生猪肉属于消耗性生物资产,那资产减值还是可以转回的哦,确实存在利用资产减值操控业绩的可能。

是的,但并非所有企业都这么操作。对于购买生物资产类上市公司股票一定要做足功课,仔细研究公司经营模式以及历史盈亏情况。

明白了小Z老师,冲动是魔鬼啊,我回去再好好研究一下猪肉类上市公司基本面后再做决定吧。

孺子可教也。

重要知识点回顾

消耗性生物资产	概念	具有流动性资产的特征,通常一次性消耗并终止其服务能力或未来经济利益
	举例	出售生猪肉、扇贝,具有一次性特征。财报中以"存货"列示
生产性生物资产	概念	通常具备长期性资产的特征,企业可反复利用该类资产持续产生经济利益
	举例	反复利用成年奶牛、种牛、基本母猪取得乳制品、繁殖新牛、猪等。在财报中单独列示
公益性生物资产	概念	主要用于防护、环境保护等
	举例	构筑防风固沙林、水源涵养林等。财报中以"非流动性资产"列示
"2121戏法"	概念	通过资产减值的计提与转回进行业绩操控
	举例	通过"第一年小亏、第二年巨亏、第三年扭亏为盈"的操作模式避免退市

第二十三章 舌尖上的"五花肉自由":涉农类上市公司业绩操控的套路及对策

"超级猪周期"下诸多涉农上市公司股票受到市场追捧,引发广泛关注。而在股价飙涨盛宴背后,相关上市公司业绩爆雷"大戏"也在频频上演,可谓"冰火两重天"。本章结合涉农类上市公司生物资产这一关键线索,顺藤摸瓜揭秘这类公司利用相关科目进行业绩操控的主要伎俩,同时"对症下药",提出精准"排雷"之策。

小Z老师,最近疯狂迷上脱口秀类综艺节目,发现现在好多年轻脱口秀演员段子包袱设置得都很巧妙,真可谓是妙语连连。

为师有一个博士生也很擅长讲段子,经常在写论文的同时讲几个段子给全师门带来快乐。

您的师门果然藏龙卧虎,好想亲自听一听您的这位高徒讲段子啊。

呵呵。说来也巧,这几天他刚刚就近段时间以来资本市场热议的涉农类上市公司业绩爆雷事件编写了一篇相当精彩的涉农类上市公司业绩操控套路的文章。文章妙语连连,包袱不断,生动有趣。

好棒啊,您能给我阅读一下这篇文章吗?好想在读段子的同时学习财务会计知识啊,简直是寓教于乐。

没问题,接下来就为你呈现一下这篇文章的全貌。

起

暑假回家探亲之时,小Q惊讶地发现"五花肉"已被餐桌雪藏。红烧肉"被升级"成红烧牛肉,肉末茄子"被降级"为豆角茄子。整个暑假小Q基本靠看小猪佩奇下饭。事实上,不仅是生猪肉,多种基础农产品价格均有不同程度上涨。相较于大众耳熟能详的"车厘子自由","五花肉自由"更接地气。以生猪肉为代表的涉农上市公司无疑是当下A股舞台稳居中心位置"最靓的仔"。

然而，部分涉农类上市公司股价飙涨盛宴背后，部分"靓仔"表现却不尽如人意。2019年8月，"养猪第一股"ST雏Y公告退市，16万名股民被套牢；曾入选"中国农业对外合作百强企业"的大K农业财务状况广受质疑，股价一度跌停。实际上，从上古时代的银广X、L田股份，再到L大地、万福生K，以及参仙Y等造假"明星"，均能看到涉农业务的身影。认真分析这些爆雷事件，这些公司业绩操控都无法绕开"生物资产"这一特殊会计科目。

谢天谢地，总算从养猪绕回正题了。

涉农上市公司利用"生物资产"相关科目实施了哪些业绩操控伎俩？除了看天气预报和逛菜市场之外，股市小散们又有哪些护身宝典辨识涉农上市公司潜在的业绩风险？这里，小Q带你悉数盘点涉农上市公司利用"生物资产"相关科目操控业绩的"四大经典套路"。同时"对症下药"，为投资者精准"排雷"提出四大应对之策。

承

生物资产简单来看主要包括公司所持有的各类经济作物、产畜及役畜等。然而，就是这些看似温顺的苗木瓜果与飞禽走兽，却时常摇身一变，化身股市杀手，屡屡制造出令人目瞪口呆的"大案要案"。

接下来小Q就带领各位回顾下这些年来部分涉农上市公司利用生物资产相关科目操控业绩的"四大经典套路"。

"生物资产"操纵业绩之四大经典套路		
	虚增生物资产	L田股份——"这片鱼塘被你承包了"
	消耗性生物资产减值计提与转回	獐子D——"他们连夜走的，买的站票"
	生产性生物资产费用资本化	参仙Y——"借尸还魂"
	生产性生物资产折旧方法变更	东阿阿J——"三年，三年之后又三年！"

套路一：这片鱼塘被你承包了——虚增生物资产

如果说有什么事能让冷静睿智的审计师两眼一黑，十之八九就是生物资产盘点了。既没有"门前大桥下游过一群鸭"那般童趣盎然，也不会是"风吹草低见牛羊"那般恬淡洒脱。

更多的时候是"我造的什么孽，非要下雨天出门"的叹息，以及"你站在我面前，而我却不知道你一直在骗我"的无奈。

生物资产之所以可藏匿业绩风险，离不开其难以核查的"天然优势"。生物资产大多分布广泛，有的甚至置身于江河湖海之中，盘点起来极其费时费力，也难以获取精确数据，这就为某些上市公司财务造假提供了温床。

这里，最为经典的当属"鱼塘大佬"——L田股份。

根据当年相关新闻媒体报道，L田股份在精养鱼塘推行高密度鱼鸭配套养殖技术，每亩平均产成鱼达1,000千克。而同样是在湖北养鱼，2000年上市的武昌鱼每亩成鱼产量与L田股份相去甚远。

虚增的存货，完全可以被一句"都在湖里呢"涵盖。

可以想象，当年L田股份的审计师见到茫茫洪湖水时是多么的绝望。

套路二："它们连夜走的，买的站票"——消耗性生物资产减值计提与转回

如果说虚增生物资产毫无创意，那么可能是当前A股市场最为青睐的业绩操控伎俩了。

这其中最为经典的便是獐子D扇贝"跑路"事件。

会计准则规定，对于消耗性生物资产，应按照可变现净值低于成本的差额，计提存货跌价准备，并计入当期损益。

准则还规定，对于已计提的减值准备，如消耗性生物资产减值的影响因素已经消失，减记金额应当予以恢复，并在原已计提的跌价准备金额内转回，转回的金额计入当期损益。

此处，獐子D可利用资产减值计提与转回的手法，

扇贝就是这么任性，说跑就跑，说回来就回来。

会计"大爆炸"

套路三:"借尸还魂"——生产性生物资产费用资本化

除了上述简单粗暴的套路,也有部分企业另辟蹊径,在生物资产的费用资本化方面动起脑筋。这里必须对"新三板造假第一股"参仙Y浓墨重彩一下。

2013年,参仙Y通过虚构协议,将外购野山参约5,538.2万元以支付人参抚育费的名义,计入管理费用,后该笔管理费用被调整至"生产性生物资产"科目。最终销售时,参仙Y未对外购野山参的成本进行结转,少计成本5,538.2万元,虚增利润5,538.2万元。

此处,参仙Y搬出了《企业会计准则第5号——生物资产》第二章第十五条:因择伐、间伐或抚育更新性质采伐而补植林木类生物资产发生的后续支出,应当计入林木类生物资产的成本。直白点说,参仙Y将原本外购的野山参看作恢复林区的资本投入,并对这部分资产设置了30年的折旧年限。野山参变身林场重建的建筑材料,一手"借尸还魂",将当年购买存货的大额支出均摊到未来30年,也顺手调高了利润。

套路四:三年,三年之后又三年! ——生产性生物资产折旧方法变更

相比于上述几宗财务操控案件的"意料之外",2019年7月东阿阿J的业绩爆雷更多地则是在"情理之中",成为资本市场热议的话题。铺天盖地的舆论攻势似乎说明,在A股报表分析远不如常识有用。但从2018年3月的一份关于会计估计变更的公告中,可以看出东阿阿J业绩操控的一些端倪。

"翻译"一下当年的这份公告,就是说原用来配种的驴仔,5年就感到"身体被掏空",残值也只有5%,基本上是头废驴了。但现在不一样,它们不仅要在种驴岗位上效力10年,到期后还可能被集中送往保定,然后塞进火烧。就这样,东阿阿J凭借会计估计变更"戏法",降低了每年所计提的折旧费用,紧锣密鼓抬高利润的意图已昭然若揭。

转

相信看完上述套路,想趁着当下"超级猪周期"在A股大捞一笔的小散们心里都凉了半截。作为一个有理想有担当的财务会计研究者,既需要调侃问题,也需要找寻对策。针对利用生物资产可能进行的业绩操控伎俩,从会计科目与财报视角出发,整理出"四大应对之策"。

东阿阿J会计估计变更公告节选

一、会计估计变更的内容

（一）变更前：成熟生产性生物资产的成龄种驴，按照年限平均法计提折旧，折旧年限为5年，净残值率为5%。

（二）变更后：成熟生产性生物资产的成龄种驴，按照年限平均法计提折旧，折旧年限为10年，净残值率为60%。

二、本次会计估计变更对财务报表的影响及变更时间

按照《企业会计准则》规定本次会计估计变更采用未来适用法，不改变以前期间的会计估计，也不调整以前期间的报告结果。

会计估计变更后，根据测算预计影响每年增加净利润325.55万元。

三、独立董事意见

本次公司对生产性生物资产进行会计估计变更，是根据公司当前经营情况，对生产性生物资产折旧年限、残值率进行的重新评估，符合公司实际情况，变更后能够更加客观和真实地反映公司财务状况及经营成果，不存在损害公司利益和股东利益的情形。

对策一：警惕收入与现金流不匹配

虚增收入是财务造假的基本动机。但是"画饼"往往只能眼馋，不能果腹。虚假的购销合同缺乏实际现金流支持，

以K华农业为例，从该公司2011~2013年应收账款与行业对比图可以看到，公司的情况。就在2014年，K华农业财务造假东窗事发。除此之外，万福生K、L大地等均存在类似的情况。

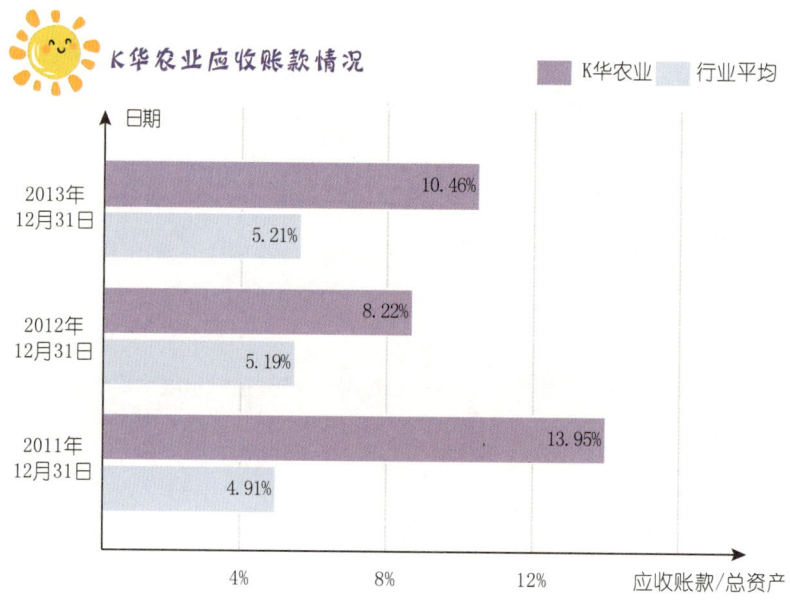

对策二：警惕存货等资产价值虚高

所谓"靠山吃山，靠水吃水"，虚增收入必然带来资产虚增。下图展示了1999~2001年L田股份与行业平均存货水平的对比情况。可以看到L田股份的存货比例远超同业平均水准。

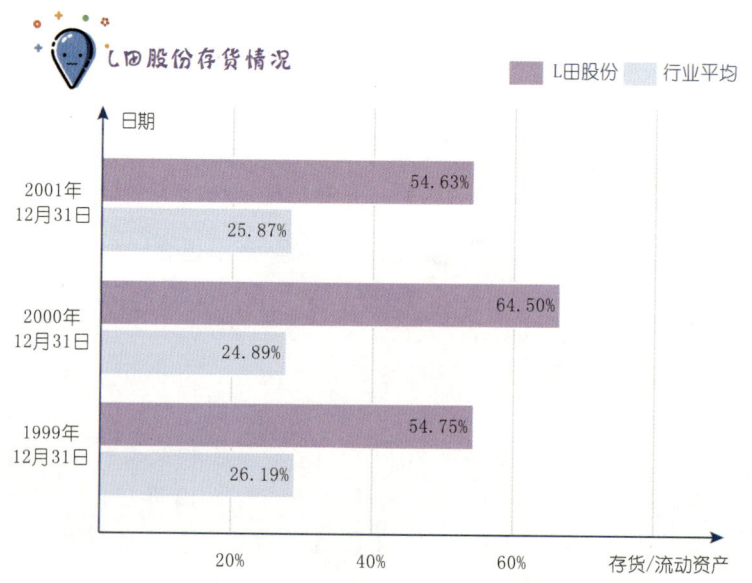

对策三：警惕生物资产减值准备异常增长

须特别关注　　　　　　　　　　　　　　的情况，这可能是公司通过计提大量资产减值准备　　　　　　　　　　　　。下图为北大H历年生物资产减值准备计提情况。2011年该公司通过虚增资产增厚利润，2012~2013年公司生物资产减值准备出现异常增长，

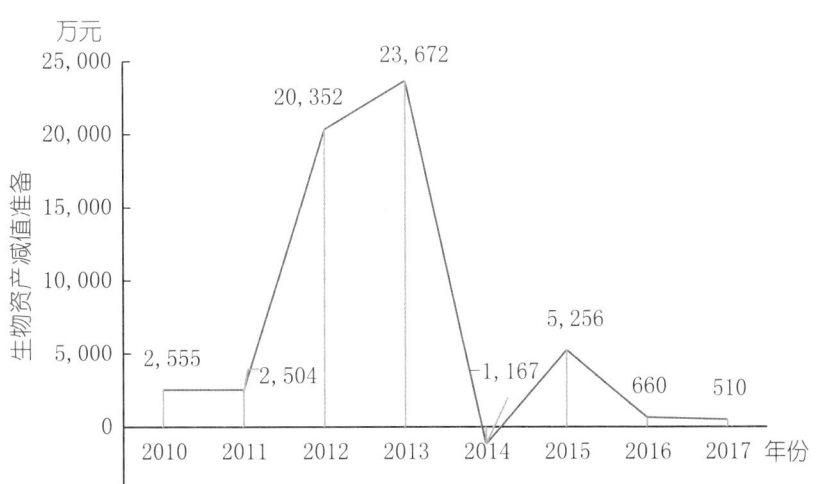

北大H生物资产减值准备

对策四：关注上市公司披露的生物资产相关信息

涉农公司披露的生物资产信息，比如　　　　　　　　　　　　　　　　　　　等信息须引起足够重视。

2018年，养猪大户安Y生物IPO过审失败，主要源于生物资产会计计量存在瑕疵：　　生产性与消耗性生物资产划分方面，并未遵循行业惯例明确区分种猪和肉猪；　　在生产性生物资产折旧方面，使用工作量法对母猪计提折旧。

嗯，母猪打卡上班，听起来就很魔幻。

合

如果说国人有什么民族天赋，那大概率是"吃"。"民以食为天"是中华民族最为朴素也最为真挚的文化信条。"超级猪周期"之下，"回家养猪

去吧！"不再是小时候老父亲看到考试成绩单后对我们的呵斥，而是当下投资者追捧的致富口号。

然而，自古至今来自股市的经验告诉我们，农业热点的背后，总会有人利用生物资产浑水摸鱼。只有深入了解生物资产的特性以及会计处理原则，我们才能透过迷雾看穿企业财务行为本质，也更可能实现"五花肉自由"。

未完待续……

小Z老师，仔细读完小Q博士写的关于涉农类上市公司业绩操控的"段子式"财务分析文章，感觉真的是受益匪浅。晦涩的财务分析通过段子式的表述瞬间变得通俗易懂，在读段子的过程中也快速了解了涉农类上市公司业绩操控的"四大手段"，同时也轻松掌握了识别业绩操控的"四大应对策略"。

很好，我也感到非常欣慰，希望我的这位博士生在今后能够继续创作出类似的作品~

好期待啊。

如果感兴趣的话，我可以把他介绍给你，你们可以就此话题进行更深入的交流。

好啊好啊！

呵呵，不过在此之前还是按照惯例回顾一下今天所学的重要知识点吧。

重要知识点回顾

虚增生物资产（L田股份）	应对之策	警惕存货等资产价值虚高（与同行业比），以及收入与现金流不匹配
	涉及会计科目	存货
消耗性生物资产的减值与转回（獐子D）	应对之策	警惕生物资产减值准备异常增长
	涉及会计科目	存货（消耗性生物资产）
生产性生物资产费用资本化（参仙Y）、折旧方法变更（东阿阿J）	应对之策	涉农公司披露的生物资产信息，比如会计政策与会计估计变更、费用资本化、原材料或客户等信息须引起足够重视
	涉及会计科目	生产性生物资产

第二十四章 你"忽悠"世界,我揭房你那些年我们见过的股权投资会计魔法

利用长期股权投资比例转换是当前上市公司操控业绩的主要手段之一。本章透过系列资本市场热门实务案例,解密上市公司利用长期股权投资进行业绩操控的手段与方法,打通《企业会计准则第2号——长期股权投资》《企业会计准则第33号——合并财务报表》《企业会计准则第20号——企业合并》《企业会计准则第22号——金融工具确认与计量》《企业所得税法》中的大部分知识难点。

第五篇 A股上市公司"会计魔术"

小Z：小白最近在忙什么呢？

小白：最近看了好多电影，其中有一部千玺哥主演的电影《少年的N》让我印象深刻，被电影"你保护世界，我保护你"的台词戳中泪点。原来千玺哥不只会跳街舞，演技还这么炸裂。

小Z：这句台词让为师想起了最近市场热议的关于业绩操控的话题，可谓是"你忽悠世界，我调侃你"。

小白：此话怎讲？

小Z：会计既是技术，也是艺术，但对某些上市公司而言，会计却是魔术。诸如**存货、固定资产、无形资产、长期股权投资**等均可被用来"上演会计魔术"，而这其中最为魔幻的当属**长期股权投资**。今天为师就跟你好好聊一聊新长期股权投资准则下股权投资"会计魔法"那些事儿。

2011年
国际会计准则委员会发布《国际财务报告准则第10号——合并财务报表》《国际财务报告准则第11号——合营安排》《国际财务报告准则第12号——在其他主体中权益的披露》，对控制、共同控制及合营企业相关定义及会计处理要求进行优化

2014年3月
财政部正式修订发布《企业会计准则第2号——长期股权投资》，要求所有执行企业于2014年7月1日起正式施行新准则

2012年6~11月
财政部召开准则修订研讨会，并形成征求意见稿向全社会征求意见

长期股权投资准则修订过程

好啊好啊。小Z老师，新长期股权投资准则藏有什么玄机呢？

首先明确了**长期股权投资的范围**。根据准则，长期股权投资是指投资方对被投资单位实施控制（子公司）、重大影响（联营企业）的权益性投资，以及对其合营企业的权益性投资。

除上述三种情况之外，企业还可能持有对被投资单位不具有控制、共同控制或重大影响的权益性投资，这种情况该怎么办呢？

根据准则，应被划分为**金融资产**，具体包括"以公允价值计量且其变动计入当期损益的金融资产"或直接指定为"以公允价值计量且其变动计入其他综合收益的金融资产"。

Tips

根据财政部2019年最新财务报表填报要求，"交易性金融资产"主要反映以公允价值计量且其变动计入当期损益的金融资产，以及指定为以公允价值计量且其变动计入当期损益的金融资产。"其他权益工具投资"主要反映指定为以公允价值计量且其变动计入其他综合收益的非交易性权益工具投资的期末账面价值。

那长期股权投资应如何进行会计处理呢？

主要包括初始计量和后续计量。

初始计量应如何操作?

首先需明确长期股权投资是否因企业合并而形成。

如果是企业合并形成的长期股权投资,应如何处理?

这样的话需进一步区分是同一控制下企业合并还是非同一控制下企业合并。

嗯嗯,具体该怎么操作呢?

同一控制下企业合并采用**权益结合法**计量。非同一控制下企业合并采用**购买法**计量。这里要注意,同一控制下企业合并,在期末编制合并财务报表时,应将合并增加的子公司自合并当期期初至报告期末的收入、费用、利润纳入合并利润表,视同合并后的合并方自最终控制方开始控制时点起一直存在,这便导致部分公司通过并购"兄弟公司"进行业绩操控。

哦哦。

会计"大爆炸"

通过并购"兄弟公司"进行业绩操控实例

2012年12月31日,W矿稀土通过资产重组新增两家子公司,分别为G州稀土和稀土研究Y。其中,G州稀土子公司G县红金和D南大华一并纳入W矿稀土合并范围。根据准则,在编制合并报表时,应将合并增加的子公司自合并当期期初至报告期末的收入、费用、利润纳入合并利润表。

2012年W矿稀土利润表部分数据　　　　　　单位:元

项目	本期金额	上期金额
五、净利润（亏损以"-"填入）	266,319,019.72	1,025,504,521.20
其中：被合并方在合并前实现的净利润	538,416,317.25	1,016,881,152.64

上表中,W矿稀土2012年的净利润为2.67亿元,这其中被合并方在合并前实现的净利润为5.38亿元。通过将被合并方在合并前实现的净利润5.38亿元纳入合并利润表,W矿稀土神奇地实现了扭亏为盈。

那除企业合并形成的长期股权投资以外,其他方式取得的长期股权投资有哪些呢?

主要包括以支付现金、发行权益性证券、债务重组及非货币性资产交换等方式取得的长期股权投资。

- 支付现金
- 发行权益性证券
- 债务重组
- 非货币性资产交换
- 企业合并

形成 长期股权投资

初始计量就如此复杂,那后续计量岂不是……

对于长期股权投资后续计量,只要记住以**是否取得控制**作为依据即可。如投资方能够对被投资单位实施控制,那长期股权投资应采用成本法核算。

准则原文:《企业会计准则第2号——长期股权投资》

第八条 采用成本法核算的长期股权投资应当按照初始投资成本计价。追加或收回投资应当调整长期股权投资的成本。被投资单位宣告分派的现金股利或利润,应当确认为当期投资收益。

那如果投资方无法对被投资单位实施控制呢?

此时可视为投资方对**联营企业和合营企业**的长期股权投资,应采用权益法核算。权益法与成本法相比更为复杂,其步骤可简称为"非常1+6"。

会计"大爆炸"

我只听说过李Y老师的"非常6+1"……您说的这个"非常1+6"是什么意思?

"1"代表负商誉调整。"6"代表会计期间统一、会计政策统一、公允价值调整、内部交易抵消、投资收益及其他综合收益确认。

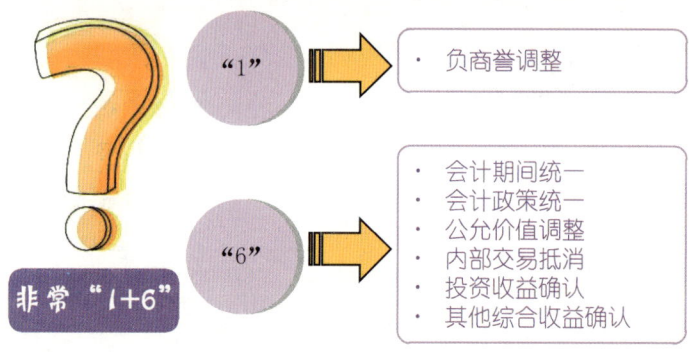

具体应如何操作呢?

"1"和"6"的记账时间不同。"1"代表负商誉调整,**在投资方取得投资当日进行一次性调整,后续会计期间无需调整**。"6"的**每一个步骤在每个资产负债表日都需要进行**。比如在每个资产负债表日,因被投资方实现净损益而产生的所有者权益变动,如产生100万元净利润,投资方需按照享有100万元净利润的份额,**增加长期股权投资账面价值,同时确认投资收益**。

复杂又神奇的"非常1+6"!

实务中,"非常1+6"中的"1"负商誉调整已成为上市公司进行业绩操控的常见伎俩。

哦?负商誉调整如何理解呢?上市公司如何利用负商誉调整进行业绩操控呢?

如果投资成本小于取得投资时享有被投资方可辨认净资产公允价值份额,应确认"**负商誉**",记入"**营业外收入**",同时调整增加长期股权投资账面价值。

第十条 长期股权投资的初始投资成本大于投资时应享有被投资单位可辨认净资产公允价值份额的,不调整长期股权投资的初始投资成本;长期股权投资的初始投资成本小于投资时应享有被投资单位可辨认净资产公允价值份额的,其_____,同时调整长期股权投资的成本。

还是没有明白,您能否举个简单的例子呢?

比如投资方A公司支付100万元取得B公司20%股权,取得投资时B公司可辨认净资产公允价值1,000万元。此时,A公司应将投资成本与享有B公司可辨认净资产公允价值份额的差额100万元(100-1,000×20%)计入**营业外收入**,同时调整增加长期股权投资账面价值。

> 这下子终于明白啦!

> 不错。为师接下来通过一个实务案例,为你揭秘上市公司利用负商誉调整进行业绩操控的伎俩。

利用负商誉调整进行业绩操控的伎俩

2018年3月29日,Y戈尔通过购买Z信股份1,000股股票,将其对Z信股份的持股比例从4.99%增加至5.0%,公司认为对该股权投资具有重大影响,将原先的可供出售金融资产转换为长期股权投资。

根据公司公告,截至2018年3月29日,Y戈尔持有Z信股份的期末账面值128.3亿元(视为购买Z信股份的支付对价)。所持股份对应的净资产可辨认公允价值为221.3亿元,这之间的差额93亿元(221.3-128.3)即为"负商誉",应计入营业外收入。

Y戈尔借此"负商誉",在2018年一季度实现净利润暴增,其股价也一度涨停。

> 好厉害,竟有如此操作。

> 是的。除此之外,实务中部分上市公司还利用长期股权投资比例变化相关规则,通过追加或减少投资、转换核算方法等方式进行业绩操控。

哦?这个又是怎么回事呢?感觉干货满满呐……

实务中,相关转换共涉及六种情形。但无论哪种情形,均应按照**"先卖后买"**原则,即视为将**原有**或**剩余**股权投资先按公允价值出售,再按公允价值购回。六种情形中,公允价值计量转换为成本法、成本法转换为公允价值计量比较罕见,为师主要为你讲解其他四种转换涉及的业绩操控"魔法"。

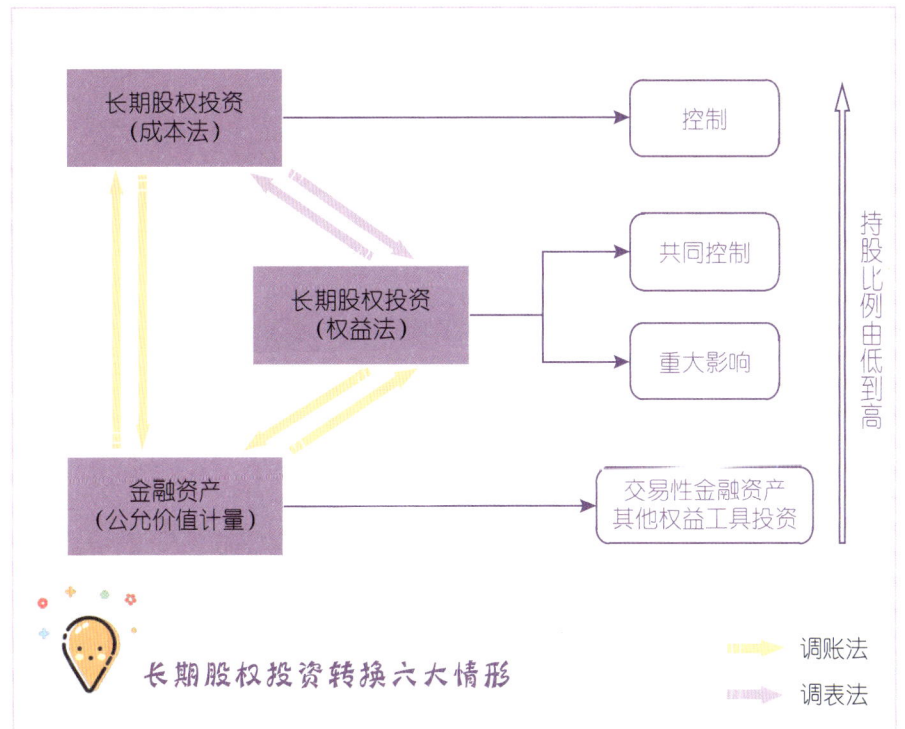

长期股权投资转换六大情形

好啊好啊,赶快拿出小本本儿记重点。

会计"大爆炸"

> 这正是会计研究的迷人之处。利用长期股权投资核算方法转换操控业绩,在A股中并不算新鲜事儿……
> 小Z

利用长期股权投资核算方法转换操控业绩实例

2019年11月1日,A公司持有B公司19%股权,账面价值3,800万元,A公司将其划分为交易性金融资产。2019年11月2日,A公司又以240万元购入B公司1%股票,所持B公司股权累计达到20%,假定对B公司具有重大影响。

A公司将所持B公司股权应由金融资产(公允价值计量)转换为长期股权投资(权益法)。根据"先卖后买"原则,会计处理如下所示:

先卖	后买
将原有股权投资先按公允价值出售(240÷1%×19%)	视同按公允价值(240÷1%×19%)购回
公允价值与账面价值760万元(240÷1%×19%−3,800)的差额确认投资收益	确认长期股权投资初始成本4,800万元(240+240÷1%×19%)

这个"先卖后买"原则主要依据的是准则的哪条规定呢?

主要是《企业会计准则第2号——长期股权投资》第十四条的相关规定。

第十四条 投资方因追加投资等原因能够对被投资单位施加重大影响或实施共同控制但不构成控制的,应当按照《企业会计准则第22号——金融工具确认和计量》确定的 ▇▇▇▇▇▇▇▇▇▇▇▇▇▇▇▇▇▇▇▇▇▇▇▇▇▇▇▇▇▇▇▇。原持有的股权投资分类为可供出售金融资产的,其公允价值与账面价值之间的差额,以及原计入其他综合收益的累计公允价值变动应当转入改按权益法核算的当期损益。

好神奇。这样的话,长期股权投资(权益法)转换为金融资产(公允价值计量)也能进行业绩操控咯?

自然可以。

原来是这样啊。

是的。

长期股权投资转化为金融资产实例

假设A公司持有B公司20%股权,视为可对B公司施加重大影响。

长期股权投资明细科目分别为:成本2,000万元、损益调整400万元(借方)、其他综合收益100万元(借方)。同时,假定被投资单位产生的其他综合收益均可转为损益。如A公司以600万元出售对B公司4%股权,丧失了对B公司的重大影响,A公司选择将剩余的股权投资划分为"交易性金融资产"。会计处理如下(单位:万元):

①处置对B公司4%股权

借:银行存款　　　　　　　　　　　　　　　　600
　　贷:长期股权投资——成本(600÷20%×4%)　400
　　　　　　　　　　——损益调整(400÷20%×4%)80
　　　　　　　　　　——其他综合收益(100÷20%×4%)
　　　　　　　　　　　　　　　　　　　　　　20
　　　　投资收益　　　　100(600-400-80-20)
借:其他综合收益　　　　　　　　　　　　　　20
　　贷:投资收益　　　　　　　　　　　　　　20

②根据"先卖后买"原则,将长期股权投资划分为"交易性金融资产"。对于"先卖":处置后的剩余股权公允价与账面价值差额计入投资收益400万元[600÷4%×16%-(2,000+400+100)÷20%×16%]。对于"后买":按照剩余股权公允价值确认交易性金融资产入账价值2,400万元(600÷4%×16%)。

借:交易性金融资产　　　　　　　　　　　　2,400
　　贷:长期股权投资——成本　　　　　　　1,600
　　　　　　　　　　——损益调整　　　　　　320
　　　　　　　　　　——其他综合收益　　　　80
　　　　投资收益　　　　　　　　　　　　　　400
借:其他综合收益　　　　　　　　　　　　　　80
　　贷:投资收益　　　　　　　　　　　　　　80

好神奇。通过权益法转换为公允价值计量金融资产,尽管只卖了4%的股票,但最终却创造了相当于处置全部股权的利润。真是"四两拨千斤"。

是的。

那上述会计分录产生的投资收益是不是要缴纳企业所得税?

非也。税法对股权投资的纳税处理遵循**历史成本法原则**。上述交易只对实际出售比例的部分缴纳所得税,该事项的应纳税所得额为100万元[600−(2,000+400+100)÷20%×4%],对于适用"先卖后买"原则所产生的投资收益不作为当期纳税事项。

第五十六条 企业的各项资产,包括固定资产、生物资产、无形资产、长期待摊费用、投资资产、存货等,以 。前款所称历史成本,是指企业取得该项资产时实际发生的支出。

"先卖后买"一石二鸟啊,**不仅创造了利润,还规避了当期纳税义务**,真是一根神奇的"魔法棒"。

这也是部分上市公司如此痴迷长期股权投资会计魔法的重要原因。

 小Z老师，突然有个疑问：是不是一定要持股比例变化，长期股权投资核算方法才会发生改变？

并不是。持股比例改变既不是核算方法改变的必要条件，也不是其改变的充分条件。关键是要看**投资和被投资企业的关系是否发生改变**。

通过改变投资和被投资企业关系进行业绩操控

2015年12月18日，T赐材料以现金6,000万元认购R汇锂业17.11%股份，并委派人员分别担任R汇锂业的董事、监事，对其有重大影响。T赐材料将所持有的R汇锂业股权确认为长期股权投资，并按权益法进行后续计量。

2018年1月2日，T赐材料委派的董事、监事向R汇锂业董事会、监事会提交了辞职报告。此时，虽然T赐材料持股比例未发生变化，但董事、监事辞职后，公司不再对R汇锂业具有重大影响。因此应将T赐材料持有的对R汇锂业股权的会计核算方法由"长期股权投资（权益法）"转换为"交易性金融资产"。

对于核算方法转换，T赐材料将所持R汇锂业的股权在丧失重大影响之日的公允价值与账面价值之间的差额3.9亿元计入当期损益，增加当期利润，但该价差并不计入当期应纳税所得额。

 再一次被震惊了。

淡定淡定。

那长期股权投资成本法和权益法的转换,是否也存在业绩操控空间呢?

自然也存在,毕竟"物以类聚"。金融资产(公允价值计量)和长期股权投资之间的转换,最大的特点在于会计科目发生变化,其调整统称为**"调账法"**。长期股权投资成本法和权益法的转换,会计科目并未发生变化,其调整统称为**"调表法"**。无论是"调账法"还是"调表法",均有可能被用来进行业绩操控。

 "调表法"与"调账法"

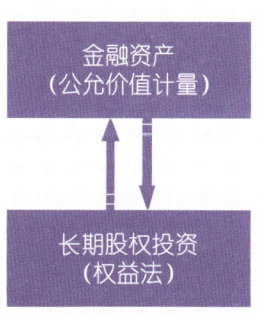

"调账法"
- 最大特点:会计科目发生变化
- 其调整统称为"调账法"

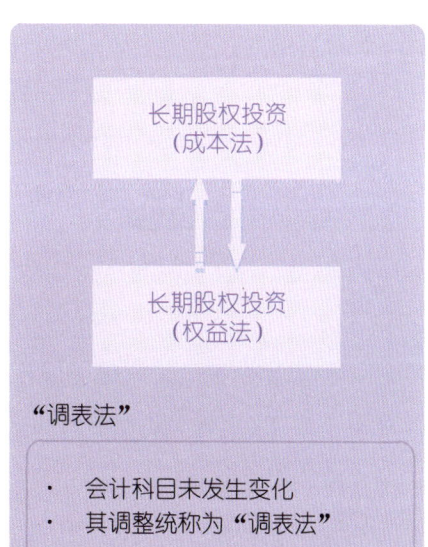

"调表法"
- 会计科目未发生变化
- 其调整统称为"调表法"

会计"大爆炸"

那利用长期股权投资成本法和权益法的转换进行业绩操控,具体应如何操作呢?

以下就以某上市公司为例,回答你的问题。

利用长期股权投资成本法和权益法转换
进行业绩操控实例

2013年10月,Z利集团收购Z利电子,收购完成后持有Z利电子33.5%股份。Z利集团对Z利电子的长期股权投资按权益法进行核算。

2016年6月17日,Z利集团以6,000万元收购Z利电子17.36%股权。Z利集团持有的Z利电子股权由33.5%增加至50.86%,Z利电子成为Z利集团的控股子公司,并纳入Z利集团的合并财务报表。此时,该长期股权投资应按成本法进行核算。

其他说明:

注:公司于2016年度完成对江苏Z利电子信息技术科技有限公司(以下简称"Z利电子")17.36%股权收购,公司对其持股比例由33.50%增加至50.86%。根据《企业会计准则》规定,在合并财务报表中,公司对于本报告期内收购Z利电子17.36%股权日之前持有的Z利电子33.50%股权,应当按照该股权在购买日的公允价值进行重新计量,**公允价值与其账面价值的差额65,690,806.09元计入当期投资收益。**

Z利集团2016年年报节选

Z利集团所持有Z利电子股权公允价值和账面价值之间的差额达6,569.1万元。根据准则相关规定,这6,569.1万元应计入投资收益,但不计入当期应纳税所得额。就这样,Z利集团神奇地增加了巨额利润。

这些魔术让我有些眼花缭乱……是否也存在通过"**成本法转权益法**"进行业绩操控的情况呢?

当然存在。这里不得不提起A里巴巴自恒D集团处收购恒D足球俱乐部一事。

哦？具体是怎么回事呢？

2014年，A里巴巴以现金方式向恒D足球俱乐部注资12亿元，获得恒D足球50%股权。恒D足球由此改名为恒D淘B足球俱乐部，受恒D集团和A里巴巴共同控制。

M教主真是大手笔啊。

这里为师考考你：假设恒D集团持有恒D足球股权的账面价值为10亿元，不考虑之前损益调整等事项，其将在合并报表中确认的处置恒D足球税前收益为多少？

这太简单了。不就是7亿元（12-10×50%）吗？

并没有这么简单。

哦哦。

-395-

答案揭晓

收购前，恒D集团持有恒D足球100%股权，该长期股权投资应按成本法核算。A里注资后，恒D集团和A里各持有恒D足球50%股权。恒D集团丧失了对恒D足球的控制权，其对恒D足球的长期股权投资应转换为按权益法核算。

👉 在个别报表中，恒D集团应确认处置收益7亿元。

👉 在合并报表中，恒D集团应视为"先卖后买"
处置股权取得的对价12亿元+剩余股权公允价值12亿元（12/50%×50%）-按原持股比例计算应享有原子公司自购买日或合并日开始持续计算的净资产份额10亿元（10×100%），得到的差额计入丧失控制权当期的投资收益。
即确认14亿元（12+12-10）处置收益！

这个合并报表"先卖后买"原则主要依据的是准则的哪条规定呢？

主要是《企业会计准则第33号——合并财务报表》第五十条的相关规定。

准则原文：《企业会计准则第33号——合并财务报表》

第五十条 企业因处置部分股权投资等原因丧失了对被投资方的控制权的，在编制合并财务报表时，对于剩余股权，应当按照其在丧失控制权日的公允价值进行重新计量。处置股权取得的对价与剩余股权公允价值之和，减去按原持股比例计算应享有原有子公司自购买日或合并日开始持续计算的净资产的份额之间的差额，计入丧失控制权当期的投资收益，同时冲减商誉。与原有子公司股权投资相关的其他综合收益等，应当在丧失控制权时转为当期投资收益。

那对于投资收益,是不是也仅针对个别财务报表纳税?

很好,小白会举一反三了。

嘿嘿。小Z老师,长期股权投资经过这么多调整,在税法中它的计税基础始终未发生变化,长期股权投资本身会不会带来应纳税暂时性差异或可抵扣暂时性差异?

会的,但此差异在新长期股权投资准则下不一定需要处理。因为在未来此差异会**通过现金股利的形式转回,而现金股利是免税的**。因此,在长期持有情形下,长期股权投资权益法调整所产生的差异,**不需要确认递延所得税资产或递延所得税负债**。

明白啦。那如果已形成母子公司关系,在不涉及控制权丧失情况下的持股比例改变是不是也适用"先卖后买"原则呢?

非也!你说的这种情况主要包括**母公司购买子公司少数股东权益和在不丧失控制权的情况下部分处置对子公司的长期股权投资**。

具体是怎么个情况呀?

要理解这个问题,需首先了解一下什么是**权益性交易**。

定义：
权益性交易是主体与股东之间的资本性交易

处理方式：
这种交易涉及的利得和损失只能计入所有者权益（资本公积），不得影响损益

主要有三种形式：
· 发行新股
· 股票回购
· 股利分配

权益性交易

小白

可是小Z老师，母公司购买少数股东权益和母公司在不丧失控制权情况下部分处置子公司股权看起来并不属于发行新股、股票回购和股利分配这三种形式啊。

你可以换个思路思考一下：站在合并报表角度，母公司购买子公司少数股东权益是不是**相当于股票回购**？母公司在不丧失控制权的情况下部分处置对子公司的长期股权投资是不是**相当于增发股票**？

小Z

小白

噢，原来如此！老师，您的"灵魂拷问"让我瞬间明了了。那母公司购买少数股东权益该如何处理呢？

不错。这里给你举一个简单的实例：2018年4月，B江集团大股东B江控股6天3次增持B江集团股票。此时，站在B江集团合并报表角度，母公司在回购股票，**其新取得的长期股权投资与按照新增比例应享有子公司净资产份额之间的差额应调整……**

小Z

小白

调整资本公积！！！

小白终于开窍了。

第四十七条 母公司购买子公司少数股东拥有的子公司股权，在合并财务报表中，因购买少数股权新取得的长期股权投资与按照新增持股比例计算应享有子公司自购买日或合并日开始持续计算的净资产份额之间的差额，

 嘿嘿。那这里需要确认商誉吗？

商誉只在初始计量时确认（非同一控制下企业合并），在后续计量中除发生减值外商誉不发生改变。

母公司购买子公司少数股东股权实例

A公司持有B公司60%股权，现支付2,000万元从B公司少数股东手中购买20%的股票，B公司净资产为8,000万元（调整后）。

◎个别财务报表层面，A公司应：

借：长期股权投资　　　　　　　　　　　　2,000
　　贷：银行存款　　　　　　　　　　　　　　2,000

◎合并报表层面，该交易被视为回购少数股东股票，少数股东持股由40%减少为20%，A公司新取得的2,000万元长期股权投资与应享有的B公司净资产份额（8,000×20%=1,600万元）之间的差额400万元

这样哦,前些年当D私有化是不是要按照上述方法处理呢?

当D私有化只是股东李国Q和俞Y与少数股东之间的交易,股东结构发生改变,但股本未发生改变,不需要进行这种会计处理。

哦哦。那母公司在不丧失控制权的情况下部分处置对子公司的长期股权投资应如何处理呢?

这种情形在合并报表层面相当于**发行新股,少数股东潜在增加**。说到这里,你听说过江湖人称"医药界股神"的上海L士吗?

听说过,它可是曾经凭借炒股成为A股市值最高的医药公司。不过资本市场没有常胜将军,"股神"最终还是跌落神坛。它最近又发生什么新闻了?

截至2019年10月16日,控股股东L士中国因股权质押遭强行平仓,已累计被动减持上海L士约1.44亿股股票,占上海L士总股本约2.9%,但减持后其依然属于控股股东。

这真可谓是"一波未平、一波又起"啊。

是的。

此时，站在L士中国角度，这就属于在不丧失控制权情况下部分处置对子公司的长期股权投资：第一，在个别报表层面，L士中国**减持股票会产生投资收益**。第二，在合并报表层面，这笔交易被视为发行新股，少数股东潜在增加，属于**权益性交易，个别报表上确认的投资收益要冲回，调整资本公积**。

第四十九条　母公司在不丧失控制权的情况下部分处置对子公司的长期股权投资，在合并财务报表中，

，应当调整资本公积(资本溢价或股本溢价)，资本公积不足冲减的，调整留存收益。

听您一席课胜读十年书啊，我真是醍醐灌顶，对长期股权投资有了更深的认识。

很好，最后按照惯例再简单回顾一下今天重要知识点吧。

嗯嗯，感觉今天您讲的真是干货满满。

呵呵，孺子可教也。

重要知识点回顾

权益结合法	概念	合并净资产按其账面记录，无须考虑被合并方资产和负债的公允价值，不改变资产负债的计量基础
	举例	W矿稀土2012年通过将被合并方在合并前实现的净利润5.38亿元纳入合并利润表，实现扭亏为盈
负商誉	概念	投资成本小于取得投资时应享有被投资方可辨认净资产公允价值份额，应确认"负商誉"
	举例	"负商誉"计入营业外收入，同时调整增加长期股权投资账面价值。Y戈尔凭借"负商誉"，在2018年一季度实现净利润暴增，其股价也一度涨停
长投"先卖后买"原则	概念	视为将原有或剩余股权投资先按公允价值出售，再按公允价值购回
	举例	A公司将所持B公司股权由金融资产（公允价值计量）转换为长期股权投资（权益法）。根据"先卖后买"原则，应视为将原有股权投资先按公允价值出售，公允价值与账面价值的差额确认投资收益，此为"先卖"。对于"后买"，应视同按公允价值购回，加上购买成本，确认长期股权投资初始成本
长投税收问题	概念	税法对股权投资的纳税处理遵循历史成本法原则
	举例	对于适用"先卖后买"原则所产生的投资收益不作为当期纳税事项
长投"调账法"	概念	金融资产（公允价值计量）和长期股权投资（权益法）之间的转换
	举例	会计科目发生变化
长投"调表法"	概念	长期股权投资成本法和权益法的转换
	举例	会计科目并未发生变化
权益性交易	概念	主体与股东之间的资本性交易，这种交易涉及的利得和损失只能计入所有者权益（资本公积），不得影响损益。权益性交易主要有三种形式：发行新股，股票回购和股利分配
	举例	○母公司购买子公司少数股东权益（相当于股票回购-合并报表） ○在不丧失控制权的情况下部分处置对子公司的长期股权投资（相当于增发股票-合并报表）

第二十五章 卖衣不如炒股：一位资本市场"老裁缝"的会计戏法

在第二十四章介绍部分上市公司利用长期股权投资进行业绩操控的基础上，本章继续通过Y戈尔微案例，深入揭示其通过更改股权投资核算方法进行业绩操控的会计伎俩，为投资者精准"排雷"提供参考。

小Z老师,您上次讲的上市公司利用股权投资进行业绩操控手段和伎俩至今还回味无穷呢。

不错不错。你对所有讲的知识是否做到及时复习了吗?

必须的啊,您上次讲的所有案例中,我对Y戈尔利用股权投资核算方法变更进行业绩操控非常感兴趣。可惜的是,您上次只是介绍了这个案例的"冰山一角"。

呵呵,没关系,看你这么好学,今天为师就为你系统地剖析一下这个案例吧。

好啊好啊,给您大大的赞。

那好,收拾心情,且听我慢慢讲来。

起

　　Y戈尔,耳熟能详的国产品牌服装企业,近年来却逐渐变得有些"不务正业"。经过多年发展,Y戈尔主营业务由成立初期的纺织服装,逐渐转变为纺织服装、地产开发及金融投资三驾"马车"并驾齐驱。其中,传统主营业务纺织服装近年来比较平稳,地产开发和金融投资波动明显。特别是金融投资领域,投资收益表现出明显的顺周期特征,造成企业净利润年度波动较大。

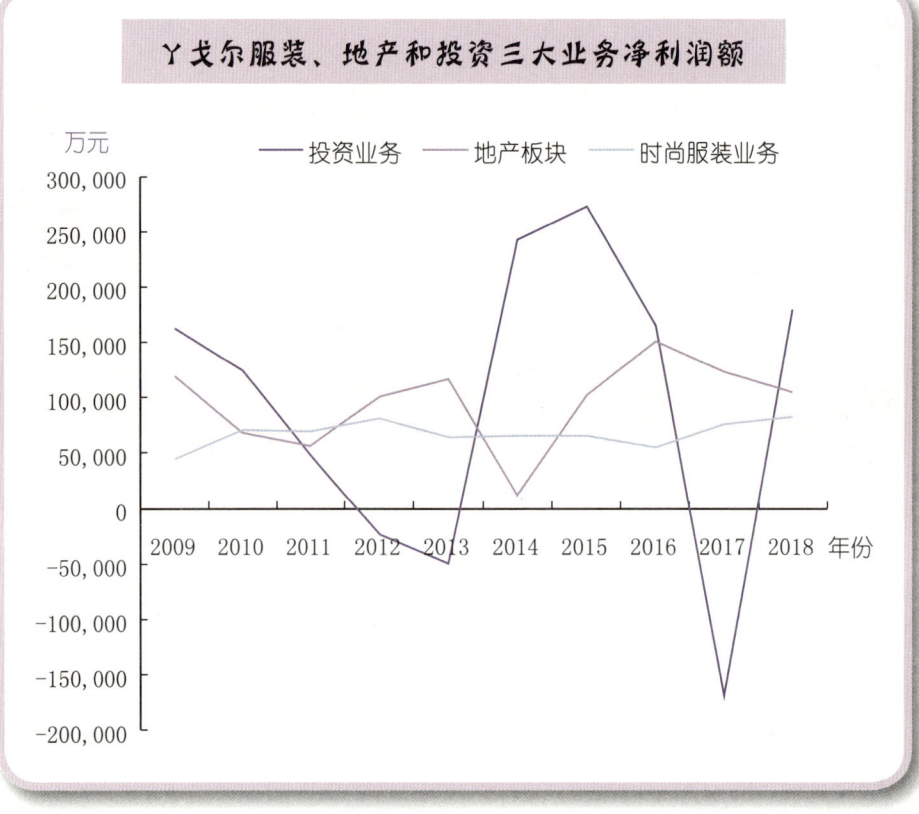

从2007年开始，Y戈尔借助A股"牛市"，在股市中大展拳脚。

Y戈尔资本之路

1. 2007年，持有B联股份、Z信证券、N波银行和J通银行等公司股票，获得持有期间公允价值变动产生的5,830.18万元投资收益

2. 通过出售Z信证券部分股权，获得高达16.51亿元的投资收益

3. 2007年至2015年，股权投资收益逐步成为Y戈尔利润重要构成部分。该期间通过股权投资获得的收益占当期利润总额平均高达39.94%

然而好景不长，具有顺周期性特征的股权投资受市场因素影响较大。市场好的时候企业可坐享所持股票股价上升产生的巨额投资收益，而一旦市场转跌，业绩便会出现快速缩水。

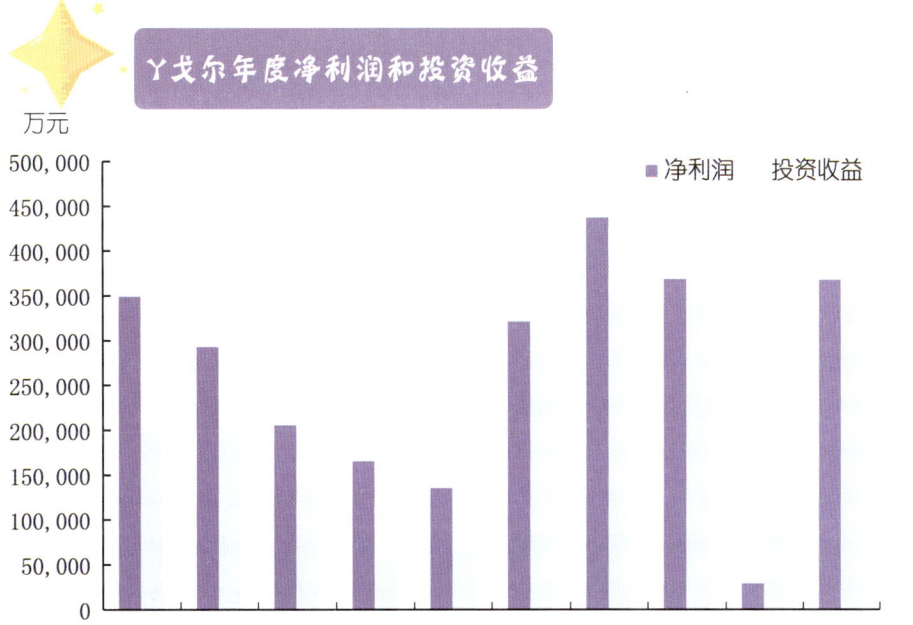

市场行情持续低迷下,Y戈尔为维持股价,不得不通过系列会计伎俩操控业绩。此时,与其说Y戈尔是"不务正业",不如说他是一名资本市场"老裁缝"。修补利润,美化报表无所不能。

承

事情还要从2017年说起。

2017年"轻装上阵"
——巨额计提减值准备,为后期业绩操控"未雨绸缪"

根据2006版金融工具准则,企业可根据可供出售金融资产的公允价值变动情况,判断是否构成权益资产,并计提减值损失。2018年1月31日,Y戈尔发布关于计提Z信股份减值准备的公告,拟对相关股票资产计提33亿元减值准备。

根据公告,公司对2017年末资产负债表的各类资产进行初步检查和减值测试,认定其所持Z信股份股票已发生减值,并基于谨慎性原则,对该项金融资产计提了巨额减值准备。

Y戈尔2018年资产减值计提公告节选

▇▇尔集团股份有限公司

关于计提▇信股份资产减值准备的公告

特别提示:

本公司及董事会全体成员保证公告内容的真实、准确和完整,对公告的虚假记载、误导性陈述或者重大遗漏负连带责任。

为准确反映经营情况,夯实发展基础,公司根据《企业会计准则》的规定,对2017年末资产负债表的各类资产进行初步检查和减值测试,认定公司投资的▇信股份(HK.00267)已发生减值,基于谨慎性原则,拟对其计提资产减值准备330,836.92万元(以审计数据为准)。

Y戈尔认为,其所持Z信股份公允价值持续下跌超过12个月,出现明显的减值迹象,应对该可供出售金融资产计提减值准备。受减值计提影响,Y戈尔2017年净利润减少约33亿元,同比降低91.95%。

根据2006版金融工具准则,由于在2017年已就Z信股份计提减值准备,即使在未来年度处置该金融资产,也不会调整当期损益。公司在2017年计提巨额资产减值损失,提前"释放"了风险,为以后年度业绩操控做了"充分"准备。

2018年"一招定乾坤"——通过改变股权投资会计核算方法操控业绩

就在2018年一季度业绩即将披露之前,Y戈尔施展了一招定乾坤的"会计戏法"。2018年3月29日,通过购买Z信股份1,000股股票,将其对Z信股份的持股比例从4.99%增加至5.0%,公司认为对该股权投资具有重大影响。

> 准则原文:《企业会计准则第2号——长期股权投资(2014)》
>
> 第十四条 投资方因追加投资等原因能够对被投资单位施加重大影响或实施共同控制但不构成控制的,应当按照《企业会计准则第22号——金融工具确认和计量》确定的原持有的股权投资的公允价值加上新增投资成本之和,作为改按权益法核算的初始投资成本。原持有的股权投资分类为可供出售金融资产的,其公允价值与账面价值之间的差额,以及原计入其他综合收益的累计公允价值变动应当转入改按权益法核算的当期损益。

Y戈尔对Z信股份的投资从可供出售金融资产"摇身一变",转变为长期股权投资。受此影响,Y戈尔2018年一季度业绩预增公告称,其净利润增加86.8亿元,同比增长6倍。那么,该项业务为此次大幅提升业绩的主要原因?

根据新长期股权投资准则规定,增加投资达到重大影响,形成可供出售金融资产至长期股权投资的重分类,应遵循"先出后买"原则,也就是出售可供出售金融资产,再确认长期股权投资。此外,对于准则规定联营企业投资下的长期股权投资初始计量,应将支付对价和其对应份额的可辨认净资产公允价值对比,若前者小于后者,则应确认为营业外收入,同时调整长期股权投资账面价值。

> 准则原文:《企业会计准则第2号——长期股权投资(2014)》
>
> 第十条 长期股权投资的初始投资成本大于投资时应享有被投资单位可辨认净资产公允价值份额的,不调整长期股权投资的初始投资成本;长期股权投资的初始投资成本小于投资时应享有被投资单位可辨认净资产公允价值份额的,其差额应当计入当期损益,同时调整长期股权投资的成本。

根据公司公告,截至2018年3月29日,Y戈尔持有Z信股份1.45亿股,期末账面值128.3亿元(视为购买Z信股份支付对价)。所持股份对应

的净资产可辨认公允价值为221.3亿元,与账面价值的差额为93亿元。该93亿元差额应计入营业外收入,即为"负商誉",且不计入当期应纳税所得额。这也就是Y戈尔2018年一季度净利润出现暴增的最主要原因,真是一个"画饼充饥"的神话。

> **Y戈尔2018年4月10日公告节选**
>
> (二)本次会计核算方法变更对公司财务状况及经营成果的影响
>
> 1. 公司所持■信股份对应的净资产可辨认公允价值与账面价值的差额930,210.84万元,将计入当期营业外收入,相应增加公司净资产930,210.84万元,增加公司净利润930,210.84万元(以审计数据为准),对公司2018年第一季度经营业绩产生积极影响(具体内容详见公司董事会本日临2018-017《2018年第一季度业绩预增公告》);
>
> 2. 公司在持有■信股份期间,将随着■信股份所有者权益的变动相应调整增加或减少对■信股份投资的账面价值,同时确认当期损益、其他综合收益以及资本公积等,简而言之,自2018年3月29日起,对于因■信股份实现净损益和其他综合收益而产生的所有者权益的变动,公司按照持股比例,增加或减少长期股权投资的账面价值,同时确认投资损益和其他综合收益;对于■信股份宣告分派的利润或现金股利,不再计入公司当期损益,仅减少对■信股份投资账面价值;

转

Y戈尔在2017年和2018年一季度短短的几个月之内,通过提前计提巨额减值损失以及变更长期股权投资核算方法等手段,创造了从巨亏到巨盈的资本市场"神话"。2018年4月10日,Y戈尔发布2018年一季度业绩预增公告。公告显示,其净利润预计同比增长约687.95%。公告发布当天,Y戈尔股价一度涨停,截至收盘涨幅高达7.58%。Y戈尔"精湛"的会计伎俩显然骗过了投资者。

然而"天网恢恢疏而不漏",上海证券交易所在Y戈尔发布2018年业绩预增公告后不久,即向其送达了《关于Y戈尔集团股份有限公司变更会计核算方法事项的监管工作函》,要求公司及年审注册会计师审慎核实上述会计核算方法变更是否符合企业会计准则的规定,是否符合公司的经营实质。

Y戈尔收到上交所监管函公告节选

▇戈尔集团股份有限公司
关于收到上海证券交易所变更会计核算方法事项
监管工作函的公告

本公司董事会及全体董事保证本公告内容不存在任何虚假记载、误导性陈述或者重大遗漏,并对其内容的真实性、准确性和完整性承担个人及连带责任。

近日,公司收到上海证券交易所《关于▇戈尔集团股份有限公司变更会计核算方法事项的监管工作函》(上证公函[2018]0373号),具体内容如下:

我部关注到,你公司于2018年4月10日披露《关于变更对中国▇信股份有限公司会计核算方法的公告》,将所持中国▇信股份有限公司(以下简称▇信股份)股份的会计核算方法由可供出售金融资产变更为长期股权投资,并以权益法确认损益。该会计核算方法变更为公司确认约93.02亿元损益,是公司2018年一季度净利润增长近七倍的主要原因。请公司及会计师核实以下事项:

一、公司称会计核算方法变更的原因为:公司副总经理吴▇▇于3月20日获任▇信股份非执行董事,且公司对▇信股份的持股比例于3月29日由4.99%增至5%。因此,董事会认定公司对▇信股份的经营决策具有重大影响。请公司结合▇信股份的股权结构、董事会结构及公司参与▇信股份财务经营决策的情况,依据企业会计准则核实核算方法变更的合理性和充分性。

二、根据企业会计准则的相关规定,长期股权投资的初始投资成本小于投资时应享有被投资单位可辨认净资产公允价值份额的,其差额计入当期损益。公司以▇信股份的净资产作为其可辨认净资产公允价值,并以所持▇信股份的账面值与对应▇信股份净资产份额的差额,直接确认93.02亿元损益。请公司核实以净

会计"大爆炸"

随后，L信会计师事务所以Y戈尔对Z信股份实施影响不够重大等为由，反对Y戈尔会计核算方法变更事项。

L信会计师事务所函复上交所监管问询节选

信会计师事务所（特殊普通合伙）
DO CHINA SHU JI PAN CERTIFIED PUBLIC ACCOUNTANTS LLP

关于▇戈尔集团股份有限公司
变更会计核算方法事项的监管工作函的回复

信会师函字[2018]第▇▇号

上海证券交易所：

2018年4月26日，Y戈尔发布《关于取消对中国Z信股份有限公司会计核算方法变更的提示性公告》。

Y戈尔取消会计核算方法变更公告节选

▇戈尔集团股份有限公司

关于取消对中国▇信股份有限公司会计核算方法变更的

提示性公告

本公司董事会及全体董事保证本公告内容不存在任何虚假记载、误导性陈述或者重大遗漏，并对其内容的真实性、准确性和完整性承担个人及连带责任。

公告当日Y戈尔股票价格出现大跌，截至收盘跌幅达到3.90%。

仔细分析报表利润构成，若剔除可供出售金融资产转换为长期股权投资产生的巨额营业外收入，其2018年一季度的净利润比上年减少了6.2亿元，同比下降49.72%。利润增长存在明显的"虚胖"和人为操控痕迹。

合

实务中，像Y戈尔一样通过更改股权投资核算方法进行业绩操控的案例屡见不鲜。股权投资的会计核算存在较大主观判断空间，为部分企业通过变更股权投资核算方法操控业绩提供了"温床"。投资者在财报分析时应保持高度警惕。

应特别关注以下几种情形的股权投资转换： 使用成本法或权益法核算的长期股权投资转换为以公允价值计量的金融资产。 以公允价值计量的金融资产转换为使用成本法或权益法核算的长期股权投资。

长期股权投资成本法与权益法间相互转换。

好棒啊，小Z老师，学习了Y戈尔通过计提巨额减值损失以及变更股权投资核算方法进行业绩操控的手段，我对利用长期股权投资核算方法变更进行业绩操控有了更深刻的理解。

很好，最后再简单为你总结一下Y戈尔利用股权投资核算方法变更操控业绩的"全景图"吧。

太棒了，小Z老师。

呵呵，淡定淡定。

会计"大爆炸"

Y戈尔业绩操控全景图

业绩操控过程

- 2017年"轻装上阵":
  巨额计提减值准备,为后期业绩操控"未雨绸缪"
  2018年1月31日,Y戈尔发布关于计提Z信股份减值准备的公告,拟对相关股票资产计提33亿元减值准备
- 2018年"一招定乾坤":
  通过改变股权投资会计核算方法
  2018年3月29日,Y戈尔购买Z信股份1,000股股票,将其对Z信股份的持股比例从4.99%增至5%,此前确认的可供出售金融资产转变为长期股权投资

业绩操控结果

- Y戈尔公告,其2018年一季度业绩预计同比增长约687.95%
- 2018年一季度业绩预增公告当天,Y戈尔股价一度涨停,截至收盘涨幅高达7.58%

关于Y戈尔变更会计核算方法的后续进展

- 上交所向Y戈尔发送《关于Y戈尔集团股份有限公司变更会计核算方法事项的监管工作函》
- L信会计事务所以Y戈尔对Z信股份实施影响不够重大等为由,反对Y戈尔会计核算方法变更事项
- Y戈尔发布《关于取消对中国Z信股份有限公司会计核算方法变更的提示性公告》
- 公告当日Y戈尔股票价格出现大跌截至收盘跌幅达到3.90%

关于利用长期股权投资进行业绩操控的关注重点

- 使用成本法或权益法核算的长期股权投资转换为以公允价值计量的金融资产
- 以公允价值计量的金融资产转换为使用成本法或权益法核算的长期股权投资
- 长期股权投资成本法与权益法间相互转换

陆

第六篇

回顾与展望

会计"大爆炸"

本篇作为全书终篇，首先对自1999年我国会计改革进入"深水区"以来至今的大事件，如修订《会计法》、成立会计准则委员会、持续修订并发布多项企业会计准则等进行梳理回顾。在此基础上，编者从财政部2019年版财务报表新格式要求出发，系统梳理了本书所涉及的重要财务报表科目，阐述相关科目分析要点及设置要求，为读者奉上一份实用的财务报表新格式应用指南。最后，编者对财务会计领域未来发展趋势进行展望，提出未来区块链会计可能会成为大势所趋，并对区块链会计在分布式核算、财务共享、业财融合、电子发票等领域的应用进行阐述。

第二十六章 再看新报表,却似旧恋人

二十年前的1999年,会计改革进入"深水区"。经过二十余年的发展,我国会计准则体系不断完善,企业财务报告质量持续提升。本章在回顾二十年会计改革之路的基础上,梳理形成2019年财务报表新格式应用指南,解析最新会计准则主要报表科目含义,结合相关实务案例明晰主要科目分析要点。

第六篇 回顾与展望

小Z老师,跟您学习准则的这段时间真的是获益良多啊,最新准则改革脉络及核心变化已深深印入我脑海。

很好,看到你学有所成,为师甚为欣慰。

感谢您的悉心指导,明年注会考试信心倍增啊。

不错。其实会计改革自1999年进入"深水区"以来至今已经历了二十余年发展。目前,会计准则体系日臻完善,企业财务报告透明度不断提高。

想想心里都激动。那您今天能为我讲一讲我国会计改革的发展历程吗?感觉只有通过历史,才能对现阶段我国会计准则体系产生更深刻的理解。

没问题。今天为师就为你简单回顾一下我国会计改革的主要脉络,以此为基础,为师结合之前所讲的重要内容,为你梳理总结重要会计科目填列要求及实务分析要点,为你送上《2019年财政部最新财务报表格式体系》。

好啊好啊,赶快拿出小本本儿记重点。

很好,孺子可教也。

-421-

会计"大爆炸"

1985年1月21日	第六届全国人大常委会第九次会议通过《中华人民共和国会计法》，我国会计行业从此有法可依
1998年	财政部成立会计准则委员会；四字真言"不做假账"诞生
1999年1月1日	财政部发布系列通知，要求上市公司执行企业会计准则，主要发布投资、会计政策、会计估计变更和会计差错更正及建造合同三项准则
1999年10月	《中华人民共和国会计法》经修正后，由国家主席下令公布，于2000年7月1日起施行。该部法律是指导会计工作的最高准则
2000年12月29日	财政部发布《企业会计制度》，将除金融保险企业、小企业之外的所有企业纳入统一核算体系
2006年	财政部发布1项基本准则和38项具体准则，实现了与国际财务报告准则（IFRS）的实质性趋同
2009年5月14日	财政部发布《企业会计准则解释公告第3号》，进一步深入贯彻企业会计准则
2010年4月	财政部发布《中国企业会计准则与国际财务报告准则持续趋同路线图》，同时提出下一步企业会计准则建设与改革方向
2014年以来	财政部先后新增或修订长期股权投资、金融工具、收入等多项准则，保持与IFRS的持续趋同

我国会计准则改革历程

1985年1月21日，第六届全国人大常委会第九次会议通过《中华人民共和国会计法》，标志着我国会计行业从此有法可依。

1998年，财政部成立会计准则委员会。同年，国务院批准成立北京国家会计学院，是为财政、金融、审计等专业人才的"黄埔军校"，四字真言"不做假账"随之诞生。

也就是在1999年,我国会计改革正式进入"深水区"。

1999年,已是实行注册会计全国统一考试制度的第九个年头。自那时起,注会考试的难度不言而喻,广大财务会计从业人员对注会考试是"又爱又恨"。

1999年注册会计师考试通过情况

科目名称	报考人数(人)	通过人数(人)	通过率(%)
会计	156,377	22,534	14.41
审计	70,495	10,814	15.34
财务成本管理	96,265	14,767	15.34
经济法	301,082	20,594	6.84
税法	126,023	32,388	25.7

1999年1月1日,财政部发布系列通知,要求上市公司执行企业会计准则,主要发布投资,会计政策、会计估计变更和会计差错更正及建造合同三项准则。

1999年10月,《中华人民共和国会计法》经第九届全国人民代表大会常务委员会第十二次会议修正,由国家主席下令颁布,于2000年7月1日起施行。该部法律一直沿用至今,是为会计法律制度中层次最高的法律规范,是制定其他会计法规的依据,也是指导会计工作的最高法规。

2000年12月29日,财政部发布《企业会计制度》,将除金融保险企业、小企业之外的所有企业纳入统一核算体系,是建立适合中国国情会计核算制度的重大举措。

2006年,财政部发布了1项基本准则和38项具体准则,实现了与国际财务报告准则(IFRS)的实质性趋同,在我国会计制度改革进程中具有里程碑式的意义。

2008年9月15日,发端于美国的金融海啸席卷全球,在这场金融风暴中,无辜的会计莫名"躺枪"。美国银行家的枪口直指公允价值会计,并与监管机构上演了一场"甩锅批判"与"联盟捍卫"的大战。在银行家与监管机构之间的争辩中,催生了国际会计准则的进一步改革与完善,特别是应用实施诸多年的金融工具准则发生了巨变。

会计"大爆炸"

- 2008年 — 美国银行家指责：公允价值会计是金融风暴爆发的"罪魁祸首"

- 10月4日，美国发布《在不活跃市场下确定金融资产的公允价值》：主张管理层采用自己的模型和参数来估算公允价值

- 3月12日，美国众议院召开听证会："逐市定价"是金融"死亡旋涡"的罪魁祸首

- 2009年

- 4月2日，FASB投票通过了放宽公允价值会计使用范围的表决

- SEC前任主席唐纳森发起"投资者联盟"，誓死捍卫公允价值会计的权威地位，批评FASB的奉承和妥协

面对各界的质疑与声讨，2008年10月，国际会计准则委员会修订并发布新金融工具准则，《国际会计准则第39号——金融工具的确认和计量》于2009年7月生效。

《国际会计准则第39号》金融工具的确认和计量 修订：

- 对衍生金融资产不能重分类，仍然以公允价值计量

- 对于确认时指定为公允价值计量且其变动计入当期损益的金融资产不能重分类

- 除以上两种情况也就是非指定非衍生金融工具，在特定情况下交易性金融资产可以重分类

- 对于可供出售金融资产，如果主体有能力有意图在可预见的将来持有或者持有到合同到期日，可以认为其符合贷款及应收款项的定义，可以重分类

- 对于可重分类的金融资产，以重分类日的公允价值作为重分类后的成本或摊余成本，重分类前已经确认计入损益的盈亏不得在重分类日后转回

2009年5月14日,财政部发布《企业会计准则解释公告第3号》,进一步深入贯彻企业会计准则,解决准则执行中出现的问题,持续推进会计准则国际趋同和等效。

2010年4月,财政部发布《中国企业会计准则与国际财务报告准则持续趋同路线图》,向世界传达出我国与IFRS持续趋同的立场和态度,同时提出下一步企业会计准则建设与改革方向。

2014年以来,财政部先后新增或修订了长期股权投资、金融工具、收入等18项准则,保持与IFRS的持续趋同。

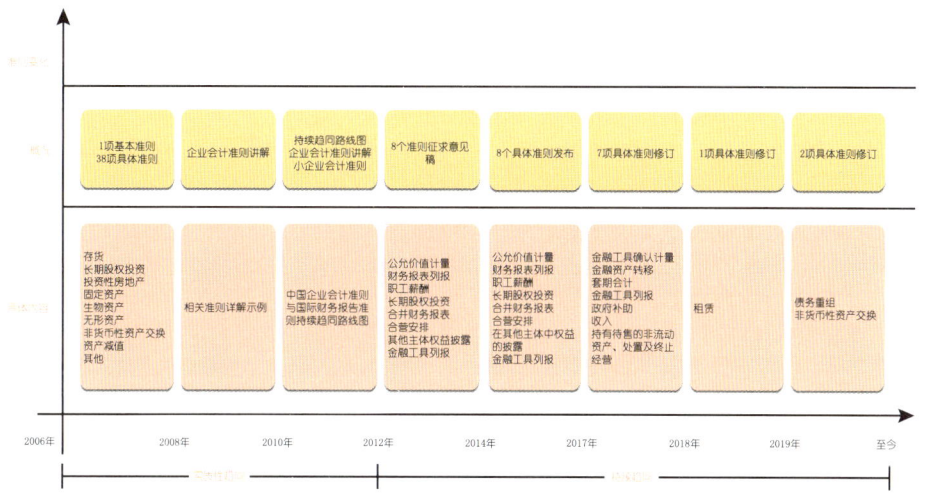

2019年财务报表新格式应用指南

从2019年版财务报表新格式出发,本章系统梳理了重要报表科目的变化及应用,结合那些天我们阅读过的文章,奉上一份实用的财务报表新格式应用指南。

一、会计准则改革之一:新收入准则

2017年7月新收入准则一经发布,引起市场巨大反响。新表格体系新增"合同资产""合同负债"科目,以更为真实地反映企业履行履约义务,以及与客户付款之间的关系。同时也给广大会计从业人员如何准确记账及编制财务报表带来了新的挑战,关键在于如何识别并正确处理"合同资产"与"应收账款"的确认与处理,以及如何正确理解"合同负债"的内涵。

新收入准则涉及重要问题及分析要点

合同资产	分析要点	如有条件收取对价，计入"合同资产"
	举例	金拱M向客户提供两批快餐，共4万元。合同约定客户收到第二批快餐时支付款项。在客户收到第一批快餐时，金拱M应： 借：合同资产　2万 　　贷：主营业务收入　2万
	科目设置	"合同资产"
应收账款	分析要点	企业拥有的、无条件向客户收取对价的权利，且该权利仅取决于时间流逝因素
	举例	承上例，客户收到第二批快餐时因资金紧张估计延迟一周付款： 借：应收账款　4万 　　贷：合同资产　2万 　　　　主营业务收入　2万
	科目设置	"应收账款"
合同负债	分析要点	新准则下将全部或大部分由"预收账款"过渡到"合同负债"
	举例	某国酒企业与客户签订合同，客户需提前支付20万元货款： 借：银行存款　20万 　　贷：合同负债　20万
	科目设置	"合同负债"

除了新增"合同资产""合同负债"科目之外，新收入准则同时对企业履行和取得合同产生的成本进行了规范，更为客观真实地反映企业经营活动。

在确认收入时，新收入准则要求企业在<u>客户取得商品控制权时</u>确认收入。同时要求企业使用"<u>五步法</u>"确认收入，并明确了<u>八大特定交易</u>的收入确认原则。

"五步法"要求企业通过识别合同、识别履约义务、确定交易价格、分摊交易价格、履行义务确认收入等步骤确认收入。与旧准则相比发生了重大变革。"八大特定交易"也针对八种特殊收入确认情形予以明确，并对各种情形的会计处理进行了规范。

合同履约成本与合同取得成本涉及重要问题及分析要点

合同履约成本	分析要点	分析业务实质是否同时满足新收入准则第二十六条三个确认条件。若满足，确认为资产。否则计入当期损益（具体见本书第一章）
	举例	确认资产：为建造房屋而发生的基础主体结构建造等成本；计入当期损益：非正常消耗的直接材料、直接人工和制造费用等直接计入当期损益
	科目设置	产品完工时转入"存货"，销售时再转入"主营业务成本"
取得合同成本	分析要点	关注相关成本是否为增量成本。是则确认资产，否则计入当期损益
	举例	确认资产（增量成本）：房地产企业为成功与客户签订房屋买卖合同而支付给销售人员的佣金即为取得合同成本；计入当期损益（沉没成本）：房地产企业为取得合同而发生的广告费、业务招待费、通讯费等
	科目设置	销售佣金记入"合同取得成本"下的"生产成本"等明细科目。后续计量时应当采用与该资产相关商品收入确认相同的基础进行摊销，计入当期损益（销售费用等）

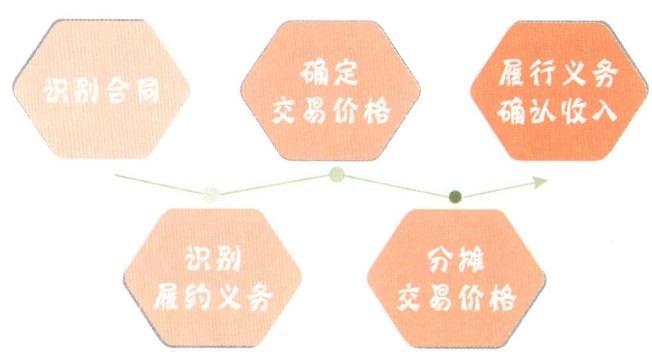

以京D销售苹果手机为例，本书相关章节重点对京D销售手机所涉及的收入确认问题进行了解析，逐一击破新收入准则核心知识难点。首先通过对比京D和淘B业务模式，厘清主要责任人与代理人的概念，明确相关会计处理方式。其中，主要责任人（如京D）的特征是企业在向客户转让商品前能够控制该商品。对于主要责任人的会计处理，应按照总额法，根据已收或应收对价总额确认收入。代理人（如淘B）的特征是企业在向客户转让商品前无法控制该商品。对于代理人的会计处理，应按照净额法，根据企业预期有权收取的佣金或手续费确认收入。

会计"大爆炸"

主要责任人	根据实际业务分析企业是主要责任人还是代理人	代理人
·分析要点 企业在向客户转让商品前能够控制该商品 ·举例 京D：拥有手机控制权，应为主要责任人，按总额法确认收入 ·会计处理 总额法：按照已收或应收对价总额确认收入	VS	·分析要点 企业在向客户转让商品前无法控制该商品 ·举例 淘B：第三方交易平台，应视为代理人，按净额法确认收入 ·会计处理 净额法：企业应按照预期有权收取的佣金或手续费的金额确认收入

主要责任人vs代理人涉及重要问题及分析要点

对于京D销售苹果手机提供的"三包"服务及收费的延保服务，需根据新收入准则，将相关销售行为认定为附有质量保证条款的销售，并进行相应的会计处理。

分析要点
保证类质量保证：指企业向客户保证所销售的商品符合既定标准
服务类质量保证：企业向客户保证所销售的商品符合既定标准之外提供了一项单独的服务

举例
保证类质量保证："三包"服务
服务类质量保证：延保服务

会计处理
保证类质量保证：在销售商品时确认质量保证负债（预计负债）
服务类质量保证：如与商品可明确区分，则按时段法根据履约进度确认收入

附有质量保证条款的销售涉及重要问题及分析要点

对于京D在销售手机后提供的七天无理由退货服务，应按附有销售退回条款的销售进行会计处理，在充分估计退货可能性的基础上，针对已发生退货和未发生退货两种情形分别进行会计处理。

分析要点
估计预计退货可能性以及针对已（未）发生退货分别进行处理

举例
京D销售手机提供七天无理由退货服务

会计处理
估计退货可能性：在售出商品后根据历史退货情况估计退货可能性，计算应退回金额，并确认预计负债
发生退货：应向客户支付退货款，并冲减预计负债
未发生退货：应将预计负债转为主营业务收入

附有销售退回条款的销售涉及重要问题及分析要点

在优惠大促活动中，京D通常会向客户赠送满减券或返现券，称为"附有客户额外购买选择权的销售"。

分析要点
应将交易价格在出售商品和返优惠券之间进行分摊，并根据客户使用（未使用）优惠券情况分别进行处理

举例
京D向客户赠送购物满1,000元返100元的优惠券

会计处理
1. 收到1,000元后：分别确认"主营业务收入"和"合同负债"
2. 客户使用优惠券时：冲减"合同负债"并确认"主营业务收入"
3. 截至优惠券到期客户未使用：应将"合同负债"转入"主营业务收入"

附有客户额外购买选择权的销售涉及重要问题及分析要点

有的时候，客户会选择京D的白条服务分期付款购买手机。此时，京D应将销售手机行为视为附有重大融资成分的销售，并进行相应的会

计处理。

分析要点
分别确定分期销售模式下合同应收金额以及现货价格（合同应收金额现值）

举例
京D提供白条服务

会计处理
按照现货价格确认收入，现货价格与合同应收金额差额按实际利率法分期进行摊销，并在利润表中单独确认为利息收入

具有重大融资成分的销售涉及重要问题及分析要点

除销售商品或提供劳务一般情形外，对于授予知识产权许可的交易，新收入准则进行了特殊规定。

分析要点
企业向客户授予知识产权许可采用时段法确认收入的，须同时满足三个条件

举例
· 电影发行方授权影院播放哪Z电影六周（时点法）
· 电影发行方授权航空公司在飞机上播放哪Z电影以及在飞机舱、毛绒吉祥物上使用哪Z卡通形象（时段法）

会计处理
· 授权航空公司播放哪Z电影，发行方后续相关活动并不会对国内电影播放产生重大影响：时点法确认收入
· 授权航空公司使用哪Z形象，发行方后续相关活动（国外电影播放等）会对卡通形象产生重大影响：时段法确认收入

授予知识产权许可涉及重要问题及分析要点

二、会计准则改革之二：新金融工具准则

2017年3月31日，财政部发布《企业会计准则第22号——金融工具

确认和计量》，明确了金融资产定义，要求企业根据管理金融资产的业务模式和合同现金流量特征，将金融资产由之前的"四分类"划分为"三分类"。

金融资产"三分类"判定涉及重要问题及分析要点

以摊余成本计量的金融资产（AMC）	业务模式	以收取合同现金流量为目标
	合同现金流量特征	"本金+利息"模式
	分析要点	摊余成本计量金融资产（债券）收益稳定，不受市场波动影响
以公允价值计量且其变动计入其他综合收益的金融资产（FV-OCI）	业务模式	以收取合同现金流量和出售金融资产为目标
	合同现金流量特征	"本金+利息"模式
	分析要点	对于被划分为FV-OCI的债务工具/权益工具，持有期间累计确认的其他综合收益在处置当期要转入当期损益/留存收益
以公允价值计量且其变动计入当期损益的金融资产（FV-PL）	业务模式	以出售金融资产收取现金流为目标
	合同现金流量特征	不符合"本金+利息"特征
	分析要点	只要不满足业务模式或合同现金流量特征相关认定标准之一的，即应将相关金融资产直接划分为FV-PL

根据2019年财政部一般企业财务报表格式体系要求，金融资产报表填列科目与原准则发生了显著改变。

新金融工具准则采用"预期信用损失"模型用以替代旧准则"已发生损失"模型对金融资产计提减值准备，是新金融工具准则的核心变革之一。"预期信用损失"模型下，减值准备的计提不以减值的实际发生为前提，而是以未来可能发生违约事件造成的损失期望值计提减值准备，是对金融资产减值进行的前瞻性计量。

使用"预期信用损失"模型对金融资产进行减值计提给企业实务带来变革与新的挑战，企业可能更加依赖主观判断对金融资产进行减值计提，这其中便存在一定的盈余管理空间。

金融资产报表科目注释

金融资产分类	举例	科目设置
1. 以摊余成本计量的金融资产（AMC）	以收取合同约定的固定或浮动利率为目标持有的债券；合同现金流符合基本借贷安排的应收账款	"货币资金" "应收票据" "应收账款" "其他应收款" "债权投资" "长期应收款"
2. 以公允价值计量且其变动计入其他综合收益的金融资产（FV-OCI）	企业持有的债券（收取债券利息同时具有出售意图）	"应收款项融资" "其他债权投资" "其他权益工具投资"
3. 以公允价值计量且其变动计入当期损益的金融资产（FV-PL）	股票、非保本浮动收益型理财产品等资管产品、大部分非标投资、基金等	"交易性金融资产" "衍生金融资产" "其他非流动金融资产"
4. 直接指定为以公允价值计量且其变动计入其他综合收益的金融资产（FV-OCI）	非上市公司股权	"其他权益工具投资"

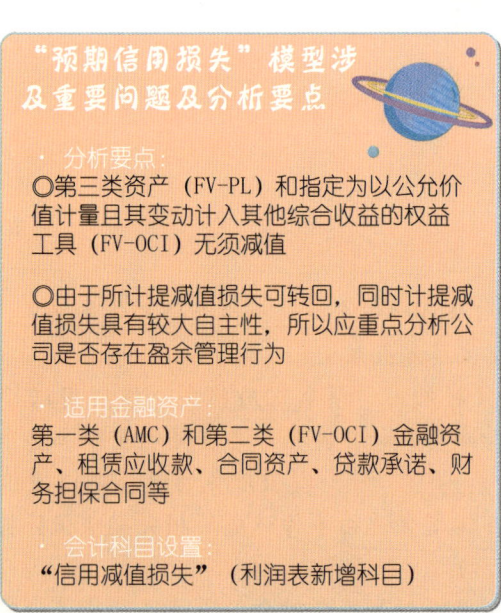

"预期信用损失"模型涉及重要问题及分析要点

· 分析要点：
○ 第三类资产（FV-PL）和指定为以公允价值计量且其变动计入其他综合收益的权益工具（FV-OCI）无须减值

○ 由于所计提减值损失可转回，同时计提减值损失具有较大自主性，所以应重点分析公司是否存在盈余管理行为

· 适用金融资产：
第一类（AMC）和第二类（FV-OCI）金融资产、租赁应收款、合同资产、贷款承诺、财务担保合同等

· 会计科目设置：
"信用减值损失"（利润表新增科目）

2017年3月31日，财政部修订发布《企业会计准则第24号——套期

会计》。新套期会计准则拓宽了套期工具和被套期项目范围、改进了套期有效性评估、引入套期关系"再平衡机制"、增加了期权时间价值会计处理方法以及信用风险敞口的公允价值选择权等规定，对套期会计准则进行了进一步规范。

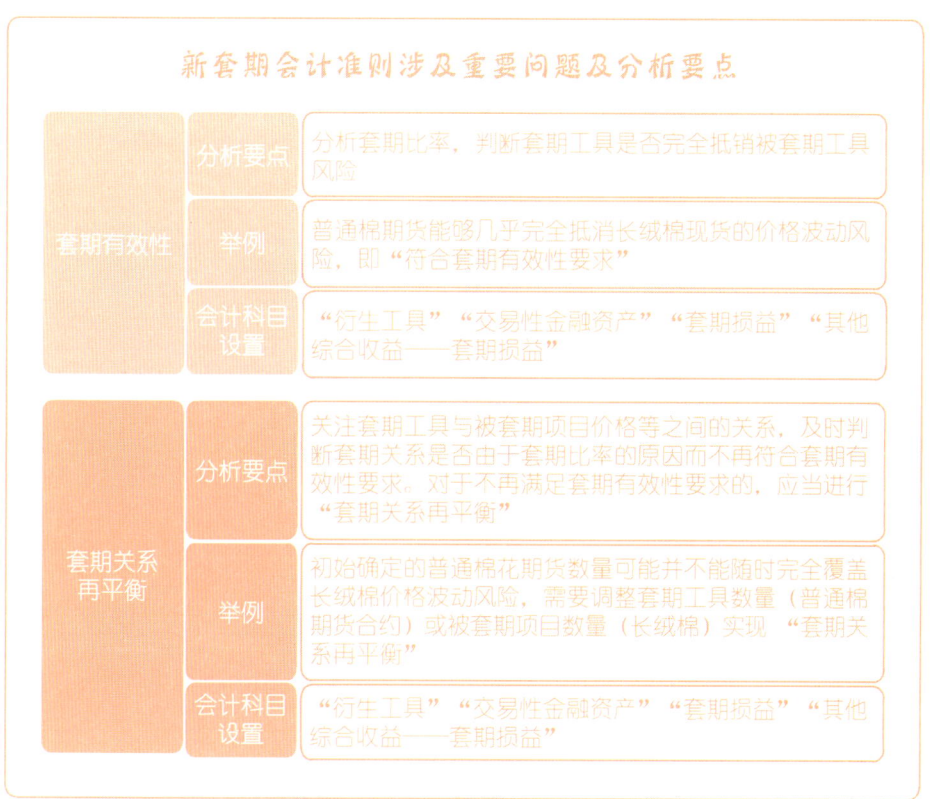

三、会计准则改革之三：新租赁准则

2018年12月7日，财政部修订发布《企业会计准则第21号——租赁》，取消了承租人融资租赁与经营租赁的分类，要求承租人对大部分租赁确认"使用权资产"和"租赁负债"。其中，选择简化处理的短期租赁和低价值资产租赁除外。

承租人经营租赁的入表，使得承租人潜在资产负债率上升。如果该企业为国有性质，在近年来国资委采取多种手段降低国有企业杠杆率背景下，新租赁准则给这类企业的资本结构管理带来一定挑战。此外，部分上市公司也可能会利用"短期租赁"和"低价值资产租赁"这两个豁免条款进行盈余管理。

新租赁准则下承租人涉及重要会计问题及分析要点

使用权资产
- 分析要点：关注新准则下经营租赁业务较多的承租人资产负债率、总资产周转率以及资本结构的变化
- 举例：承租人租赁固定厂房用于经营
- 科目设置："使用权资产"科目，同时设置"使用权资产累计折旧"和"使用权资产减值准备"两个备抵科目

租赁付款额
- 分析要点：尚未支付的租赁付款，按照贴现法计量，关注可变租赁付款额的影响
- 举例：餐饮企业租用餐厅5年，每年支付10万元租金，在租赁开始日计算每年10万元租金的现值
- 科目设置：分别设置"租赁付款额"和"未确认融资费用"

初始直接费用
- 分析要点：分析相关支出是否为增量成本。若是，计入使用权资产；若不是，直接计入当期损益
- 举例：
  · 增量成本：佣金、为获得租赁而向现有租户支付的款项等；
  · 非增量成本（沉没成本）：管理费、可行性调查研究费等
- 科目设置：分别设置"使用权资产""管理费用""销售费用"等

短期租赁&低价值资产租赁
- 分析要点：重点关注公司是否会利用短期租赁或低价值资产租赁豁免要求进行盈余管理
- 举例：期限：小于12个月；低价值资产：电脑或办公桌
- 科目设置：豁免纳入资产负债表

四、"高存高贷"问题

康M财务造假爆出大雷，引发市场对"高存高贷"问题的广泛关注。通过回溯历史数据，编者发现水电燃气、地产、交通运输行业是"双高重灾区"，同时"双高"企业违规概率及流动性风险更高。但与此同时，"双高"公司的股票收益率更低，且机构投资者持股比例更高。根据相关数据结果，虽然"高存高贷"早已有之，但遗憾的是这一财务异象一直未受到市场投资者的重视。

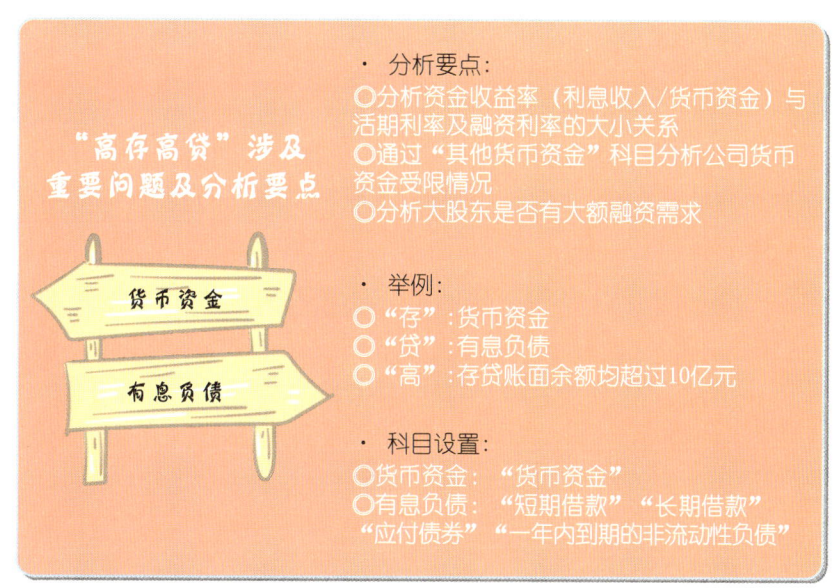

五、业绩操控"重灾区":"存货"+"生物资产"

"超级猪周期"下诸多涉农上市公司股票受到市场追捧,但在股价飙涨盛宴背后,相关上市公司业绩爆雷大戏也在频频上演。本书相关章节透过"存货"及"生物资产",揭秘涉农类公司利用相关科目进行业绩操控的主要伎俩。

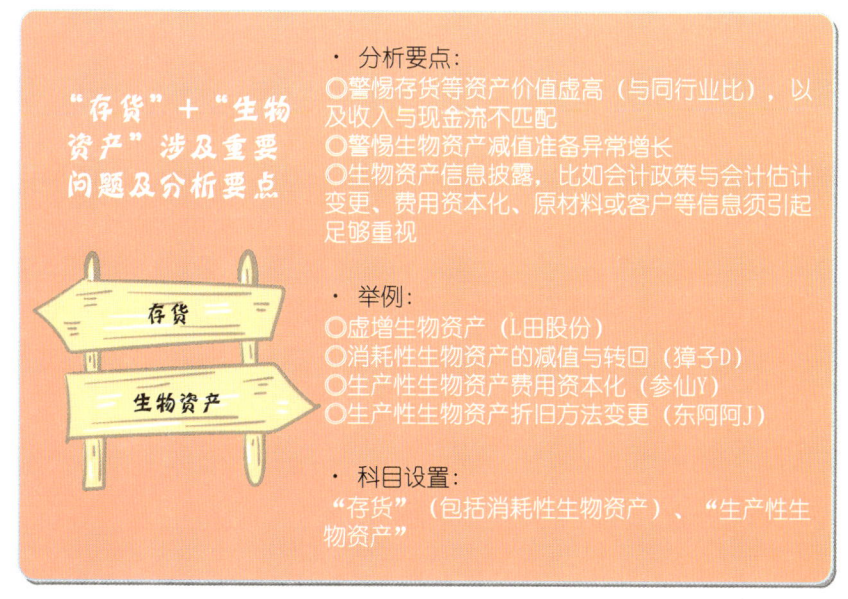

六、商誉减值爆雷那些事儿

2019年年初,上市公司集体上演商誉减值爆雷"大剧"。本书相关章节结合市场热门微案例,重点对商誉基本概念、会计处理、列报,以及减值进行详细解析。

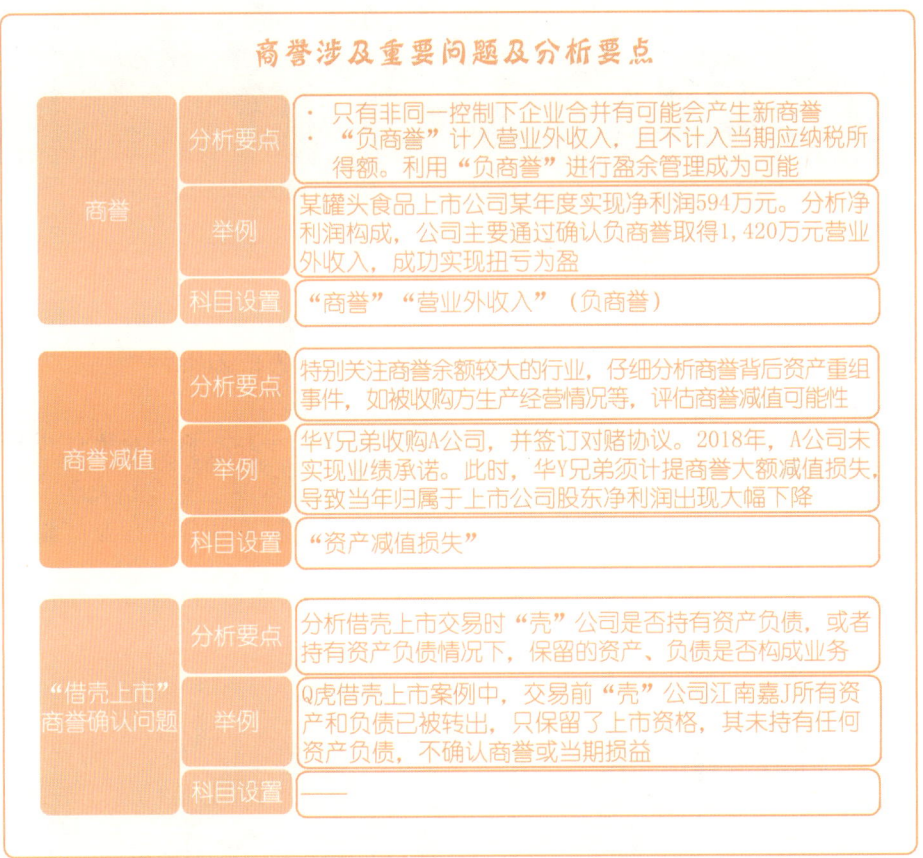

七、固定资产与投资性房地产之辨析

2019年5月9日,财政部修订发布《企业会计准则第7号——非货币性资产交换》。本书相关章节透过历史典故,揭示新非货币性资产交换准则修订的核心变化与精髓。其中主要涉及非货币性资产交换的最新会计处理规定。透过历史典故,详细阐述非货币性资产交换中涉及的固定资产及投资性房地产交换的主要会计处理要求。

"固定资产"+"投资性房地产"涉及重要问题及分析要点

 固定资产　　　　　　　 投资性房地产

分析要点
- 分析固定资产构成，计算能够提升潜在产能固定资产占比，评估这些资产对业绩的提升作用
- 关注通过固定资产折旧政策变更对企业利润的影响
- 关注是否会利用非货币性资产交换，通过换出固定资产，获取固定资产处置收益进行业绩操控（如避免被ST等）

分析变更投资性房地产计量模式背后的动机及对公司利润产生的影响

举例

赵王以和氏璧换取城池，假设赵王将和氏璧存放于赵国博物馆供游客参观，以收取门票营利。因和氏璧被用于经营，应作为"固定资产"。

假设用于交换和氏璧的15座城池是秦昭王租给秦国商贩用于贸易往来的，此时赵王在换入城池后应确认"投资性房地产"。

科目设置

"固定资产"　　　　　　　"投资性房地产"

八、长期股权投资"会计魔法"

2014年3月13日，财政部修订发布《企业会计准则第2号——长期股权投资》。透过系列实务案例，本书相关章节揭秘上市公司利用长期股权投资确认、计量方式转变等进行业绩操控的手段与方法。

（一）利用"负商誉"产生营业外收入进行业绩操控

分析要点

分析投资成本小于取得投资时享有被投资方可辨认净资产公允价值份额（"负商誉"）产生营业外收入背后的交易实质与动机，判断是否存在业绩操控的迹象

举例

Y戈尔凭借确认大额"负商誉"，2018年一季度实现净利润暴增，其股价也一度涨停

科目设置

"营业外收入"

负商誉涉及重要问题及分析要点

（二）通过增加或减少股权投资进行业绩操控

分析要点

通常会涉及金融资产（公允价值计量）和长期股权投资之间的转换。这里，需根据"先卖后买"原则重点分析公司是否会利用追加或减少股权投资产生的投资收益进行业绩操控

举例

A公司将所持B公司股权由金融资产（公允价值计量）转换为长期股权投资（权益法）。根据"先卖后买"原则，应视为将原有股权投资先按公允价值出售，公允价值与账面价值的差额确认投资收益，此为"先卖"。对于"后买"，应视同按公允价值购回，加上购买成本，确认长期股权投资初始成本

科目设置

"长期股权投资""交易性金融资产""其他权益投资"

通过追加或减少股权投资进行业绩操控涉及重要问题及分析要点

（三）利用成本法和权益法之间的转换进行业绩操控

分析要点

长期股权投资成本法和权益法之间的转换，需根据"先卖后买"原则重点分析公司是否会利用追加或减少股权投资产生的投资收益进行业绩操控

举例

Z利集团通过增资，由持有Z利电子33.5%股份上升至50.86%。Z利集团所持有的Z利电子股权公允价值和账面价值之间的差额应计入投资收益，但不计入当期的应纳税所得总额

科目设置

"长期股权投资"

利用成本法和权益法的转换进行业绩操控涉及重要问题及分析要点

（四）不涉及控制权丧失情况下持股比例变化

分析要点
重点关注母公司购买子公司少数股东权益（相当于股票回购）和在不丧失控制权的情况下部分处置对子公司的长期股权投资（相当于增发股票）

举例
2018年4月，B江集团大股东B江控股6天3次增持B江集团股票。站在B江集团合并报表角度，母公司在回购股票，其新取得的长期股权投资与按照新增比例应享有子公司净资产份额之间的差额应调整资本公积

科目设置
"资本公积"

不涉及控制权丧失情况下的持股比例改变涉及重要问题及分析要点

九、预计负债

2019年9月3日，暴F集团发布公告，实际控制人F鑫涉嫌行贿被公安机关批准逮捕。F鑫的被捕主要源于其2016年52亿元跨洋并购的失败。当年与暴F集团参与并购的小伙伴光D证券也相应计提了14亿元的预计负债。

预计负债涉及重要问题及分析要点

· 分析要点：
分析企业预计负债计提合理性，明确预计负债与或有负债的区别
· 举例：
○预计负债因对外提供担保、未决诉讼、产品质量保证、重组义务等产生的
○或有负债：不满足预计负债确认条件的或有事项，如可以合理预期打输官司的可能性很小，会计上只做披露
· 科目设置：
"营业外支出""销售费用""预计负债"

十、应付职工薪酬

2014年1月27日,财政部修订发布《企业会计准则第9号——职工薪酬》,本书相关章节对新职工薪酬准则涉及的带薪缺勤、非货币性福利、离职后福利等相关会计问题进行详细解析。

新职工薪酬准则涉及重要问题及分析要点

	短期薪酬	设定提存计划	设定受益计划
分析要点	○ 明确与企业订立劳动合同的所有人员,含全职、兼职和临时工等都适用新职工薪酬准则 ○ 明确累积带薪缺勤和非累积带薪缺勤概念及会计处理差异 ○ 职工薪酬属于非货币性福利的,应视同销售处理,按照公允价值确认收入,同时结转产品成本	简称DC法,企业计提数是固定的,而受益数是变动的,雇主承担有限责任	简称DB法,每期计提数需经过精算,但职工在退休后每期所能获得的退休金是固定或可确定的,雇主承担无限责任
举例	职工工资、奖金、津贴和补贴,职工福利费,医疗保险费、短期带薪缺勤、短期利润分享计划、非货币性福利、其他短期薪酬,以及其他福利	我国国有企业的基本养老保险、失业保险	外企的设定受益养老计划(DB)
科目设置	根据有关规定应付给职工的各种薪酬,按照"工资,奖金,津贴,补贴""职工福利""非货币性福利"等设置明细科目		

十一、新债务重组准则

2019年5月16日,财政部修订发布《企业会计准则第12号——债务重组》。本书相关章节结合几个A股债务重组的经典微案例,对新债务重组准则的核心变化进行解析。

分析要点
区分控股股东和非控股股东债务重组（如债务豁免）对企业所有者权益的不同影响

举例
接受控股股东或控股股东子公司直接或间接的捐赠，应作为权益性交易，相关利得计入所有者权益（资本公积）

科目设置
"资本公积"

新债务重组准则涉及重要问题及分析要点

十二、股份支付

2019年8月6日，伊L股份盘中股价一度逼近跌停，至收盘时股价暴跌8.8%。股价暴跌缘起一则限制性股票激励计划公告。本书相关章节对限制性股票和股票期权激励基本原理、会计处理、个人所得税和盈余管理等相关实务问题进行了解析。

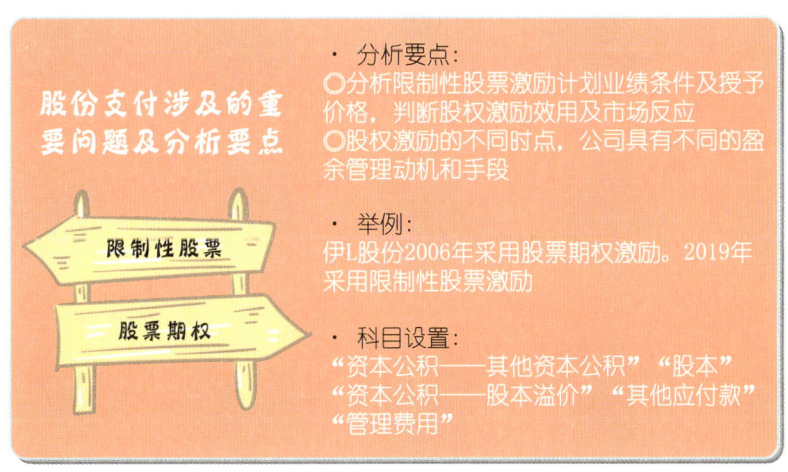

十三、新增"研发费用"科目

2019年10月22日，华W首只境内债券发行成功，发行利率堪比超AAA级央企。本书相关章节透过华W公司2019年中报，揭开其创新的神秘面纱。

创新涉及重要问题及分析要点

研发费用	分析要点	反映企业进行研究与开发过程中发生的费用化支出，以及计入管理费用的自行开发无形资产的摊销
	举例	华W公司2019年中报显示，研发费用占销售收入比已达14.27%
	科目设置	"研发费用"单独列示（利润表新增科目）
开发支出	分析要点	明确开发支出为企业研发过程中能够资本化，但尚未形成无形资产的支出部分； 分析企业开发支出资本化是否合理，是否存在过度资本化虚增无形资产、减少期间费用的情况； 评估分析公司研发失败的可能性及其潜在影响
	举例	2017年，Y望谷因将生产性非正常物料消耗计入开发支出，虚增资产和利润，受到深圳证监局的处罚
	科目设置	"开发支出"
无形资产	分析要点	分析公司是否存在通过变更无形资产摊销政策等操控业绩； 分析公司是否通过无形资产减值准备操控业绩； 分析公司是否存在虚增无形资产的情况
	举例	L视网曾因涉嫌虚增无形资产受到市场广泛质疑。根据L视网财务报表，2014~2016年三年研发支出资本化比例都超过50%，2014~2015年更是接近60%，异常高于同行业其他企业
	科目设置	"无形资产"

十四、新增"其他收益"科目

2017年5月10日，财政部修订发布《企业会计准则第16号——政府补助》，进一步规范政府补助的会计处理。2019年新财务报表格式新设"其他收益"科目，以全面反映政府补助的经济实质。同时进一步阐明在对相关上市公司进行分析时，应重点关注政府补助情况。警惕政府补助在公司净利润中占比较高，但研发支出占比较低的企业，因为单纯依赖政府补助"靠天吃饭"的企业一旦国家停止对其的支持，那无疑是"灭顶之灾"。

分析要点
- 警惕政府补助金额在公司净利润中占比较高，但研发支出占比较低的企业
- 正确区分与企业日常活动相关的政府补助和与企业日常活动无关的政府补助，根据业务实质进行不同会计处理

举例
好想N业绩大变脸"甩锅"政府补助

科目设置
与企业日常活动相关的政府补助，记入其他收益或冲减相关成本费用；与企业日常活动无关的政府补助，仍计入营业外收入

其他收益涉及重要问题及分析要点

十五、业绩操控"重灾区"：资产减值损失

近年来，资产减值损失成为部分企业进行业绩操控的常用科目。本书相关章节通过系列实务案例，对有关问题进行深入解析。主要讲解上市公司利用资产减值会计处理规则，通过"2121戏法"等进行业绩操控的手段，为投资者正确识别业绩操控手段，准确"排雷"提供有益参考。主要包括ST长K"2121戏法"，獐子D贝壳跑路可能涉及的利用资产减值规则进行业绩操控实例。

资产减值损失涉及重要问题及分析要点

- 分析要点：
  ○ 通过当年巨额计提减值准备，为后续年度实现盈利"未雨绸缪"
  ○ 当年大额计提资产减值损失，以后年度将前期计提的损失转回，增加以后年度利润
  ○ 通过"第一年小亏、第二年巨亏、第三年扭亏为盈"（"2121戏法"）模式避免退市
- 举例：
  ST长K"2121戏法"、獐子D贝壳跑路及灭失
- 科目设置：
  "资产减值损失"

会计"大爆炸"

小Z老师,《2019年财务报表新格式应用指南》简直干货满满啊,相信吃透这份应用指南,我的会计技能一下子会提升好多。

很好,但是需要注意的是会计学习不要仅停留在传统报表科目的研究分析,更应该关注财务会计的最新发展动态。

您说的太有道理了,财务会计领域最近有什么新动态呢?

感觉未来区块链会计发展可能会成为大势所趋。

区块链会计?好高端的样子……

区块链是比特币的底层技术,其本质上是一个记账系统。它有别于传统的复式簿记,是一个分布式的记账系统。

感觉好神奇啊,那区块链会计目前都有哪些应用了呀?

比如在分布式核算、财务共享、业财融合、电子发票等领域都得到了应用。

好棒好棒。

区块链会计应用

应用一：分布式核算

区块链本质是一个分布式记账账本系统，记账不是由某个人或某个中心化的主体控制，而是由交易各方共同控制。每个交易方是一个节点，在经典的公有链架构中，所有节点的权限都是平等的。所有交易方的账簿数据是一致的，即使某一方账簿数据丢失，也不必为此过分担忧

应用二：财务共享

以某制造业企业销售商品为例，同一天不同时段每笔销售业务的交易从签订销售合同开始，都可根据时间戳被传输至任何一个数据端口，通过交易验证记录到下一区块中，直至企业发出商品后确认收入。多个时间戳覆盖的多区块每次进行分布记账，将销售业务的全部信息完整及时地记录至云端财务共享服务平台，最后会计信息系统根据业务类型自动进行账务处理

应用三：业财融合

业财融合是全球企业管理发展的大趋势，它要求财务管理不仅要参与经营活动的分析，更要参与经营活动的辅助决策。区块链会计记账模式打破了传统业财分离的困境，使财务管理延伸到业务活动的全过程，实现财务管理与业务工作协同运作，发挥财务管理的辅助决策作用

应用四：电子发票

区块链电子发票通过多节点上链，实现领票、开票、流转、报销的全流程闭环。由于可以追溯发票的来源、真伪和报销等信息，区块链技术确保发票使用的每个环节在链上可查、可验，解决了发票流转过程中一票多报、虚报虚抵、真假难验等问题

会计"大爆炸"

听得我是心潮澎湃啊,看来未来学好区块链,并将其与财务会计有机结合才是王道啊。

孺子可教也。

主要参考文献

[1] 财政部：《关于印发〈企业会计准则第1号——存货〉等38项具体准则的通知》，2006.02.

[2] 财政部会计司：《关于修订印发2019年度一般企业财务报表格式的通知》，2019.04.

[3] 财政部：《关于印发修订〈企业会计准则第7号——非货币性资产交换〉的通知》，2019.05.

[4] 财政部：《关于印发修订〈企业会计准则第12号——债务重组〉的通知》，2019.05.

[5] 财政部会计司编写组：《企业会计准则讲解（2010）》，人民出版社2010年版。

[6] 财政部会计司：《企业会计准则第2号——长期股权投资》，经济科学出版社2014年版。

[7] 财政部会计司：《企业会计准则第9号——职工薪酬》，中国财政经济出版社2014年版。

[8] 财政部会计司：《企业会计准则第30号——财务报表列报》，经济科学出版社2014年版。

[9] 财政部会计司：《企业会计准则第33号——合并财务报表》，中国财政经济出版社2014年版。

[10] 财政部会计司：《企业会计准则第41号——在其他主体中权益的披露》，中国财政经济出版社2014年版。

[11] 财政部会计司编写组：《企业会计准则第14号——收入》应用指南2018，中国财政经济出版社2018年版。

[12] 财政部会计司编写组：《企业会计准则第16号——政府补助》应用指南2018，中国财政经济出版社2018年版。

[13] 财政部会计司编写组：《企业会计准则第22号——金融工具确认和计量》应用指南2018，中国财政经济出版社2018年版。

[14] 财政部会计司编写组：《企业会计准则第23号——金融资产转移》应用指南2018，中国财政经济出版社2018年版。

[15] 财政部会计司编写组:《企业会计准则第24号——套期会计》应用指南2018,中国财政经济出版社2018年版。

[16] 财政部会计司编写组:《企业会计准则第37号——金融工具列报》应用指南2018,中国财政经济出版社2018年版。

[17] 财政部会计司编写组:《企业会计准则第21号——租赁》应用指南2019,中国财政经济出版社2019年版。

[18] 程小可:《企业会计准则注释第1辑——金融工具》,经济科学出版社2019年版。

[19] 中华人民共和国财政部:《企业会计准则》(合订本),经济科学出版社2020年版。